CIDADE RACHADA

Direção editorial: **Bruno Thys** e **Luiz André Alzer**
Capa, projeto gráfico, artes e diagramação: **Renata Maneschy**
Revisão: **Cintia Mattos**
Foto da capa: **Jorge Vieira / @jorgevieiraphoto**
Foto da autora: **Luis Paulo Ferraz**
Imagens: **Carlos Eduardo Lopes** (págs. 59, 71, 85, 119, 158, 158/159, 251 embaixo, 253 embaixo), **Joédson Alves/Agência Brasil** (págs. 189, 227, 251 alto, 252 e 253 alto) e **Jorge Vieira** (págs. 35, 95, 143 e 159)
Tratamento de imagens: **Sidnei Salles**

Dados Internacionais de Catalogação na Publicação (CIP)
(eDOC BRASIL, Belo Horizonte/MG)

Cristina, Serra.
S487C Cidade rachada: como a mineração engoliu cinco bairros em Maceió e arruinou a vida de 60 mil pessoas / Cristina Serra ; prefácio de André Trigueiro. – 1. ed. – Rio de Janeiro, RJ: Máquina de Livros, 2025.
256 p. : il. ; 23 cm.

Inclui bibliografia.
ISBN 978-65-86339-48-2

1. Reportagem ambiental. 2. Mineração – Impactos sociais. 3. Catástrofes ambientais – Brasil. 4. Maceió (AL) – História contemporânea. I. Título.
CDD 363.7

Elaborado por Maurício Amormino Júnior – CRB6/2422

Grafia atualizada segundo o Acordo Ortográfico da Língua Portuguesa de 1990, em vigor no Brasil desde 2009.

1ª edição, 2025

Rua Francisco Serrador 90 / 902, Centro, Rio de Janeiro/RJ – CEP 20031-060
www.maquinadelivros.com.br
contato@maquinadelivros.com.br

CRISTINA SERRA

CIDADE RACHADA

COMO A MINERAÇÃO ENGOLIU CINCO BAIRROS EM MACEIÓ E ARRUINOU A VIDA DE 60 MIL PESSOAS

máquina de livros

"Ser ouvido é uma das necessidades mais importantes do ser humano. Ser ouvido é ser legitimado."
Eduardo Coutinho, cineasta

"Eu sei de tudo na ferida viva do meu coração."
Belchior, cantor e compositor

Este livro é dedicado a todos que
nunca se cansam de lutar por justiça.

Ao meu filho, Jaime, meu companheiro, Luís Paulo,
e minha mãe, Ilma. Sem a força de vocês,
eu não teria chegado até aqui.

Ao meu irmão, Sérgio, que está sempre comigo.

Ao meu pai, professor Serra, saudade eterna.

ÍNDICE

APRESENTAÇÃO

André Trigueiro

Investigar as mazelas da mineração no Brasil é tarefa que exige coragem, persistência e habilidade para apurar fatos que expõem um dos lobbies mais poderosos do país.

É inegável a importância do setor para a economia, seja pelos investimentos vultosos que geram emprego e renda, seja pelo pagamento de impostos e repasses bilionários de royalties.

O problema é a relação por vezes promíscua estabelecida entre certos agentes públicos e privados, que resulta em um marco regulatório frouxo, fiscalização ausente e eventuais aplicações de multas ou sanções que não inibem o cometimento de novos crimes.

Em alguns lugares do país, o raio de ação das mineradoras alcança grupos políticos mais afinados com os interesses do setor e grupos de mídia mais vulneráveis à publicidade ostensiva que poderiam assim (nem sempre dá certo) arrefecer a vigilância sobre procedimentos que extrapolam o que determina a legislação.

O fato é que o Brasil, uma das principais potências minerais do planeta, passou a ser referência também pelas catástrofes em série que revelam, no mínimo, imperícia, leniência, omissão e irresponsabilidade. Dependendo da situação, confirma-se o cometimento de crimes graves tipificados no Código Penal.

"A mineração é uma máquina de moer gente no Brasil". A frase de efeito que aparece neste livro resume a indignação da autora após acompanhar de perto o que houve em Mariana, Brumadinho e Maceió.

Uma das mais importantes jornalistas do país, Cristina Serra transformou em livro os bastidores da destruição da bacia do Rio Doce, quando o rompimento da barragem do Fundão, da mineradora Samarco (ligada à Vale), em Mariana, abriu caminho para que um tsunami de lama fétida de rejeitos de minério apagasse do mapa o distrito de Bento Rodrigues, com 19 mortos e impactos ambientais irreversíveis sobre os municípios atingidos nos estados de Minas Gerais e Espírito Santo.

"Tragédia em Mariana - A história do maior desastre ambiental do Brasil" foi resultado de três anos de um meticuloso trabalho de apuração jornalística que desnudou a criminosa banalização dos riscos por parte da mineradora, sempre com a conveniente inoperância dos órgãos públicos.

O rompimento de outra barragem, em Brumadinho, três anos depois - com pelo menos 270 mortos - confirmou da pior forma possível como não aprendemos a corrigir o rumo depois de tanta dor e sofrimento evitáveis, com tragédias que não foram acidentais. Tanto em Mariana quanto em Brumadinho, o envolvimento direto ou indireto da maior mineradora do país, a Vale, que já foi motivo de orgulho nacional, trouxe à tona o pesadelo de não estarmos preparados ainda para enfrentar interesses privados que conflitam diretamente com direitos coletivos assegurados por lei.

Agora, Cristina Serra compartilha o resultado de outra meticulosa investigação jornalística ligada à mineração irresponsável no Brasil. Impossível ler "Cidade rachada - Como a mineração engoliu cinco bairros em Maceió e arruinou a vida de 60 mil pessoas" e não se indignar com a sucessão de erros de órgãos públicos e privados envolvidos com a exploração de sal-gema em Maceió. A sanha de lucro, o desprezo pelos riscos e a indiferença para com a população em geral determinaram o afundamento de parte da capital alagoana.

A autora realizou mais de cem entrevistas com moradores chocados com o absurdo de verem a terra ruir, a casa rachar, e a urgência de mudar para outro lugar com parcos recursos de uma indenização invariavelmente abaixo do valor do imóvel. Milhares de famílias foram obrigadas a deixar para trás patrimônio, cultura, memórias, lugares onde suas próprias histórias e as de seus antepassados aconteceram. Uma violência inominável e não totalmente ressarcível.

Cristina Serra eleva o jornalismo investigativo a um patamar absolutamente necessário e urgente. Um livro-reportagem feito sob medida para compreendermos a ação das mineradoras num país onde a lei não vale para todos.

André Trigueiro
Jornalista

INTRODUÇÃO

Lembro de ter tomado conhecimento do afundamento dos bairros na região da Lagoa Mundaú, em Maceió, por intermédio de um amigo que lá esteve e ficara perplexo com o que viu. O fato intrigante e inusitado, dissera-me ele, fora provocado pela exploração subterrânea de sal-gema em plena área urbana. Desastres de mineração atraem meu interesse como jornalista desde o colapso da barragem de rejeitos de minério de ferro em Mariana, em 2015. Incluindo Brumadinho e o caso de Maceió, o Brasil acumula a marca funesta de três catástrofes socioambientais relacionadas à mineração no intervalo de apenas quatro anos (entre 2015 e 2019). As três estão classificadas entre as maiores do mundo.

O desastre resultante da extração de sal-gema pela petroquímica Braskem foi muito pouco noticiado. Parecia haver uma muralha de silêncio sobre a sequência de acontecimentos que levavam milhares de pessoas ao desespero numa cidade conhecida como paraíso turístico, com suas belas praias, coqueirais e o deslumbrante mar azul-turquesa. O sofrimento das famílias começou com um tremor de terra, em 2018, que abriu crateras e fendas nas ruas, provocou rachaduras em casas e apartamentos e devastou a vida dos moradores de cinco bairros: Pinheiro, Bebedouro, Mutange, Bom Parto e Farol.

Fiquei estarrecida com o que descobri já no começo da pesquisa para este livro. A extração de sal-gema era feita dentro da cidade, em minas escavadas a mil metros de profundidade. Desde 1976. Nos subterrâneos de Maceió. A capital de um estado brasileiro. Em bairros densamente povoados. Alguns poços de extração estavam localizados a poucos metros de casas e até de prédios públicos. Eu precisava ver isso com meus próprios olhos e decidi ir a Maceió. O que encontrei é o que trago nas páginas que você lerá a seguir.

Tal como Mariana e Brumadinho, o afundamento dos bairros em Maceió é resultado da combinação perversa de descaso com a vida humana e com o meio ambiente, extrativismo predatório, lucro acima da preocupação com segurança, omissão e cumplicidade de agentes públicos e poder político capturado. O resultado é uma anomalia institucional profunda que, no caso de Maceió, transformou a empresa – primeiro Salgema, depois Trikem e por fim Braskem – numa espécie de enclave inexpugnável, fora do alcance de qualquer tentativa efetiva de fiscalização.

A exploração de sal-gema no subsolo de Maceió foi imposta pela ditadura e por elites políticas alagoanas, tendo atravessado governos locais de diferentes matizes já no período democrático. É espantoso que, ao longo de mais de 40 anos, nenhuma autoridade – municipal, estadual ou federal – tenha achado tal situação digna de uma investigação ou de um olhar um pouco mais atento que poderia ter evitado a calamidade em andamento, com a migração forçada de 60 mil pessoas dentro de uma região metropolitana. Sinais não faltaram.

Autoridades e políticos alagoanos costumam destacar que as soluções para o desastre pactuadas com a Braskem evitaram uma tragédia maior porque não houve mortes em consequência do afundamento. Não é verdade. Há uma crise de saúde mental entre a população atingida – que resultou até em suicídios –, conforme apurei na minha investigação. Estudos de duas pesquisadoras de universidades locais também indicam um quadro grave de adoecimento mental entre a população vítima da exploração mineral desenfreada.

A maneira como as pessoas foram retiradas de seus imóveis, os baixos valores pagos a título de "indenização" e a obrigatoriedade da venda desses bens para a Braskem, que se tornou dona de quase três quilômetros quadrados de solo urbano em Maceió, produziram um massacre emocional, agravado pela percepção de impunidade. Sete anos depois do tremor de terra, do afundamento do solo e das rachaduras nas moradias, ninguém está no banco dos réus respondendo por um crime que é, ao mesmo tempo, social, ambiental, econômico, humanitário e cultural.

O caso Braskem reforça o que tenho dito sobre Mariana e Brumadinho: a mineração é uma máquina de moer gente no Brasil. Os três desastres põem em evidência o debate sobre as regras do licenciamento ambiental, crucial para o nosso futuro como sociedade. Enquanto eu escrevia as últimas páginas deste livro, o Congresso Nacional estava em vias de aprovar uma nova lei de licenciamento que simplesmente rasgaria as regras de proteção ambiental construídas ao longo de vários governos pós-redemocratização no Brasil. O projeto de lei, se aprovado, teria impacto tão agressivo contra o meio ambiente que foi apelidado de "PL da devastação".

Na investigação para o livro, me dediquei a esmiuçar o processo de licenciamento ambiental da exploração mineral em Maceió e suas sucessivas renovações. Vários personagens dessa história estão vivos e ativos. Consegui localizar quase todos eles. Com muita coragem, uma personagem-chave concordou em me dar uma entrevista com revelações essenciais para entender o que aconteceu. Outros, com muitas explicações a dar, preferiram o silêncio.

Em silêncio não se faz justiça e não se constrói um país. Eis por que este livro foi escrito em regime de mutirão com as vozes de Maceió que lutaram e ainda lutam para serem ouvidas. Foram elas que me levaram pelas ruínas do seu mapa de afetos prestes a desaparecer.

Depois da remoção das famílias, a Braskem começou a demolir prédios e casas. Mais de uma vez, assisti a uma cena perturbadora. As escavadeiras pareciam gigantescos dinossauros de ferro devorando os bairros. Pedaços da cidade eram tragados e dissipados em escombros de uma guerra sem nome. Com suas almas feridas e seus corações pisoteados, as vítimas me confiaram suas histórias, memórias e esperanças. A elas, meu muito obrigada e minha solidariedade.

Escrever este livro-reportagem também só foi possível graças a uma extensa rede de amigos e fontes que me atenderam pacientemente. Esclareceram dúvidas, compartilharam documentos, indicaram arquivos e leituras, forneceram endereços e números de telefone, sugeriram caminhos. Entrevistei cerca de cem pessoas para contar esta história. Quase todas estão mencionadas no livro. A elas e às pessoas anônimas que contribuíram, minha dívida de gratidão.

Meus agradecimentos também aos editores Bruno Thys e Luiz André Alzer, por acreditarem no projeto deste livro. E ao jornalista André Trigueiro pelo generoso prefácio.

Cristina Serra
Rio de Janeiro, primavera de 2025

O MAPA DA TRAGÉDIA

- Em 40 anos de exploração, foram cavadas 35 minas.

- A empresa retirou 10 milhões de m³ de sal-gema, o que daria para encher três estádios do Maracanã.

- As minas de sal-gema ficam entre 900m e 1.200m de profundidade.

- A área afetada pelo desastre chega a 2,74 km² (2,5% da parte urbanizada de Maceió).

- O desastre provocou afundamento do solo e rachaduras em cinco bairros, afetou 14.500 imóveis e levou à remoção de 60 mil pessoas.

- Segundo as vítimas, os prejuízos chegariam a R$ 30 bilhões em danos morais e materiais.

LINHA DO TEMPO

1976 Início da extração de sal-gema

2018 Tremor de terra, afundamento do solo e rachaduras em casas e apartamentos

2019 Serviço Geológico do Brasil demonstra que o desastre tem relação com as minas da Braskem

2020 Início das remoções e indenizações

2025 Ninguém responde criminalmente pelo desastre

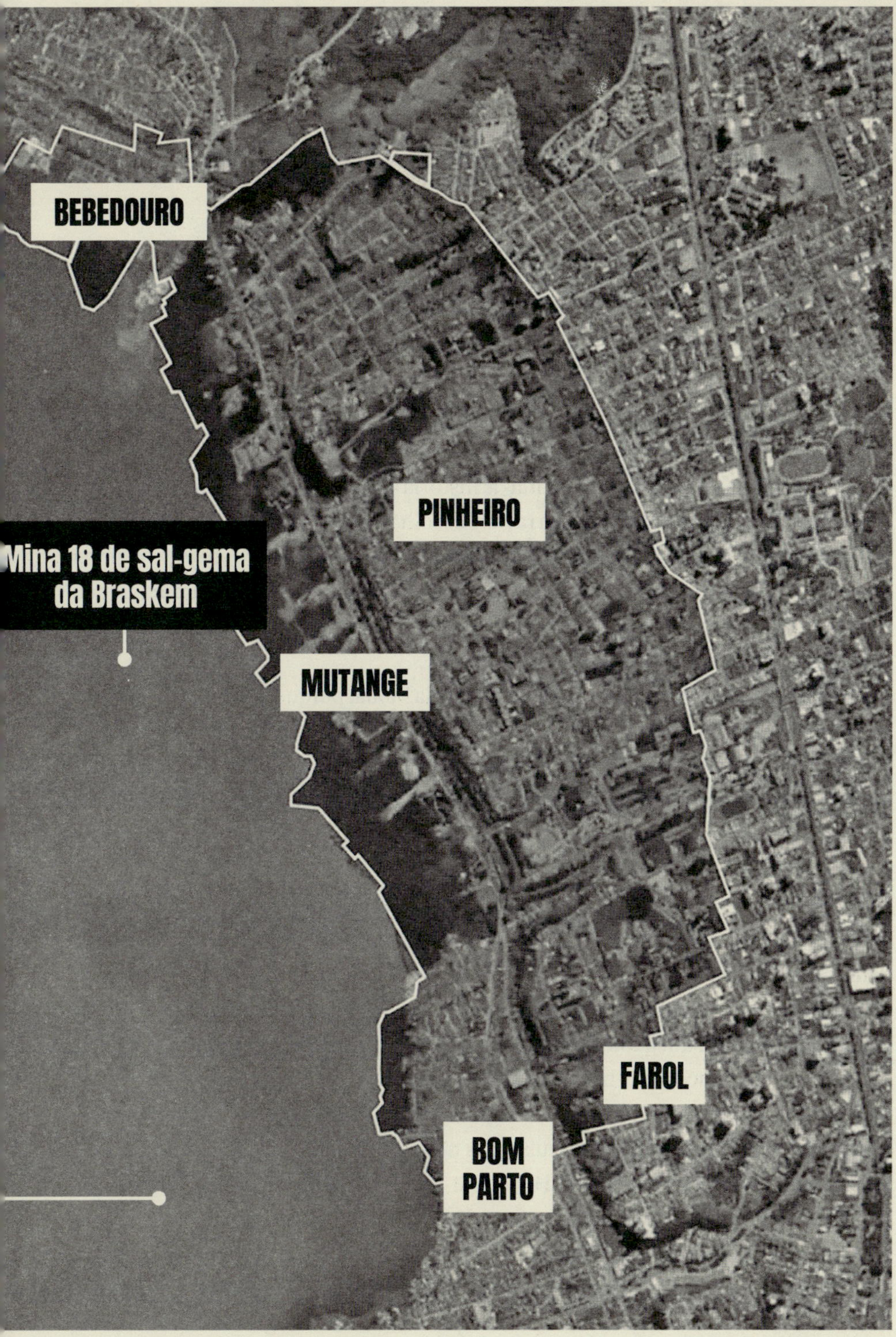
BEBEDOURO
PINHEIRO
Mina 18 de sal-gema
da Braskem
MUTANGE
FAROL
BOM
PARTO

O ADEUS

Na manhã de 3 de março de 2023, o policial civil José Ronaldo Dias Cavalcante deixou sobre a mesa da sala de jantar a história de sua vida. Organizados numa pasta azul, documentos triviais narravam escolhas e acasos de sua existência. Lá estavam seu RG e CPF, a certidão de casamento com Ana Lúcia – de quem tinha ficado viúvo recentemente –, a escritura do apartamento que comprara há pouco tempo, cartões de banco, senhas. Num pedaço de papel, uma mensagem curta aos dois filhos: "Para Flávia e Fábio".

José Ronaldo deve ter lido uma passagem da Bíblia, porque deixou o livro aberto sobre o sofá, com o terço, que talvez tenha rezado. Católico e devoto fervoroso de Nossa Senhora, também gostava do kardecismo, que estava procurando entender melhor, lendo sobre a doutrina. Antes de sair do apartamento, por volta das 9h da manhã, fez duas operações de Pix com um valor incomum, de R$ 15 mil para cada um dos dois filhos.

Ao receber a notificação, Flávia, a filha mais velha, grávida de oito meses, achou estranho e ligou para o pai. Perguntou o porquê de uma quantia tão alta. O pai respondeu que tinha algo a ver com a declaração de Imposto de Renda. Flávia achou a explicação confusa e disse que mais tarde conversariam com calma. Pouco depois, ela mandou um áudio para o pai dizendo que iria almoçar com ele e o lembrou de que em poucos dias haveria o chá de bebê de Ana Laura, a quarta neta dele, que estava a caminho. Flávia observou que o pai viu a mensagem, porque as duas barrinhas do WhatsApp ficaram azuis, mas não respondeu.

José Ronaldo entrou em seu Honda Fit e saiu do edifício em que morava, na Rua Ailton Torres, no bairro Serraria, com destino ao Pinheiro, o bairro onde nasceu e se criou, e onde residiu até dois anos antes. Não deve ter levado mais do que 15 a 20 minutos no trajeto. Chegou por volta das 10h30 no mercadinho Cavalcante Alimentos, do irmão Carlinhos, a poucos passos de sua antiga casa, no número

29 da Rua Sabino Romariz, antiga Rua do Sossego. Tinha o costume de passar no mercado do irmão para tomar café. Naquele dia, pediu para repetir, mas não esperou Alcione, sua cunhada, voltar com mais uma xícara. Levantou-se, atravessou a rua e entrou no Honda Fit, estacionado quase em frente à antiga casa, pintada de amarelo, num tom de pêssego.

Eram quase 11h da manhã quando ele abriu o carro e sentou-se no banco do carona com as duas pernas para fora. Com um disparo de sua pistola 9mm no ouvido esquerdo, José Ronaldo, aos 63 anos, pôs fim a um tormento que começara na mesma data, porém cinco anos antes, em 3 de março de 2018, quando a terra tremeu em Maceió, em consequência da mineração de sal-gema operada pela empresa Braskem.

O martírio tinha se agravado sobremaneira a partir de 12 de março de 2021, quando ele e a mulher, Ana Lúcia, precisaram deixar a casa por estar em área considerada de risco, no Pinheiro, um dos cinco bairros atingidos pelo desastre da mineração. Flávia acompanhou de perto o drama dos pais. "Quando ele e minha mãe saíram de casa, ele mudou totalmente. Meu pai nunca tinha passado por depressão, de jeito nenhum. Ele já saiu de casa abalado. Eu compreendia a situação e tentava botá-lo pra cima. Eu dizia: 'Pai, não se apegue, não. Isso é coisa material. Você e mãe vão ser felizes em outro lugar'. Ele não queria saber e me disse: 'Você pode me botar numa cobertura na Ponta Verde *(Praia de Maceió)*, que eu não quero. Quero a minha casa'. Era o apego que ele tinha. Se meu pai estivesse na casa dele, tenho certeza de que estaria vivo".

Cada etapa da construção da casa no Pinheiro marcou um acontecimento na história da família. O policial ganhara dos pais, Lourdes e Carlos, uma casa pequena e muito antiga, mas com um bom terreno. Ele botou a casa no chão e, como tinha formação de técnico de edificações, ergueu uma nova. Quando os filhos entraram na adolescência, fez um segundo andar. Fábio se casou e lhe deu três netos: João Miguel, Isaac e Rafael. O quintal virou área de lazer, com uma pequena piscina. Uma churrasqueira era motivo para reunir a família grande, de oito irmãos. Era uma típica família do Pinheiro, que chegou ao bairro nos anos 1960, ainda com sítios e ruas de terra.

Quando ficou inteiramente pronta, a casa tinha três quartos, sala, cozinha, dois banheiros, garagem e uma varanda com a rede onde José Ronaldo passava boa parte do tempo lendo autores como Zíbia Gasparetto e Paulo Coelho. "Estou deixando um pedaço de mim aqui", disse para Flávia, no dia em que saíram da casa para um apartamento alugado. "A vida toda do meu pai foi trabalhar em prol daquela casa, foi para investir na casa. Tudo tinha a mão dele, a cabeça dele. Ele pensou em cada detalhe, pintou cada parede. Foi fazendo a casa dos sonhos. Era muito apegado ao bairro porque a família toda morava ali: minha avó, meus tios e tias, e alguns tinham comércio por ali. A vida do meu pai era trabalhar, ficar em casa ou ir pra casa da minha avó. Meu pai não era de ficar em bar. Quando aconteceu o desastre, ele disse que não ia sair. Todo mundo começou a se mudar e ele dizia: 'Não vou sair, não, vou ficar aqui, não vai cair, não vou, não vou, não vou'. A vida inteira dele foi no Pinheiro".

A mãe de Flávia, Ana Lúcia, também queria ficar. Criara os filhos no bairro, cercada por parentes, e gostava da vizinhança. "Minha mãe era aquela pessoa do interior, tinha o costume de botar a cadeira na calçada e ficar conversando com as vizinhas. Elas faziam bolo, um doce, e ficavam conversando, comendo e tomando café. Lembro de chegar e encontrar minha mãe na porta de casa. Era um costume dela. E, de repente... Como eles iam ter que sair, comecei a procurar apartamento, mas nada ela gostava, vivia triste pelos cantos. Minha mãe era hipertensa e tinha diabetes. Por isso, precisava ser um apartamento com algumas facilidades, que fosse no térreo ou que tivesse elevador. Mas com um aluguel social de mil reais que a Braskem pagava, não era fácil achar, era uma peneira. Com muita gente procurando imóvel, o preço do aluguel disparou em Maceió. Mas aí chegou uma hora em que meu pai disse: 'Vou ter que completar pra ir pra algum lugar'. Meu pai era policial, não ganhava muito, e precisou tirar do bolso dele, teve um prejuízo. Ele era aquela pessoa que só comprava as coisas à vista, não gostava de prestação. A minha mãe também resistia a sair, mas acabou concordando em ir pro apartamento com a condição de que depois procurassem uma casa. Foi doloroso demais para os dois deixar a casa do Pinheiro. Foram praticamente os últimos a sair da rua deles".

No dia da mudança, Ana Lúcia saiu de casa com febre e reclamando de dores. Ao chegar no apartamento alugado, entre caixas e móveis desmontados, ela tremia. A família a levou ao hospital, onde foi diagnosticada com covid. Flávia lembra: "Disseram que ela estava com sintomas da covid. A gente contou toda a história e a médica disse que ela poderia ter ficado fragilizada, abalada, com a imunidade baixa por causa de toda a situação, e aí adoeceu. Voltamos pra casa e ela fez os 14 dias de isolamento no quarto. Alguns dias depois, passou mal. Dessa vez, quando chegou ao hospital, nos disseram que ela estava com uma infecção urinária. Foi quando eu questionei: 'Minha mãe tem covid, tem infecção urinária, minha mãe tem o quê?'. Ela foi internada na UTI, ficou 15 dias e faleceu. Foi tudo muito rápido. Ela morreu 45 dias depois da mudança, com um diagnóstico de infecção generalizada. No atestado de óbito consta que ela teve 'sepse'. Meu pai e minha mãe estavam juntos desde a quinta série. Os dois passaram a vida inteira juntos. De repente, ele perdeu a esposa, a casa, a convivência no bairro, os parentes foram cada um para um lado. Ele perdeu tudo muito rápido".

A vida virou pelo avesso com a morte de Ana Lúcia e a solidão no apartamento, onde José Ronaldo não conseguia se adaptar. Quase um ano depois, ele assinou o acordo com a Braskem e se mudou novamente, desta vez para um apartamento de 57 metros quadrados, com dois quartos, que comprou com a indenização. Pelo acordo, José Ronaldo teve que transferir à empresa – uma das maiores petroquímicas do mundo – a propriedade da casa que ele mesmo construiu, por um preço que considerou injusto e insuficiente para adquirir um imóvel de padrão semelhante.

Entre lágrimas, Flávia recorda as aflições do pai: "A indenização foi muito baixa e a gente não conseguia comprar nada interessante pra deixá-lo confortável como era na casa dele porque, como eu disse, os preços dos imóveis subiram muito. A indenização não acompanhava a realidade do mercado. Ele queria comprar uma casa. Não deu. Muita gente pergunta: 'Então, por que aceitou?'. Não tinha opção. Se não aceitasse, iria ficar correndo na Justiça, não se sabe por quanto tempo e sem o imóvel, com a casa deteriorando lá, porque as pessoas foram chegando e arrancando porta, fiação, telhado etc. Meu pai viu a casa ser destruída. Ele ia lá quase todo dia, filmava e me mandava. Um dia, ele me disse: 'Se eu me enfezar, volto pra minha casa'. Eu disse: 'Pai, como é possível? Não tem mais nada lá'. Ele só falava nisso e vi que não estava bem. Parou de caminhar, coisa que gostava muito. Dizia que no apartamento se sentia preso numa gaiola e não tinha vontade de fazer nada. Como ele não tinha plano de saúde, pedi à advogada que cuidou do nosso caso junto à Braskem para conseguir um psiquiatra ou um psicólogo que a empresa disponibilizava. Ele sempre foi uma pessoa equilibrada, centrada, nunca teve nenhum sintoma de depressão na vida. Nunca! Sempre me deu os melhores conselhos. Nunca imaginei que ele iria se desestruturar tanto. Nunca, nunca, nunca! Se você chegar no trabalho dele e perguntar, vão dizer: 'Ronaldo sempre foi uma pessoa maravilhosa, equilibradíssima'. O meu pai era uma pessoa que... não existe".

José Ronaldo trabalhava no 7º Distrito Policial, no bairro da Pitanguinha, perto da antiga casa. Era conhecido pela generosidade e pelo respeito com que tratava os presos na carceragem da delegacia. "Sou formada em direito e, de vez em quando, ele me levava lá. Me dizia que era pra ver a vida real. Uma vez, cheguei e reconheci uma televisão que ficava no meu quarto. Ele tinha botado na cela para os presos. 'Pense nesses homens ociosos', ele disse. Costumava levar roupa do meu irmão, café e remédios quando alguém precisava. Ele dizia: 'Minha filha, eles já estão pagando a pena deles'. Um dia, um preso avisou que tivesse cuidado porque um outro detento planejava render o meu pai quando ele fosse recolher o lixo. Ele fazia isso sozinho, mas passou a fazer com outro policial porque esse preso avisou".

Entre saudades e lembranças do convívio com o irmão mais velho, o caçula Carlinhos relata a obsessão de José Ronaldo com a casa antiga: "A vida do Ronaldo era da casa pro trabalho e do trabalho pra casa. Ele não era de farra. Era nosso conselheiro, quem nos dava apoio moral. Era o irmão que assumia a família. Depois que Ana Lúcia morreu, parece que o mundo dele desabou. Ele dizia que a vida só era feliz no Pinheiro. Eu percebia que vivia triste. Era uma tristeza profunda. Ele vinha aqui, estacionava o carro e ia olhar a casa antiga. Olhava pra casa e dizia: 'Se tivesse telhado, eu voltava pra cá'. Às vezes, ele me ligava de madrugada e dizia que não aguentava mais. Eu o chamava pra caminhar, mas ele não tinha vontade".

O tratamento psiquiátrico parecia não dar resultado e José Ronaldo mergulhou na reclusão e no isolamento. Flávia o convidou para morar com ela e o marido, mas ele não quis. "Ele gostava do sossego dele e dizia: 'Tenho meus costumes'. Queria ter a vida dele. Eu disse que cuidaria dele, faria a comida, até pra ele não gastar muito comendo na rua. Ele falou que iria comer de quentinha porque sairia mais barato. Eu falava que queria visitá-lo, ele respondia que estava com sono ou cansado: 'Fique com raiva de mim, não, minha filha'. Mas eu, vendo que ele não estava bem, sempre ia lá e a conversa era só sobre a casa do Pinheiro. Ele se queixava de abrir a janela e ter um vizinho olhando, de não poder lavar o carro na porta de casa e de despesas que não tinha antes, como o condomínio. Ele nunca tinha morado em apartamento e daí toda a revolta. Ele ficou com psiquiatra e psicólogo, mas não se dava bem com os remédios. Dizia que ficava atordoado e, quando ia pra delegacia, ficava sem raciocínio. Até me culpei um pouco porque deveria ter arrastado ele pra morar comigo, mas como vou forçar uma pessoa com mais de 60 anos? Eu não tinha noção de que iria fazer isso. Se ele fosse uma pessoa problemática... Mas não era. Um homem totalmente centrado, que tomava conta de todo mundo. Quando minha avó morreu, ele foi o inventariante, recebeu o dinheiro e distribuiu entre os irmãos. Tudo era meu pai que resolvia. Ele era muito inteligente, tinha muitos livros, gostava de paz e tranquilidade. Gostava muito de cálculo. Às vezes, eu o via fazendo contas, resolvendo problemas que pegava na internet. Era como uma terapia pra ele".

José Ronaldo desceu mais alguns degraus no inferno da depressão e foi aconselhado a tirar uma licença do trabalho. Outro irmão, Marcelo, policial militar, tinha uma preocupação a mais. "Eu tinha desconfiança que ele fizesse alguma besteira e levei pra minha casa as armas dele, um revólver e uma pistola. Ele não queria ir pra lugar algum, a não ser o Pinheiro. Não esqueceu o lugar onde viveu. Eu queria levá-lo a pulso pra minha casa em Marechal Deodoro *(cidade vizinha a Maceió)*, pra ele se distrair. Pelejei pra ele ir morar lá comigo, pra não ficar sozinho, mas ele só foi uns dois finais de semana. Aí, quando ele parecia ter melhorado, voltou a trabalhar e entrou com o pedido de aposentadoria. Ele pediu as armas de volta e eu devolvi".

A família chegou a sentir um certo alívio quando a psiquiatra que o acompanhava o liberou para que voltasse ao trabalho. Flávia relembra: "Fui a essa consulta com ele. A médica disse que ele estava bem, com a voz mais firme, e que podia voltar a trabalhar e fazer suas atividades, até pra ocupar a cabeça. Ele ficou feliz, mas, no fundo, tinha alguma coisa ainda não resolvida, que era a casa para onde ele não podia mais voltar".

Quando José Ronaldo chegou ao mercadinho do irmão para tomar café, Carlinhos tinha saído. Na volta, esperava reencontrar o irmão para o almoço e foi avisado por vizinhos do que acabara de acontecer. Foi o primeiro da família a ver o corpo. "Quando voltei, ele não estava mais aqui. Cheguei e me avisaram: 'Ronaldo tá caído com uma arma na mão'. Era mais ou menos meio-dia. Achei que ele estava passando mal, corri até lá... Eu vi o banco lavado de sangue, abracei o corpo... estava frio...".

Marcelo, o irmão policial, foi quem se encarregou das providências após o suicídio. "Não gosto nem de falar. Ele ainda está na minha mente como se estivesse vivo. Como sou policial militar, fui ao Instituto Médico Legal acompanhar a perícia. Tenho 30 anos de polícia, já fiz muito isso, mas nunca poderia pensar que faria isso com um irmão meu".

Na véspera do suicídio, às 20h35, Ronaldo mandara um vídeo por WhatsApp para outra irmã, Salete. Era uma despedida ou, talvez, um pedido de socorro. Na gravação de um minuto e 14 segundos, Ronaldo relata a gravidade do sofrimento que iria derrotá-lo na manhã seguinte: "Resolvi fazer esse vídeo num dos piores momentos da minha vida pra relatar que há dois anos eu venho sofrendo muito com ansiedade e depressão. E isso, durante esse tempo todo, veio me trazer a ideia de suicídio. Mas me segurei. Comuniquei a três psiquiatras e dois psicólogos por onde eu passei. O momento não é fácil. Tá sendo muito difícil pra me segurar. Muito mesmo. E fiquem todos com Deus".

Em seguida ao vídeo, ele enviou uma mensagem de texto para a irmã. Escreveu: "Meus filhos, estou partindo, mas estarei sempre com vocês", com dois corações ao lado da frase. Só depois da morte de José Ronaldo a irmã percebeu que ele havia mandado a gravação. Sentiu-se culpada, segundo conta a sobrinha, porque se tivesse visto a tempo poderia ter impedido o ato de desespero do irmão.

Flávia guarda o vídeo no celular e não tem dúvidas de que o pai se matou por não se conformar com o acordo de indenização com a Braskem. Para ela, a maneira como perdeu a casa o fez definhar. "Se você visse meu pai antes de sair da casa e depois... Eu posso lhe mostrar nas fotos. Que diferença... No Pinheiro, a família vivia reunida. Os irmãos estavam sempre juntos, moravam perto, ele ia tomar uma sopa na casa de um, um café. Era outra pessoa. Sofri muito com a minha mãe, muito, mas o meu pai é uma coisa que não consigo aceitar. Não sei, meu Deus... Como é que acontece um negócio desse? Você tem um emprego bom, uma casa, um carro. Tinha a gente... Meu pai era um homem bonito, tomava a cervejinha dele. Tenho foto com ele na praia. De repente, eu olhava pra ele e sentia que aquela pessoa não era mais o meu pai. Foi muito sofrimento pra ele. A ponto de tirar a própria vida porque não estava mais aguentando. Já me perguntei muitas vezes: 'Por que não fiz mais?'. Mas o que eu podia fazer era procurar ajuda especializada pra ele".

Flávia lidou com o impacto da tragédia no fim da gestação de Ana Laura. Precisou de cuidados especiais porque teve picos de pressão e uma pré-eclâmpsia. Conseguiu levar a gravidez até a 37ª semana, mas passando boa parte do tempo deitada. Ana Laura nasceu bem de saúde, em 13 de abril, e não precisou de incubadora. Quando a entrevistei para este livro, o suicídio do pai era uma ferida em carne viva em Flávia, de 39 anos, e Fábio, de 38. "Meu irmão está pior do que eu. No enterro, ele ficou fora de si e disse que no dia seguinte não lembrava de nada. Ficou meio diferente. Eu não fui ao médico, mas preciso. É uma dor muito grande no meu coração. Sinto muita saudade do meu pai, muita, muita... Na minha cabeça, ainda não aceito. Tenho uma comadre kardecista que me convidou para ir ao centro espírita e estou frequentando. Não é uma crença minha, mas estou ouvindo as palestras. É como um tratamento espiritual. Eu estava muito desesperada, chorava muito, chamava todo dia pelo meu pai. Dizia: 'Painho, tô com saudade'. Eles me orientaram a não fazer isso para dar descanso ao espírito do meu pai, que está muito atordoado. Mal não está me fazendo".

A imprensa alagoana noticiou o suicídio de José Ronaldo, destacando o fato de que ele se matou em frente à antiga casa justamente na data que marcava os cinco anos do tremor causado pela mineração. Segundo Flávia, a empresa nunca procurou os filhos para oferecer ajuda. Durante a fase de tratamento, a Braskem disponibilizou um psicólogo. José Ronaldo buscou assistência médica também com três psiquiatras. Essas despesas não foram ressarcidas pela empresa.

Um ano depois do suicídio de José Ronaldo, Flávia e o irmão entraram com uma ação na Justiça contra a Braskem com um pedido de indenização por danos morais pela morte do pai. "Como é que uma empresa causa um dano desse, uma tragédia que acabou com a nossa família, meu pai, minha mãe, com tudo? Até me arrepio falando isso. Meu pai mudou quando saiu de casa, emagreceu. Ele não tinha outro assunto. Era só Braskem. Eu até dizia: 'Pai, vamos esquecer um pouquinho, já indenizou, já passou, já foi'. Mas quando eu via, lá estava ele de novo na casa. Aí, vinha mostrar o vídeo da casa, e eu dizia: 'Pai, não quero ver mais, não'. Ele poderia ter feito o que fez sozinho no apartamento. Mas ele foi para a frente da casa. Foi como se dissesse: 'Quero dizer a vocês que estou assim porque queria estar aqui, na minha casa'. O mercado do meu tio é do outro lado e ele teria onde estacionar. Mas ele estacionou em frente à casa. Foi para mostrar a revolta, um protesto. O processo não vai trazer meu pai de volta, mas a empresa tem que pagar. Ele sempre dizia pra mim: 'Essa Braskem é uma empresa assassina'. Só que a Braskem é muito forte, tem muito poder. Pra você ver que ela destruiu tudo e continua operando. Eu não estou muito esperançosa. A gente não tem muita força. O que a gente pode fazer é entrar na Justiça e confiar que alguém vai nos dar uma resposta".

A TERRA TREMEU

A chuvarada de meados de fevereiro de 2018, em Maceió, deixou os moradores do bairro do Pinheiro mais preocupados do que de costume. Alagamentos já não eram novidade. Mas, desta vez, aconteceu algo diferente e bem mais grave. Depois do aguaceiro, casas e apartamentos de prédios populares, como os condomínios Divaldo Suruagy e Jardim Acácia, apresentaram trincas, fissuras e rachaduras em paredes e pisos. Nas ruas, apareceram enormes buracos de maneira inexplicável, prenúncio de algo inimaginável.

Os maus presságios se confirmaram dias depois, no início da tarde de 3 de março, um sábado. Passava pouco da hora do almoço. Precisamente às 14 horas, 30 minutos e 32 segundos, a terra tremeu. O abalo sacudiu casas, edifícios, lustres, móveis, janelas. Objetos se mexeram, pareciam dançar sobre as superfícies. Moradores relataram ter sentido algo como uma tontura ou um súbito mal-estar. Apavorados, muitos se precipitaram escada abaixo. Gritos, pedidos de socorro, tumulto. Nas ruas, perplexidade e muitas interrogações no burburinho que se seguiu. O que acontecera exatamente? Um terremoto? O que tinha provocado o abalo?

O pior estava por vir. Os moradores se deram conta de que a terra estava se abrindo sob os seus pés. Crateras que poderiam engolir um carro surgiam nas ruas e nos terrenos das casas. O asfalto desaparecia. Postes caíam. Muros quebravam. Pisos estalavam. Rachaduras cortavam o solo, rasgavam vias, avançavam pelo terreno de casas e edifícios e se prolongavam em linhas tão extensas que ninguém sabia ao certo onde iriam terminar. Em algumas moradias, a claridade do sol passou a entrar pelas rachaduras nas paredes. Moradores conseguiam introduzir as mãos em aberturas que se alargavam da noite para o dia.

Muitos perderam o sono, tiveram crises de ansiedade e precisaram recorrer a medicamentos; havia o medo de dormir e acordar sem casa, ou pior, não acordar. O instinto primordial das espécies, de ter um abrigo para dar segurança aos seus, fora definitivamente abalado. O pânico que tomou conta dos moradores do Pinheiro seria só o começo de um arrastado suplício até que se descobrisse a verdadeira causa do tremor.

Pouco mais de um ano depois, o estudo produzido pelo Serviço Geológico do Brasil (SGB), sucessor da Companhia de Pesquisa de Recursos Minerais, deixaria claro que não fora um evento natural, resultado do atrito de placas tectônicas. O abalo teve origem na exploração descontrolada de sal-gema (sal de rocha subterrânea), matéria-prima para a produção de substâncias químicas como o cloro e a soda cáustica, de larga aplicação nas indústrias farmacêutica, de papel e celulose, de higiene e limpeza, têxtil, de plástico, de vidro e na construção civil.

O sal foi depositado há mais de cem milhões de anos no subsolo por processos geológicos naturais, em jazidas a cerca de mil metros de profundidade. A exploração em Maceió começou em 1976 pela empresa Salgema, que se tornou Trikem, e depois Braskem (desde 2002). A Braskem é controlada pelo grupo Novonor (antiga Odebrecht, que mudou de nome após o escândalo conhecido como Lava Jato) em sociedade com a Petrobras, e era considerada a sexta maior petroquímica do mundo à época do desastre.

A região do campo de exploração já era urbanizada e as minas começaram a ser escavadas sem que os moradores tivessem a menor ideia do perigo que aumentava dia após dia no subsolo. Os primeiros poços de extração foram instalados no bairro do Mutange, às margens da Lagoa Mundaú (segundo a geografia, o termo certo é laguna, nome dado aos corpos d'água que têm conexão com o mar, mas optei por usar lagoa porque é assim que os maceioenses se referem à Mundaú). A lagoa é um dos cenários naturais mais deslumbrantes de uma cidade tão generosa em beleza quanto farta em desmandos e omissão de autoridades, muito bem demonstrados na história da implantação do complexo que envolve a extração de sal-gema e a fábrica de clorossoda, controladas pela mesma empresa. Os dois pilares do complexo são ligados por um salmouroduto subterrâneo de oito quilômetros de extensão, que leva a matéria-prima (o sal-gema dissolvido em água) até a planta fabril, no bairro do Pontal da Barra, localizado entre a lagoa e o Oceano Atlântico. A história do tremor de março de 2018 começa, portanto, décadas antes.

Todos os moradores que entrevistei lembram onde estavam e o que faziam quando perceberam o tremor ou foram avisados de que ele acontecera. O tremor marca um "antes e depois" nas vidas de todos eles. A Rede Sismográfica Brasileira (RSBR), operada pela Universidade Federal do Rio Grande do Norte (UFRN), e responsável pelas estações sismográficas na região Nordeste, registrou que o tremor foi de 2,4 graus de magnitude na escala Richter (por convenção, a gradação da escala vai de 1 a 10, embora não exista um limite máximo para os sismos). Para efeito de comparação, os colapsos de cada uma das Torres Gêmeas do World Trade Center, em 11 de setembro de 2001, em Nova York, provocaram magnitudes de 2,1 e 2,3 graus.

O abalo foi sentido não apenas no Pinheiro, mas também em bairros distantes até sete quilômetros dali, como Jatiúca e Cruz das Almas. Os danos, porém, aconteceram apenas no Pinheiro nos primeiros meses após o tremor. Logo começaram a surgir teorias sobre o que teria causado a instabilidade. Apontou-se a deficiência de saneamento e de drenagem das águas pluviais como responsável pela multiplicação de crateras, fissuras e rachaduras. A Companhia de Saneamento de Alagoas (Casal), sociedade de economia mista de abastecimento de água e saneamento básico do estado, passou a ser insistentemente cobrada pela população afetada e pela imprensa. As autoridades não iam além da perplexidade, enquanto a população perdia o sossego em seus lares. Quem teve condições, proprietário ou inquilino, começou a sair por conta própria.

Os caminhões de mudança tornaram-se presença constante no bairro, bem como pedreiros e engenheiros, chamados para obras de emergência nas casas do lugar. Alguns moradores evitavam falar sobre o assunto em público, temendo a desvalorização do seu patrimônio. O silêncio era uma tentativa vã. Embora as pessoas não soubessem a causa da desestabilização do solo e de suas moradias, o fato é que o bairro estava condenado e, cedo ou tarde, todos teriam que sair dali num processo agressivo de expulsão, marcado por uma violência originária: a permissão e o estímulo das autoridades para que o empreendimento minerário escavasse o subsolo sem levar em conta a presença humana na superfície.

No avançar de 2018, grande parte da população acreditava que poderia permanecer no bairro e mesmo os que saíram achavam que voltariam depois de esclarecido quem fora o responsável pelos prejuízos à população. Num primeiro momento, as rachaduras apareceram em parte do Pinheiro. Com o tempo, se expandiram para quase todo o bairro, tornando-o uma imensa zona de risco.

* * *

O Pinheiro era um bairro de classe média, urbanizado no início dos anos 1970. Sítios deram lugar a ruas asfaltadas, casas e prédios de até quatro pavimentos. Muito bem localizado pelo fácil acesso às principais avenidas da capital e à infraestrutura pública, estava em processo de verticalização. A expansão atraiu empreendedores. O comércio e a oferta de serviços se dinamizaram. O abalo e seus impactos aconteceram neste momento de transformação.

Os prédios novos tornaram-se elefantes brancos. Ninguém vendia mais nenhum apartamento. O investimento de quem ampliou negócios derreteu. Os moradores e comerciantes que consertaram seus imóveis acumulavam prejuízos, porque as rachaduras voltavam a aparecer pouco tempo depois. Nada era capaz de conter a destruição do patrimônio.

Apesar do crescimento, o bairro mantinha ares de cidade do interior. O Pinheiro não era a Maceió das praias e do turismo, a dez quilômetros da área do desastre. Era a Maceió dos quintais com árvores frutíferas e animais de criação, do comprar fiado na padaria e no açougue e acertar as contas no fim do mês. De casas "com cadeiras na calçada e na fachada escrito em cima que é um lar", como na canção "Gente humilde". Numa delas, uma placa em madeira dizia: "Sejam bem-vindos ao nosso pedacinho do céu". Os moradores mais antigos testemunharam o desaparecimento desse jeito de viver baseado em laços de vizinhança e parentesco. A truculência do rompimento dessas conexões cavou buracos na alma.

Logo depois do tremor, a Defesa Civil de Maceió havia procurado o Serviço Geológico do Brasil (SGB), subordinado ao Ministério de Minas e Energia, em busca de explicações. Uma equipe de 52 especialistas foi formada sob a liderança do geólogo Thales de Queiroz Sampaio, pesquisador de carreira do órgão. Eles começaram a trabalhar em junho de 2018 e seus estudos esclareceriam, em definitivo, que a mineração de sal-gema feita pela Braskem era a causa principal do afundamento do solo (o termo técnico usado pelos geólogos é subsidência), que, por sua vez, provocava fraturas nos imóveis.

O relatório do SGB seria divulgado em maio de 2019. Antes disso, porém, especialistas locais já indicavam a responsabilidade da mineração no desastre. O biólogo José Geraldo Marques e o engenheiro civil Abel Galindo foram os primeiros a levantar essa possibilidade e a Braskem entrou no radar dos atingidos pelo desastre. Em meio a tantas incertezas, rumores se espalhavam entre a população na velocidade dos grupos de WhatsApp. Um dos boatos mais assustadores dizia que a terra iria ceder abruptamente e engoliria tudo na superfície: pessoas, casas, carros, ruas, hospitais, escolas, praças, igrejas, condomínios de até 500 apartamentos seriam tragados para as profundezas. A boataria dava conta de que a Prefeitura de Maceió e o governo de Alagoas tinham até comprado milhares de sacos pretos para acondicionar cadáveres.

Reportagens da época na imprensa alagoana mostram que as ações da Prefeitura e do Governo do estado – tendo à frente, respectivamente, Rui Soares Palmeira (PSDB) e Renan Filho (MDB), ambos de velhas dinastias políticas locais – eram claramente insuficientes diante do drama da população do Pinheiro. Os órgãos de Defesa Civil do município e do estado agiam sem coordenação e recursos. Em meio ao pânico, famílias continuavam deixando suas casas e arcando sozinhas com despesas de mudança. Não havia um plano de emergência e não se sabia para onde as pessoas seriam levadas caso acontecesse o pior. O bairro se esvaziava, negócios quebravam. As autoridades pareciam estar de costas para a população do Pinheiro.

Finalmente, em 4 de dezembro, o prefeito Rui Palmeira decretou emergência nas áreas afetadas em Maceió. Àquela altura, as fraturas e quebramentos já haviam aparecido também nos bairros vizinhos do Bebedouro e do Mutange. O desastre se ampliava e o desespero alcançaria um número muito maior de lares. A Defesa Civil municipal, que já vinha interditando imóveis, passava a ter autoridade para desapropriação por motivo de utilidade pública em áreas de risco. O decreto autorizou a convocação de voluntários para ajudar na resposta ao desastre e a realização de campanhas de arrecadação de recursos junto à comunidade. Estava claro que a Prefeitura não soubera dimensionar a tragédia, até aquele momento.

Às vésperas de passar a presidência da República para Jair Bolsonaro, Michel Temer também decretou emergência nos bairros em Maceió, em 28 de dezembro de 2018. A partir do reconhecimento oficial da gravidade da situação, a Defesa Civil pleiteou recursos para o pagamento de auxílio-moradia ou ajuda humanitária às famílias atingidas. Segundo declarações à imprensa do secretário de Defesa Civil de Maceió, Dinário Lemos, o valor pleiteado ao governo federal foi de R$ 1 mil por família.

No começo da tarde de 25 de janeiro de 2019, outro desastre de mineração deixaria o Brasil estarrecido. O rompimento de uma barragem da mineradora Vale, em Brumadinho (MG), matou 272 pessoas e poluiu o Rio Paraopeba. No mesmo dia, numa entrevista à Rádio Brumadinho, Bolsonaro falou sobre providências que pedira à sua equipe e mencionou, de raspão, o caso de Maceió. "Já conversamos com o secretário nacional de Defesa Civil, o coronel Lucas *(Alves)*, que está em Maceió, Alagoas, tratando de um assunto de parte de um bairro que está afundando por questão de mineração também".

Até então, a Braskem continuava extraindo sal-gema e só suspenderia a mineração em maio de 2019, depois do relatório do SGB. A empresa negava taxativamente qualquer responsabilidade na tragédia. Diante do comentário de Bolsonaro e mesmo sem ter sido citada nominalmente, reiterou numa nota que "nenhum estudo feito até o momento mostrou qualquer relação entre as atividades de mineração de sal e as rachaduras nas edificações". Acrescentou que vinha colaborando com as autoridades e que tinha o compromisso com "a saúde, segurança das pessoas e das comunidades e com uma atuação empresarial responsável".

A declaração de Bolsonaro sobre o papel da mineração no desastre em Maceió teve o efeito de despertar o governador Renan Filho de uma apatia profunda. O Instituto do Meio Ambiente de Alagoas (IMA) é o órgão do governo estadual responsável pelo licenciamento ambiental de atividades com potencial poluidor, caso da mineração. O IMA permanecia inerte, sem que nenhuma das graves suspeitas cogitadas publicamente motivasse averiguação sobre a Braskem. Depois da entrevista de Bolsonaro, Renan Filho determinou a suspensão das licenças ambientais de quatro poços de extração de sal-gema no bairro do Pinheiro. O então governador disse que a medida era "preventiva" e se destinava a garantir a "segurança" da população.

Ocorre que a própria Braskem já havia paralisado a operação desses quatro poços (de um total de 35) seis meses antes. A medida de Renan Filho era uma encenação tardia sem qualquer consequência. Outra providência atrasada partiu do Ministério Público Estadual. O Procurador-Geral de Justiça, Alfredo Gaspar de Mendonça, anunciou em 22 de janeiro de 2019 (quase um ano depois do tremor) que designara cinco promotores para acompanhar o caso.

Foi só em janeiro de 2019 que os órgãos de Defesa Civil do estado e do município apresentaram um plano de evacuação, informando rotas de fuga, locais de abrigo e ponto de encontro, e o papel de cada órgão público envolvido, como o Samu e o Exército. Os militares, por exemplo, ficariam encarregados de desviar o trânsito, socorrer os moradores que precisassem de cuidados médicos, garantir água, alimentação e higiene nos abrigos. Um exercício simulado de evacuação seria feito em fevereiro.

Antes de o tremor completar um ano, o êxodo dos moradores já era uma realidade. Em fevereiro de 2019, cerca de 780 imóveis (de um total estimado de 4.500 no Pinheiro) haviam sido desocupados. A maioria saía porque suas casas estavam condenadas pelas rachaduras, mas havia casos em que os imóveis permaneciam íntegros, porém dentro da área de risco ou próximos a ela. Alguns proprietários tinham esperança de vendê-los ainda que a preços reduzidos. Em vão. Nascia um bairro fantasma, enquanto sonhos desmoronavam e projetos de vida se esvaíam.

As pessoas tentavam receber o seguro de seus imóveis, mas tinham dificuldade porque as seguradoras exigiam a causa dos danos, o que ainda era uma incógnita. Para outros, o problema maior era provar a propriedade das moradias para receber o aluguel social. Os motivos eram diversos: falta de escritura, pendências na Justiça ou construções irregulares. Esta última condição era bastante frequente na encosta do Mutange, com 1,8 quilômetro de extensão. Era o choque entre a vida real da população e a tentativa de enquadrar as consequências do desastre em normas, controles e regulamentos.

Os que permaneciam viviam sobressaltados. Começaram os furtos, invasões e depredações das casas vazias. Serviços de entrega em domicílio se recusavam a atender na área afetada. Cresceu o número de cães e gatos abandonados nas ruas.

Pacientes desmarcavam consultas em clínicas da região. Duas escolas municipais para alunos de até 16 anos e uma creche para crianças de 2 a 5 anos foram interditadas. Os pais cobraram racionalidade das medidas: de que adiantava transferir as crianças e os adolescentes para outras escolas se as famílias continuavam morando em área de risco? O cenário mudava rapidamente, aumentavam o medo e o desamparo dos moradores.

Uma audiência pública na Comissão de Transparência do Senado, em 21 de março de 2019, convocada pelo senador Rodrigo Cunha (então no PSDB), deu a medida do drama enfrentado pelas famílias. A audiência durou 12 horas, com testemunhos de autoridades, especialistas, representantes dos atingidos e um diretor da Braskem. Um momento desconcertante foi o depoimento do coordenador da Defesa Civil municipal, Dinário Lemos.

Numa fala claudicante, ele manifestou preocupação com o período chuvoso, que chegaria em abril e potencializaria os riscos, e queixou-se da demora no repasse de recursos para os que precisavam de auxílio para se mudar, enquanto se aguardava a conclusão dos estudos do SGB sobre as causas do desastre. A data prevista para a divulgação do relatório era 30 de abril. A partir daí, seria possível saber de quem cobrar responsabilidades e os custos de reparação e das compensações. Dinário Lemos expôs suas dificuldades até desabar em choro. Um trecho de sua fala dá uma ideia das pressões que enfrentava: "Eu estava aqui meditando: o que eu vou dizer ao povo do Pinheiro daqui até 30 de abril? Espero que a gente saia daqui com uma forma de se reunir o mais breve possível, porque a população lá deve estar apavorada... Temos aí o mês de abril (...) Os avisos meteorológicos são enviados assim: 'Pancadas de chuvas durante o dia, chuvas moderadas, dia ensolarado'. Aí, eu me pergunto: 'Sim, mas que horas é a chuva?'. Ou 'pancadas de chuvas em localidades'? Não diz a localidade, nem diz a hora que chega, nem diz a quantidade. Fico me perguntando o que vou dizer, quando chegar em Maceió, se atrasar um recurso federal para a população? Se atrasa, é uma semana de desespero dentro do bairro. Nós temos moradores que estão psicologicamente afetados. Existe o risco, precisa evacuar. Como é esse agendamento? Não deixem sobre as minhas costas e ser julgado... *(interrompe a fala chorando)*".

Na mesma audiência, dois representantes dos atingidos manifestaram uma sensação de orfandade em relação aos poderes públicos locais e solicitaram providências do governo federal. Geraldo Vasconcelos, do movimento SOS Pinheiro, pediu que a Defesa Civil Nacional assumisse a coordenação das ações em Maceió, com a participação das Forças Armadas, um navio-hospital da Marinha de prontidão e uma central telefônica de atendimento 24 horas por dia para receber demandas dos moradores.

Vasconcelos falou das dificuldades financeiras das pessoas e pediu, entre outras medidas: ressarcimento para os que haviam deixado suas casas por conta própria, pagamento de ajuda humanitária até uma definição sobre indenizações, aluguel social para todos que estavam na zona de risco, liberação do FGTS para quem deixasse os bairros e frota de caminhão para ajudar nas mudanças.

Alexandre Sampaio, da Associação dos Empresários e Vítimas da Mineração em Maceió, traçou um retrato dos negócios no bairro. Naquele momento, só o Pinheiro tinha 2.700 CNPJs ativos, que incluíam empresas de portes variados, todas perdendo faturamento, demitindo funcionários e arcando com as indenizações trabalhistas, acumulando dívidas com o fisco e bancos. A estimativa era de que uma quebradeira geral levaria à demissão de até 30 mil trabalhadores.

Sampaio pediu a liberação imediata de uma linha de crédito para as empresas ou acesso a verbas indenizatórias ou créditos especiais com carência. Sugeriu que, em caso de uma evacuação emergencial, a segurança da região ficasse a cargo da Força de Segurança Nacional para garantir o patrimônio dos moradores e das empresas. Apontou a "omissão" do prefeito e do governador e observou: "O braço invisível do poder econômico impediu que se tratasse o assunto com transparência como *(está sendo feito)* agora".

A procuradora do Ministério Público do Trabalho, Rosimeire Lôbo, avaliou que havia uma "tragédia socioeconômica", "uma crise de saúde mental" e uma "desertificação habitacional e comercial" na região afetada. Alertou para o risco de aumento do trabalho informal e infantil e pediu à Prefeitura de Maceió a decretação do estado de calamidade pública nos bairros. O mesmo pedido foi feito por parlamentares, e o prefeito Rui Palmeira anunciaria essa decisão cinco dias depois. O decreto daria mais agilidade para ações da Prefeitura na resposta ao desastre, como, por exemplo, a dispensa de licitações.

O depoimento mais aguardado na audiência era o do coordenador dos trabalhos do Serviço Geológico do Brasil, Thales de Queiroz Sampaio. A equipe do SGB iniciara investigação em meados de 2018 e estava sob forte pressão para apresentar os resultados. O geólogo fez uma apresentação didática de como a movimentação no subsolo provocava o afundamento de parte dos bairros, tendo como consequência as rachaduras e crateras na superfície. Foi cuidadoso ao falar das possíveis responsabilidades, mas indicou, de maneira clara, a relação entre a mineração de sal-gema e o desastre.

Ele assinalou que o SGB constatou um rebaixamento do solo de quase 40 centímetros, entre os anos de 2016 e 2018, "dentro da área *(de mineração)* da Braskem". A equipe chegou a essa conclusão a partir das imagens de satélite compradas da empresa italiana Telespazio, com atuação no Brasil. A tecnologia da empresa, chamada de interferometria, mede o mesmo ponto 60 vezes por ano. Thales Sampaio mencionou que havia discrepância entre dados que os técnicos do SGB obtiveram e informações apresentadas pela Braskem sobre o afundamento.

Diante da ânsia por explicações definitivas, o geólogo ressaltou que os técnicos precisariam processar milhares de dados. Mas fez alertas importantes. Disse que o plano de evacuação dos bairros já estava desatualizado porque a área em subsidência era maior do que se soubia até então. Destacou sua preocupação com a temporada chuvosa que se aproximava. Os técnicos trabalhavam com a necessidade de evacuação dos bairros quando houvesse previsão de 60 a 70 milímetros num único dia. Na audiência, Thales disse que as autoridades deveriam estar preparadas para retirar os habitantes do Pinheiro quando a previsão indicasse mais de 30 milímetros de chuva num único dia. Ele alertou: "Isso cria um problema muito grave porque precisa ter uma estrutura grande que não pode ser só da Defesa Civil municipal e estadual. Tem que ter envolvimento do governo federal, do governo municipal e do governo estadual".

Num tom pessoal, que revelava sua angústia com a situação dos moradores com os quais estava convivendo quase que diariamente, ao fazer inspeções nas casas, o geólogo relatou: "É que aquilo ali já é uma calamidade, é uma calamidade emocional. (...) E tem que ter um plano. Como é que você retira as pessoas? Para onde vão? Recebem o quê? Até a gente entender o que está se passando, vem um mês de abril inteiro, e angústia, certo? E mais: eu acho que precisa ter equipe de médicos, psiquiatras, psicólogos e assistentes sociais no bairro, cuidando das pessoas. As pessoas estão adoecendo. Tem gente doente no bairro do Pinheiro. Mas isso aí não é da alçada do Serviço Geológico do Brasil".

Apesar da apresentação clara e ponderada do geólogo, nem todos na plateia ficaram satisfeitos. O deputado Marx Beltrão (PSD-AL) se expressou de forma grosseira, dizendo ter a "sensação" de que a demora em concluir os estudos se devia ao fato de que os técnicos estavam recebendo "diárias", aproveitando as "belíssimas praias da capital", comendo "bom peixe e bom camarão". E acrescentou, num claro ataque à credibilidade da equipe do Serviço Geológico do Brasil: "É mais conveniente passar mais tempo trabalhando nisso do que finalizar os estudos".

O diretor de negócios da Braskem, Alexandre de Castro, apresentou um histórico da atuação da empresa e de seu complexo industrial em Maceió. Informou que a área de concessão de lavra tem 1.900 hectares (equivalente a cerca de 2.500 campos de futebol em área urbana), dos quais a empresa havia explorado 83 hectares (4,4% da concessão), em mais de 40 anos de operação. Explicou que o sal-gema era a matéria-prima para a produção de soda cáustica e PVC, insumos usados em uma infinidade de produtos. A soda cáustica serve para a produção de alumínio, papel, celulose, sabão e detergente. O PVC (um tipo de plástico durável) é a base para tubos e conexões, forros, telhas, cabos e laminados.

A camada de sal-gema está localizada no subsolo, entre 1.000m e 1.200m de profundidade, e tem uma espessura de 200m a 300m. Para efeito de comparação, 1.200m de profundidade equivalem a cerca de 40 edifícios de dez andares cada. Imagine essa extensão no subsolo e você consegue avaliar a distância que os equipamentos de perfuração têm de vencer, cortando camadas de rochas até alcançar o depósito salino.

Para retirar o sal-gema das profundezas, são cavados poços de extração. Monta-se um equipamento na superfície, chamado de "árvore de Natal". É um conjunto de instrumentos, válvulas e conexões, instalado na cabeça de cada poço, que tem por finalidade dar sustentação às tubulações e por meio do qual se faz o controle operacional da mina. A partir daí, é introduzida a tubulação que atravessa o subsolo até alcançar a jazida. A tecnologia de extração é por dissolução subterrânea do sal-gema. O processo é operado da superfície, sem a presença de trabalhadores

Piso de uma cozinha com rachadura de um lado a outro: o tremor de março de 2018 comprometeu a estrutura de milhares de casas em cinco bairros de Maceió

no subterrâneo. O diretor explicou: "É um processo relativamente simples, *(por meio de)* tubos concêntricos. O tubo do meio injeta água *(em alta pressão)* até a camada de sal, ele dissolve o sal, forma a salmoura, e pelos tubos de fora a salmoura sai até a superfície. A gente trata essa salmoura e ela vai para o nosso processo produtivo".

À medida que o sal-gema é dissolvido e extraído na forma de salmoura, forma-se uma cavidade, também chamada de caverna, cava ou mina, correspondente a cada poço de perfuração. O diretor informou que os poços têm uma vida útil média entre dez e 15 anos. Dos 35 poços da empresa, 31 já estavam desativados e quatro continuavam em operação à época da audiência. Ele disse que a empresa havia feito 125 exames de sonar nas cavidades. O que o diretor não explicou é que, dividindo-se os 125 sonares por 35 poços, o resultado é de cerca de três sonares por cavidade ao longo de 40 anos de intensa exploração. Muito pouco para o controle da segurança das minas e de toda a operação, já que mesmo as minas desativadas precisam ser monitoradas.

Alexandre de Castro comunicou que, por determinação da Agência Nacional de Mineração (ANM), a empresa havia feito recentemente sete sonares e faria o mesmo nas outras 28 cavidades (para ter o total das 35 minas). Os dados seriam repassados ao Serviço Geológico do Brasil. Acrescentou que a empresa não tinha evidências de subsidência "nas proximidades da lavra", de acordo com monitoramentos topográficos feitos até 2017, e que contratara novos estudos. Por fim, disse que a Braskem queria "ser parte da solução". Castro permaneceu por algum tempo na audiência, até se retirar praticamente sem ser questionado pelos parlamentares. Não ocorreu a ninguém fazer algumas perguntas essenciais, como, por exemplo:

- A empresa nunca havia pensado em interromper a mineração de sal-gema, já que operava em bairros tão densamente povoados?

- O que dava à empresa segurança de que a abertura das cavidades em áreas residenciais não oferecia risco para os moradores?

- Por que, diante de sinais relacionando as rachaduras e buracos à mineração, a empresa continuava extraindo sal-gema quase um ano depois do tremor?

- A prudência e a preocupação com a vida humana não recomendariam parar a extração desde quando alguns especialistas sinalizaram uma possível conexão entre a mineração e as rachaduras nas casas?

- Por que não explorar outras jazidas, em áreas despovoadas?

- A empresa nunca percebeu que havia algo errado nas minas?

O diretor foi embora sem ser incomodado. O vereador maceioense Chico Filho (PL) estava na plateia e, diante da possibilidade de a Braskem ser a causadora dos danos, julgou pertinente assumir um papel que seria mais adequado ao porta-voz da empresa: "Em sendo a Braskem a causadora desses eventos, é possível a paralisação imediata das atividades dessa empresa? (...) Em paralisando o funcionamento da Braskem, 70 empresas da cadeia produtiva do plástico param suas atividades, 20% da economia do estado se perde. E nós quebramos o estado de Alagoas. O estado de Alagoas, que é um estado pobre, não tem condições de abrir mão de 20% da sua economia, que sobrevive da cadeia produtiva do plástico. Precisamos do governador *(Renan Filho)* e de todos do governo do estado atentos a esta situação".

A audiência mostrou forças políticas e econômicas se posicionando para um jogo bruto que estava apenas no começo. E que iria ficar muito mais pesado depois que fosse divulgado oficialmente o relatório do Serviço Geológico do Brasil. Enquanto se debatia a origem do desastre, o pesadelo dos moradores só aumentava. Para alguns, havia começado muitos anos atrás.

OS CAJUS E OS CACTOS

Tânia e Jakson Moura se lembram de quando chegaram ao Pinheiro, no começo da vida de casados, em 1972. Juntos há cinco anos – ela professora e ele trabalhador de plataforma da Petrobras –, compraram o terreno com a intenção de ter uma chácara de fim de semana. Mas gostaram tanto do lugar que decidiram se livrar do aluguel e ali construir a casa definitiva da família, onde poderiam desfrutar, no futuro, da aposentadoria. Tânia recorda: “Nós fomos os pioneiros. O bairro não era urbanizado. Nossa casa foi a primeira da nossa rua, a Luiz Rizzo, número 666. Quando nos mudamos, não tinha água encanada nem energia”.

Ao imaginar aquele arrabalde ermo que ambos me descreviam com os fios da memória, comentei: “Vocês viram o bairro nascer!”. Tânia acrescentou: “E morrer também”. A frase veio acompanhada de uma súbita tristeza no olhar da mulher que me recebera risonha. Muito antes do tremor de terra de março de 2018, Tânia e Jakson já conviviam com rachaduras na casa construída para ser o centro da vida em família: além dos dois filhos, Daniela e Fernando, os quatro netos e mais uma penca de irmãos, amigos e agregados. “Toda folia era na minha casa. Os aniversários, Natal, festa junina… O quintal era tão grande que, no São João, a gente fazia fogueira e quadrilha”, lembra Tânia.

As primeiras rachaduras apareceram por volta de 2014, numa sequência que incluiu fachada, calçada e o muro da casa. Jakson foi orientado a procurar o engenheiro e professor Abel Galindo, dono da empresa AGM Geotécnica Ltda., especializada em sondagens de solo e fundações de estruturas de grande porte, com atuação em vários estados do Nordeste. “Achei que era um problema na fundação e contratei o serviço para reforçar o alicerce. O professor Abel fez testes de solo e executou o reforço da fundação, mas, passado algum tempo, novas rachaduras apareceram. Ele tinha montado uma estrutura para segurar um prédio, com vergalhões, vigas de ferro de seis metros para baixo. Como é que não sustentava a casa? Tinha uma rachadura que vinha da rua, rasgava o jardim, rachava o piso do primeiro quarto e do segundo, pegava o oitão *(parede lateral)*, seguia pelo quintal, passava debaixo dos muros do fundo, entrava pelo terreno de outra casa e prosseguia duas ruas depois da nossa".

Abel Galindo foi o primeiro especialista a examinar as rachaduras e a relacioná-las à mineração. "Quando voltei pela segunda vez à casa de Jakson e a examinei, vi que era uma rachadura muito linear. O solo era bom e a casa já tinha reforço. Não era para ter rachado de novo. Pensei: 'Essa história tá mal contada'. Foi quando associei com a mineração. A literatura mundial fala da influência de grandes perfurações. Isso fazia sentido porque a extração de sal-gema ficava muito perto dessas casas, creio que a uma distância de uns 500 metros".

Amedrontados, Tânia e Jakson bancaram mais um reforço na fundação. Está tudo em dezenas de fotografias, que documentam trincas e rachaduras por todos os cantos, e a execução das obras. Uma das fotos mostra que Jakson conseguia enfiar a mão por uma rachadura na parede, bem ao lado de uma imagem de Nossa Senhora Aparecida. Outra rachadura era tão grande que por ela entrava a luz do dia num dos cômodos. "Tivemos que quebrar o piso da casa e pintar as paredes nas duas vezes em que fizemos as obras. Era vergalhão, tijolo, tinta, mão de obra... Haja dinheiro! A gente vivia com medo. Chegamos a conversar com alguns vizinhos, que também tiveram rachaduras nas casas, mas as pessoas não gostavam de falar. Ninguém tinha certeza do que era e algumas tinham medo da depreciação dos imóveis. Mas como é que eu não vou querer saber o que está acontecendo debaixo dos meus pés?", questiona Jakson.

Até que veio o tremor de março de 2018. Tânia estava no sofá, fazendo crochê e vendo TV. No quintal, Jakson carregava um balde de água, perto do canil. A água ondulou. Foi o começo de um longo tormento, acentuado pelo desgaste nos contatos com a Braskem, até que chegassem a um acordo sobre o valor a receber pela casa que seriam forçados a abandonar.

Tânia chegou a pensar em resistir: "Falei que não iria sair de minha casa. Queria armar uma barraca bem em frente e ficar. Cada vez que aparecia um funcionário da empresa para avaliar as condições do imóvel, Jakson mostrava uma cartolina amarela onde escreveu: 'Gostaria de saber da Braskem se no termo de cooperação técnica incluíram ou 'esqueceram' propositadamente a recuperação/indenização dos lares (imóveis) que estão com suas paredes rachadas e piso afundado, como o nosso. Queremos resposta. Só as ruas?'. Foi porque demorou muito a definir o que ia acontecer com as casas e com a gente. De madrugada, no silêncio, a gente ouvia a casa estalar. Quase fiquei louca, mas precisava apoiar o Jakson e não podia demonstrar. Ele perdeu 40 quilos, o diabetes e a pressão alta se agravaram. Pensei: 'Não vou perder meu marido por causa da Braskem'. Decidi não judicializar".

Nas fotos da época, Jakson aparece mais forte e vigoroso do que quando o conheci, cinco anos depois do desastre. O casal deixou a casa em 2019, antes de fechar o acordo, e se mudou para um apartamento pequeno, encontrado às pressas, no desassossego daqueles dias. Mantiverram quase tudo o que tinham no lugar, à espera de uma solução definitiva.

Segundo Jakson, a negociação com a empresa foi estressante e resultou em frustração. Receberam o pagamento pela casa e compraram o apartamento onde moram atualmente, mas não foram ressarcidos por inúmeras despesas relacionadas ao desastre. "Nos vimos, de repente, sem nossa casa e sem dinheiro. A poupança de R$ 300 mil que fizemos durante a vida zerou. Gastamos tudo nas obras de reforço do alicerce da casa. Hoje, tenho R$ 400 no banco. Quando fechamos o acordo, eu não tinha dinheiro para pagar a escritura do apartamento. Só consegui com a ajuda da família e de amigos. A Braskem nos pagou um valor muito abaixo do que a nossa casa valia, sem contar o que gastamos nas obras. Tenho todos os recibos e os relatórios que comprovam o reforço das fundações. Ainda tive que ouvir que as obras foram feitas para enfeitar a casa. Quando saímos para o apartamento menor, deixamos 70% das nossas coisas. Paguei vigia particular durante dois anos para que a casa não fosse invadida. Esse gasto não foi indenizado. Não foi um acordo. Foi imposição. Você aceitava ou não. Isso me apunhala. A gente se sente abandonado. Tem coisas que a cabeça da gente não assimila. Até hoje, não me recuperei", diz Jackson.

Entre os objetos que trouxeram da casa antiga, está a imagem de Nossa Senhora Aparecida que aparece numa das fotos, ao lado da rachadura, e uma cristaleira herdada da mãe de Jakson. Tânia lamentou ter sido obrigada a se desfazer da mesa de jantar que tantas vezes reunira a família e amigos. Muitas outras coisas foram doadas por falta de espaço no novo lar. Tânia lembra do desapego com serenidade. "Nós demos portão, telhas, janelas, portas. A Braskem disse para tirarmos tudo. Era pra gente não voltar mesmo. Doamos os móveis grandes. Foi tudo de coração. Eu não iria vender as coisas que fizeram parte da história que construímos. É terrível desconstruir. As pessoas ficaram felizes com o que doamos, nos agradeceram muito".

Quando os entrevistei, Tânia tinha 75 anos e Jakson, 78. Conheceram-se adolescentes em Maceió. Ela, de Olhos d'Água do Aciolly, no sertão. Ele, nascido em Capela, na Zona da Mata. Com 61 anos de vida em comum, entre namoro e casamento, os dois esperavam uma aposentadoria tranquila, depois das tribulações que enfrentaram ao longo da vida. É Tânia quem conta: "Nosso primeiro filho morreu com dois meses e meio. Tive três abortos espontâneos... Arenguei muito com Deus. Tempos depois, um dos meus netos, Leandro, teve leucemia. Não saí do lado dele por três anos e meio. Hoje, ele está formado em direito".

O desastre provocado pela mineração da Braskem fez a vida da família virar pelo avesso e a saudade do Pinheiro transbordava em fragmentos do cotidiano. Jakson sentia falta da roda de conversa com os amigos na padaria Ideal e achava estranho não conhecer os vizinhos nem sequer do mesmo andar no prédio onde foram morar. Tânia tinha saudade dos cajus carnudos que colhia no seu quintal. Mas fizera um pacto consigo mesma pela sua paz de espírito "Não voltei mais à casa do Pinheiro. Me fazia muito mal ir lá. Tenho uma vida pela frente, tenho meus filhos e meus netos".

Jakson lamenta não ter condições de manter no apartamento a coleção de cactos que era o seu xodó, iniciada nas muitas viagens que fez pelo sertão. "Adoro plantas, principalmente os cactos. Acho muito bonito e sempre trazia um pé. Era como ter um pedacinho do sertão dentro de casa. Até hoje, dói no meu coração ter deixado as minhas plantas".

O JARDIM ACÁCIA

O apartamento no conjunto habitacional Jardim Acácia, no Pinheiro, era o grande orgulho de dona Vanusa Batista, costureira de Penedo, no sul de Alagoas, que viera para Maceió para que as filhas, Vanessa e Karine, tivessem melhores oportunidades de estudo e trabalho. A família se instalou no Pinheiro em 1973. O Jardim Acácia somava 23 blocos, cada um com 24 apartamentos. O de dona Vanusa tinha 59 metros quadrados e três quartos, o suficiente para ela, as duas filhas e seu ateliê de costura, onde atendia clientes das redondezas.

A vida seguia conforme o planejado. Vanessa formou-se em administração e Karine, em direito. A paz da família foi perturbada com os problemas que começaram a aparecer no imóvel. É Vanessa quem conta: "A gente morava no térreo. Quando chovia, enchia de água. Um dia, a água sumiu, não enchia mais. Alguém especulou que podia ser uma fossa desativada. Isso foi mais ou menos em 2010. A Prefeitura mandou uma equipe. Na mesma época, alguém que conhecia o professor Abel Galindo o chamou pra investigar o que estava acontecendo. Ele percebeu uma primeira rachadura no solo, fez um estudo e disse que o prédio precisava de um reforço na fundação. Começaram a aparecer fissuras nas paredes dos apartamentos, os pisos soltavam. Não foi tudo ao mesmo tempo nem foi rápido. Alguns vizinhos achavam que era besteira, que não precisava da obra. Até que em 2017 conseguimos fazer o reforço e a Prefeitura pagou. Mas cada um teve que pagar os consertos nos seus apartamentos".

Mãe e filhas se mudaram para um apartamento alugado enquanto a obra seguia no Jardim Acácia. Aproveitaram o embalo e modernizaram o apartamento delas: melhoraram a cozinha, compraram móveis planejados, trocaram janelas e fizeram outros acabamentos. Até poderem retornar ao Pinheiro no fim de 2017. O novo ano chegou e, no apartamento recém-reformado, voltaram a aparecer fissuras. Não demorou muito e houve o tremor, em março de 2018.

Vanessa, mais uma vez, traz a história da família: "Minha mãe estava numa fase feliz, tinha o cantinho dela para trabalhar, todo arrumado. No dia do tremor, eu estava sentada na mesa da cozinha. O prédio tremeu. Meus cachorros, Xandy e Batman, se assustaram. A rua ficou lotada de gente apavorada. Com o tempo, as fissuras aumentaram. Era como se o teto estivesse descolando. Um dia, a gente acordou e tinha uma rachadura no piso do ateliê, na diagonal, de uma ponta a outra. Ainda não se tinha certeza de que era por causa da mineração. No meio daquele ano, surgiu um vazamento no banheiro. Minava água da parede. O pedreiro abriu e as conexões dos canos estavam todas desfeitas. A essa altura, o professor Abel Galindo já sabia que era culpa da mineração. Ele me levou à casa de Tânia e Jakson. Quando vi o que estava acontecendo lá, comecei a chorar, porque não tenho forças para lutar contra uma empresa do tamanho da Braskem e não sabia como contar pra minha mãe. As fissuras continuaram aparecendo, até nas escadas. O professor Abel me pediu desculpas por não ter descoberto mais cedo que a causa era a mineração. Sofri demais. Tudo que queria era paz".

Naquele momento, a paz era uma quimera. Vanessa, que trabalha no ramo da moda como MEI (Microempreendedor Individual), teria que enfrentar a mudança do Pinheiro, a desolação da mãe e a dura negociação com a Braskem. Assim como a mãe, ela veria os clientes minguarem, já que o Jardim Acácia foi o primeiro conjunto habitacional a ser esvaziado. "Eu e minha irmã fomos preparando mamãe aos poucos. Ela dizia que não ia sair do canto dela. Eu dizia: 'Mãe, o problema aqui é por causa da Braskem, todos nós vamos ter que sair'. Até participei de um protesto, falei no microfone. Foi muito pesado para mim. O nosso bloco foi o segundo a ser esvaziado. Em janeiro de 2019, fomos para um apartamento alugado em Pitanguinhas, que a Braskem pagou. Mas as despesas da mudança foram por nossa conta. Minha mãe vivia chorando, pensava nos anos de trabalho, no que gastamos com a reforma... Dias antes do carnaval, ela quis ver o Jardim Acácia, teve uma vertigem e desmaiou na rua. Deslocou o braço e teve um corte na boca. No hospital da Unimed, ela só dizia: 'Meu apartamento, meu apartamento...'. Ela ficou dois meses parada. Tentamos nos desligar um pouco daquilo tudo e ela se recuperou. Na pandemia, sofreu uma queda, dentro de casa. Foi no dia da demolição do prédio pela Braskem. Uma ex-vizinha ligou chorando e ela foi assistir pela TV. Por causa da queda, ficou uma semana na UTI. Ela me disse que todos os dias no hospital sonhou com o apartamento do Pinheiro".

Em meados de 2020, já na pandemia, começaram as reuniões com a equipe jurídica da Braskem. Vanessa tinha a expectativa de um acordo sem demora, cobrindo os custos das obras no antigo apartamento e os prejuízos com a perda de clientes. Como a irmã, Karine, estava grávida, ela tomou a frente das negociações.

“Sempre achei que o acordo devia levar em consideração o que a gente passou. Disseram que não iam compensar minha mãe, de 78 anos, porque ela não era formalizada. Minha mãe é patrimônio vivo do Jardim Acácia! Tive que pedir cartas para as clientes antigas para comprovar que ela trabalhava. Não aceitei o primeiro valor que me ofereceram porque eu queria incluir o pagamento dos gastos anteriores. Aí, me disseram que só iriam custear o nosso aluguel até agosto de 2020. Eu não tinha medo da Braskem, mas minha mãe e minha irmã ficaram com medo. Quando me falaram o valor total, por todas as perdas e pelo apartamento, eu estourei. Me senti lesada. Disse que minha mãe tinha acabado de sair de uma UTI, falei de todo o nosso sofrimento. O advogado da Braskem disse apenas: ‘Sinto muito’. Foi o ‘sinto muito’ mais frio que ouvi na vida”.

Fechado o acordo a contragosto, Vanessa conseguiu comprar um apartamento no bairro Gruta de Lourdes. Mas a mãe continuava a sentir falta do Pinheiro, onde frequentava a Igreja Menino Jesus de Praga e era freguesa da mesma padaria e do mesmo mercado havia décadas. Por um período, ela precisou de terapia. Sem clientela, era difícil retomar a rotina.

Vanessa, com espírito empreendedor, tentava reconstituir sua atividade profissional por meio de um perfil no Instagram, onde postava suas criações de moda. Mas nada era como antes, disse-me ela: “Tudo isso abriu uma ferida que não fecha. Assinei o acordo coagida, na pandemia, sem trabalho, sem fonte de renda. Saímos de um bairro acolhedor, onde todos se conheciam e se ajudavam. Até hoje, minha mãe oscila. Tem semana que ela não está legal. Vira e mexe, fala do ‘meu apartamento’. Sigo tocando a vida, mas me arrependo de ter aceitado, de não ter batido de frente. Estava muito fragilizada. Os governantes ficaram omissos e calados. Mas, pelo menos, posso contar a minha história. Fui uma das primeiras pessoas a saber que a causa de tudo foi a mineração. É importante que o mundo saiba o que aconteceu conosco. Fazer história é isso. De alguma forma, espero que a gente consiga justiça”.

O TETO RACHOU

Com a experiência de ter trabalhado como pedreiro, Manoel Soares de Melo sempre achou que havia algo de muito grave nas crateras e rachaduras que começaram a aparecer nas ruas do Jardim Acácia, no Pinheiro, nas temporadas chuvosas de 2009 e 2010. Os buracos e trincas se somaram ao problema crônico das enchentes, na Rua Mário Marroquim. "Toda vez que chovia, a rua alagava. Ficava uma lagoa. Se o carro passasse, boiava. Um dia, cheguei a pegar um pedaço de ferro para tirar as tampas de esgoto pra água escoar mais rápido. Ouvi um estrondo e a água sumiu. Abriu uma cratera. Foi na chuva de 2010. Liguei para todas as emissoras de TV. Fui tachado de louco pelas autoridades. Disseram que eu estava fazendo tempestade em copo d'água. Lembro que um engenheiro do CREA me disse que era problema de tubulação. Eu disse: 'Isso aqui tem algo mais'. Ele falou: 'Você quer saber mais do que eu?'. Respondi: 'Pois então volte pra faculdade'. A Prefeitura consertou o buraco e fez uma nova tubulação, colocou mais boca de lobo *(bueiro)* pra não alagar e, por um tempo, ficou bom. Mas as rachaduras no solo foram aumentando. Uma delas chegou a uns 50 metros de extensão e ninguém sabia a causa daquilo. Era muito angustiante".

A preocupação aumentava com trincas e fissuras no prédio e em seu próprio apartamento, no térreo. Manoel achou que uma reforma devolveria a tranquilidade à família. Em 2011, arrancou o piso e botou 15 centímetros de concreto em todo o imóvel. Trocou cerâmicas da cozinha e do banheiro. Gastou cerca de R$ 15 mil e deixou o apartamento do jeito que ele e a esposa, Maria Luísa, queriam. Algum tempo depois, as fissuras voltaram a aparecer. "Era apavorante viver daquele jeito, sem saber a causa. Aí, em março de 2018, teve o abalo. Foi um estrondo, um barulho muito alto. O povo corria e gritava. Me apavorei, porque associei o abalo ao que aconteceu em 2010. Então, comecei a medir as fissuras dentro de casa. Botava um palito de dente. No dia seguinte, o palito estava no chão. Era porque a fissura tinha aumentado. Fui marcando e já cabia um dedo, depois uma caixa de fósforo deitada. Até que um dia eu estava sentado na sala, vendo TV por volta das 23h, quando um pedaço de ardósia se soltou da parede e caiu em cima de mim. Fiquei preocupado e lembrei que tinha um apartamento vazio no bloco 14. Procurei o dono, que morava perto, e na mesma noite nos mudamos pra lá, só com os colchões. No dia seguinte, pegamos o resto das coisas. Quando arrastei o guarda-roupas, tinha uma rachadura tão grande na parede que não sei como o prédio não caiu. Cabia minha mão lá dentro. Só então entendi por que eu escutava uns estalos à noite. Minha mulher achava que devia ser barulho do ar-condicionado. Chamei o síndico e os vizinhos. Eu dizia que o problema era no solo e não no bloco. Eles falavam que eu estava vendo coisas. Deixei pra lá".

Manoel, Maria Luísa, as filhas, Emanuelle e Mellyna, e a sobrinha, Joyce, moraram durante três meses de maneira improvisada no apartamento do bloco vizinho. Não montaram os móveis e continuaram dormindo em colchões. Com tantas incertezas, o plano era sair dali o mais rápido possível, embora não soubessem com que meios. O empurrão definitivo veio na manhã em que Manoel acordou e o colchão estava cheio de pedaços de reboco. "Olhei para o teto e estava rachado. Não dava pra ficar ali. A construtora do Jardim Acácia não existia mais. Não tinha a quem reclamar, mas tinha que tirar minha família dali. Consegui comprar outro apartamento, na Rua Manoel Menezes, também no Pinheiro, com financiamento da Caixa, e saí do Jardim Acácia em 2019. Ficamos um tempo tranquilos, até começarem a aparecer fissuras bem fininhas no novo apartamento. Teríamos que sair mais uma vez, mas aí já existia a associação SOS Pinheiro e começamos a cobrar da Braskem. Os acordos de indenização não foram justos. Era pegar ou largar. Diziam que a gente podia botar na Justiça e esperar 15, 20 anos. Foi uma forma de nos coagir a aceitar. Fizeram terrorismo com os moradores. Tiraram o sossego da população. De repente, o nosso mundo desabou".

Manoel recebeu o pagamento pelos dois apartamentos e comprou uma casa no bairro Tabuleiro do Martins, a 22 quilômetros do Pinheiro e de todos os lugares que lhe eram habituais. Por considerar que não foi devidamente compensado, ele e mais oito vítimas movem uma ação na Justiça holandesa contra a Braskem, que tem na cidade portuária de Roterdã a base de sua operação europeia. As vítimas são representadas por dois escritórios, o britânico Pogust Goodhead e o holandês Lemstra Van der Korst. Em julho de 2024, um tribunal em Roterdã determinou que a Braskem pague indenizações às vítimas representadas na ação. A Braskem informou que iria recorrer.

Os olhos de Manoel ficam cheios d'água ao falar sobre o acúmulo de aflições, as mudanças de endereço, as despesas imprevistas no orçamento doméstico e o desgaste das negociações com a empresa. “Estou tocando a vida do jeito que posso. Tomo remédio controlado porque tenho pressão alta, 15 x 9. Isso aconteceu depois do desastre. Antes, a pressão era normal. Um dia, eu já estava no Tabuleiro quando, de repente, minha vista escureceu. Fui para o pronto-socorro e o médico disse que eu ia ter um enfarte. A minha vida mudou toda. Do Tabuleiro para o Centro, eu gasto de uma hora e meia a duas horas. O engarrafamento é como São Paulo. A minha esposa é cuidadora e a senhora idosa que ela cuida morava no Pinheiro e teve que sair de lá pra outro bairro, mais distante. Nossas filhas estudavam e trabalhavam perto de casa. Hoje, o nosso gasto com combustível é muito grande. Estou aguentando falar, mas há dois anos não aguentava falar, não. Começava a chorar. Foi um desabafo falar com você”.

O VEREDITO

A tensão no ar era quase palpável na sede da Justiça federal em Alagoas, na manhã de 8 de maio de 2019. Diante de um auditório de 500 lugares lotado, o geólogo Thales de Queiroz Sampaio, coordenador do grupo de 52 especialistas do Serviço Geológico do Brasil (SGB) que investigou o afundamento dos bairros em Maceió, iria apresentar a conclusão do trabalho. Seria possível saber de quem cobrar a responsabilidade pelo desastre que abalou a vida de milhares de famílias nos bairros do Pinheiro, Bebedouro e Mutange. Na plateia, moradores e autoridades locais e federais.

O Serviço Geológico do Brasil, instituição de pesquisa em geociências subordinada ao Ministério de Minas e Energia, foi procurado pela Defesa Civil de Maceió logo após o tremor de março de 2018. Depois de resolver questões burocráticas e orçamentárias, a equipe começou a trabalhar em junho daquele ano. Os geólogos e geofísicos passaram a percorrer as ruas e a entrar nas casas para entender a formação das rachaduras e das crateras. Thales Sampaio tornou-se figura conhecida nos bairros, sempre com o seu chapéu Panamá para se proteger do sol. Na época, o geólogo, formado na Universidade Federal do Ceará e com especialização no Japão, estava com 64 anos e contava com quase 40 de carreira na instituição, da qual fora diretor em duas ocasiões.

Naquela manhã, mesmo no ambiente fechado do auditório, o geólogo usava o Panamá. Ele explicou que os pesquisadores haviam aplicado vários métodos investigativos, tais como radar de penetração no solo, eletrorresistividade, audiomagnetotelúrico, gravimetria, batimetria, sondagens geotécnicas, análise hidrogeológica e sismológica, exames de sonar das cavidades de extração de sal-gema e análises estratigráficas dos perfis dos poços. Fizeram modelagens integrando todos os resultados obtidos. Mas o divisor de águas no trabalho, segundo o coordenador, foi o método baseado em imagens de satélite, chamado interferometria. O mapeamento interferométrico aponta deformações no terreno e a velocidade de deformação com altíssimo grau de precisão, conseguindo detectar movimentações milimétricas que escapam aos métodos mais tradicionais.

O SGB comprou da empresa italiana Telespazio (presente em 16 países) o mapeamento interferométrico da região afetada no período de abril de 2016 a dezembro de 2018. O acervo mostrou que o afundamento do solo era contínuo, estava em aceleração, e permitiu delimitar as áreas instáveis. O afundamento do solo se dava exatamente a partir das cavidades de extração de sal-gema localizadas às margens da Lagoa Mundaú. O geólogo explicava as questões técnicas de forma paciente e didática, ao mesmo tempo em que projetava mapas que não deixavam dúvidas. No mapa principal, ele usou três cores: a área em vermelho era a que estava afundando; a zona verde, a parte estável; entre elas, em laranja e amarelo, ficavam as zonas em que as casas estavam rachando, numa região de quebramentos decorrentes da tração produzida pela área em afundamento. O mapa era claro e assustador. A plateia, em silêncio, parecia segurar a respiração.

Thales sintetizou: "A gente pode computar até 40 centímetros de rebaixamento do terreno. E qual é a interpretação disso? Existe uma área instável, vermelha *(no mapa)*, em processo contínuo de subsidência desde, pelo menos, 2016, ao lado de uma área estável, a verde. A vermelha está baixando, a verde, não. Na transição entre essas duas áreas ocorrem os quebramentos. Agora, sabemos as razões pelas quais temos as rachaduras, trincas e fissuras no bairro do Pinheiro. Em síntese, elas estão sendo provocadas primariamente pelo processo de subsidência da área em vermelho. Então, a pergunta é: o que causa a subsidência?"

O geólogo explicou que a desestabilização do solo era lenta e progressiva, tendo aumentado a partir de maio de 2017. Fez questão de ressaltar, porém, que relatos de moradores indicavam que as rachaduras nas casas eram bem mais antigas, algumas datando de até 15 anos antes. De fato, um estudo publicado posteriormente iria corroborar esses relatos. Em abril de 2021, a revista "Scientific Reports" divulgou um trabalho de seis pesquisadores do Centro Alemão de Pesquisas em Geociências e da Universidade de Hannover, mostrando que o solo começou a ceder perto da Lagoa Mundaú em 2004. O afundamento acumulado até 2020 chegou a cerca de dois metros.

Na manhã de apresentação do estudo do SGB, Thales Sampaio explicou que os pesquisadores haviam formulado várias hipóteses como possíveis causas, mas, ao longo do trabalho, afunilaram as investigações para quatro delas: características do solo e falta de drenagem e saneamento adequado; exploração de água subterrânea; presença de cavidades no subsolo decorrentes de causas naturais ou da ação humana; e estruturas geológicas pré-existentes na região, como falhas ou fraturas.

De fato, o bairro do Pinheiro (onde começaram as rachaduras) não foi ocupado de forma ordenada, não tem saneamento básico e drenagem adequados. Mas os problemas são semelhantes aos de outros bairros de Maceió e aos de muitas cidades brasileiras. Por si só, não explicavam o rebaixamento do solo. Sobre a exploração de água subterrânea, os pesquisadores descobriram que os aquíferos que abastecem Maceió estavam em franca recuperação, depois de um período de superexploração na década de 1990. As duas primeiras hipóteses, portanto, foram descartadas como causas, embora as deficiências da rede de drenagem e saneamento agravassem os problemas. A investigação passou a se concentrar nas duas últimas: as cavidades no subsolo para extração de sal-gema e a existência de estruturas geológicas pré-existentes ou, simplesmente, falhas geológicas.

Thales Sampaio contou que percebeu a existência de uma zona de falhas geológicas na primeira vez em que esteve no Mutange e observou a escarpa no bairro, ocupada por moradias em situação de risco. A presença e a forma daquela encosta íngreme indicavam falhas nas profundezas do subsolo. Normalmente, as falhas permanecem praticamente paradas. Mas por algum motivo, a zona de falhas do Mutange havia sido reativada e voltara a se movimentar. Os diferentes estudos e modelagens combinados demonstraram que o motivo foi a abertura das cavidades, ou cavernas, para extração de sal-gema na interseção com a zona de falhas geológicas.

As conclusões dos especialistas aproximavam-se cada vez mais da Braskem, como muitos naquele auditório já intuíam há bastante tempo. Faltava, porém, a demonstração técnica cabal da responsabilidade da empresa e era isso que o SGB fazia naquele momento. Outro dado apresentado por Thales Sampaio foi a análise de sonar de oito das 35 minas de sal da Braskem nos bairros do Pinheiro, Mutange e Bebedouro. Os exames de sonar haviam sido feitos pela empresa, por determinação da Agência Nacional de Mineração (ANM), para avaliar a evolução do tamanho e forma das cavidades ao longo dos anos. Era uma informação fundamental junto com os sonares antigos para uma análise comparativa. Mas a empresa havia repassado apenas oito novos exames para o SGB. Segundo o diretor-presidente da ANM, Victor Hugo Froner Bicca, presente na apresentação de Thales Sampaio, a Braskem não teria apresentado os demais por dificuldades técnicas. Os dados dos oito sonares, contudo, já eram graves o bastante.

As análises de três poços ativos mostravam que as três cavidades correspondentes cresciam, o que era esperado porque o sal-gema estava sendo retirado. No entanto, as cavernas já fora de operação também apresentavam "diferenças significativas" de volume, ora aumentando, ora diminuindo, num claro processo de desestabilização. Thales deu alguns exemplos. A mina 7, paralisada em 1987 (portanto, há 32 anos), apresentava um aumento de 71%. A mina se expandira para fora da camada salina e alcançou a camada de calcário acima. A variação na posição podia ser explicada pelo "contínuo desplacamento do teto da cavidade", que leva a uma "subida" da mina.

Já a mina 19D registrara redução de 92%, "bastante esquisita". A mina estava praticamente no topo do depósito salino e alcançava a camada de calcário acima do sal. O volume bem reduzido indicava colapso quase total da cavidade. Thales ressaltou que as duas minas estão localizadas numa região de "interseção" de falhamentos e recorreu a uma comparação: "Essas zonas de falhas interferiram na estabilização das cavidades. Quando você constrói um túnel, por exemplo, e os engenheiros encontram uma falha, aí entra o geólogo, porque terão que reforçar tudo para que o túnel não desabe. Ou seja, você pode até fazer mineração onde há falha, mas não pode, em hipótese alguma, desconhecer que a falha existe e precisa tomar providências para não acontecer desmoronamento ou reativação daquela falha".

Thales Sampaio descreveu outros problemas graves, como o fato de algumas minas terem se juntado, formando cavernas gigantescas. Disse que a tubulação dos poços estava entortando e trincando em alguns lugares, como consequência das movimentações do terreno. Era uma descrição apavorante, como se um organismo vivo e descomunal estivesse em constante movimento no subsolo, provocando dor e desgraça na superfície a cada vez que se mexia.

No último slide da apresentação, o geólogo anunciou as conclusões do Serviço Geológico do Brasil, que soaram como um veredito para a Braskem. "Está ocorrendo desestabilização das cavernas de extração de sal-gema, provocando halocinese, que é a movimentação do sal, e criando uma situação dinâmica com reativação de estruturas geológicas pré-existentes, subsidência e deformações rúpteis (quebramentos) em superfície de parte dos bairros do Pinheiro, Mutange e Bebedouro. No bairro do Pinheiro, cujo reflexo da subsidência é a formação de uma zona de deformação rúptil, a instabilidade do terreno é agravada pelos efeitos erosivos provocados pelo aumento da infiltração da água da chuva em função do aumento significativo da permeabilidade secundária, ou seja, dos quebramentos. Este processo erosivo é acelerado pela existência de pequenas bacias endorreicas (que acumulam água) e pela falta de uma rede de drenagem efetiva e de saneamento básico".

Ao encerrar, Thales Sampaio disse que a investigação em Maceió "foi um trabalho duro, talvez o mais importante em nossas vidas", referindo-se aos pesquisadores que trabalharam sob sua orientação, alguns deles presentes no auditório. Depois da apresentação, a plateia pôde fazer perguntas. Um dos presentes quis confirmar a responsabilidade da empresa e perguntou: "A ação da Braskem pode ser considerada determinante para os fenômenos verificados nas edificações existentes no bairro do Pinheiro?". O geólogo respondeu: "Nós consideramos que a desestabilização das cavidades construídas pela Braskem fez com que houvesse movimentação de estruturas *(falhas)* geológicas antigas, que existem em toda a plataforma continental brasileira. Existem em toda Maceió, em Recife, em Sergipe, na Bahia... Já tive oportunidade de falar, lá na Bahia, onde o Elevador Lacerda foi construído em cima de um plano de falha, cidade alta, cidade baixa. Essas estruturas existem e estão lá, quietas, com algum tipo de movimentação. Aqui a gente entende que há estruturas geológicas importantes na área de mineração da Braskem e uma série de cavidades construídas exatamente na interseção ou em cima dessas estruturas. Isso desestabilizou e reativou a estrutura, desestabilizou a caverna e causou a subsidência que vemos, tendo como consequência o quebramento no limite do bloco que está em subsidência e do bloco que está íntegro".

A plateia, até então silenciosa, irrompeu em palmas, gritos e com o coro "Fora Braskem". Ao responder a outras indagações, o geólogo disse que havia divergência de interpretação de dados entre a empresa e a equipe do SGB e que a Braskem "esqueceu" a existência da falha do Mutange. "A Braskem fez uma interpretação de dados que não bate com a interpretação que fizemos em todos os métodos geofísicos que utilizamos. Na verdade, a interpretação feita pela Braskem, de alguma forma, contradiz os nossos dados. E no traçado da tomada dos dados para a investigação sísmica, a Braskem esqueceu que existe uma falha chamada Mutange. (...) Então, isso precisa ser refeito, porque a principal estrutura que existe é a falha do Mutange, aquela escarpa entre o tabuleiro *(a parte alta dos bairros)* e a parte baixa. Aquilo ali é uma zona de risco alto, é uma escarpa de falha".

Em vários momentos, Thales Sampaio deu ênfase à necessidade de ter os exames de sonar de todas as 35 cavernas para que o diagnóstico de sua equipe pudesse ser mais acurado. A falta dos dados completos o levou a dizer: "Com os dados que temos até hoje, não podemos garantir a integridade dos imóveis nem das pessoas nessas áreas. Isso não significa que as pessoas precisem sair correndo. Mas isso a gente vai discutir mais profundamente com as autoridades e com a Defesa Civil nacional, estadual e municipal".

O relatório oficialmente apresentado naquele dia e a entrevista de Thales Sampaio acentuaram o mal disfarçado estado de tensão entre a Braskem e o Serviço Geológico do Brasil, que se agravaria nos meses seguintes. Antes que a audiência pública terminasse, um representante do Ministério Público de Alagoas perguntou ao geólogo se as informações sobre subsidência fornecidas pela Braskem para o SGB estavam corretas. Sempre muito comedido no uso de adjetivos, desta vez Thales respondeu de forma categórica: "Não. Os dados de subsidência produzidos pela Braskem estavam errados. E o erro era bastante grosseiro".

Novamente, ouviu-se o coro dos moradores: "Fora Braskem". Diante das conclusões do SGB, as pessoas atingidas cobraram ações imediatas da Defesa Civil nacional, que presidia a audiência. Quem tinha que sair de imediato? Quem podia ficar? Quem arcaria com os prejuízos econômicos? Teriam ajuda para se mudar? Quem iria receber ajuda humanitária ou aluguel social? Em caso de evacuação, quem garante a proteção do patrimônio dos moradores?

Invariavelmente, o secretário nacional de Defesa Civil, coronel Alexandre Lucas, falava sem responder de fato: "É uma pergunta complexa" ou "É uma pergunta difícil", repetia. Claramente, a Defesa Civil nacional não estava preparada para lidar com a magnitude do desastre. Ele informou que o governo federal tinha liberado R$ 14 milhões para o pagamento de aluguel social, mas que seria necessário fazer um novo cadastramento das famílias que teriam direito a recebê-lo.

Os moradores insistiram em saber como tudo aquilo acontecera por tanto tempo sem que a fiscalização tivesse sido capaz de detectar. O que as autoridades haviam feito para monitorar a atuação da empresa? Haviam analisado os licenciamentos? Como ficaria a Braskem? Seria paralisada? A concessão de lavra mineral seria mantida? Eram indagações que deveriam ser respondidas basicamente por dois órgãos: o Instituto de Meio Ambiente de Alagoas, que não estava presente, e a Agência Nacional de Mineração (ANM), representada por seu diretor-geral, Victor Hugo Froner Bicca.

Era perceptível a postura mais branda do diretor da ANM em relação à Braskem. Ele fez questão de destacar que recebera uma informação mais atualizada dos exames de sonar, incluindo uma cavidade que não estava na exposição do SGB. Era um dado discrepante que o diretor deixou no ar, sem dar detalhes, e bem diferente da cuidadosa apresentação de Thales Sampaio.

Disse o diretor da ANM: "O registro atualizado que recebemos agora, de que teriam sido concluídos mais um ou dois sonares, dá conta de que na mina 1, para usar a mesma terminologia do doutor Thales, a cavidade estaria exatamente como ela foi fechada algum tempo atrás. Então, não são todas as cavidades que experimentaram esse fenômeno de desmoronamento, de halocinese. Em síntese, o que não foi entregue *(sonares)* deve ser entregue nos próximos meses".

Outra pessoa na plateia insistiu na pergunta: "Os órgãos de fiscalização não observaram as alterações nas cavernas, já que elas deveriam fazer parte do monitoramento?". A resposta de Victor Bicca deixaria explícita sua diferença de postura em relação aos pesquisadores do SGB. Em resumo, ele disse que a ANM tinha dados sobre a estabilidade das cavernas desde 2012, que o processo de desestabilização havia se acelerado "de forma impressionante" a partir de 2016 e que era um "fenômeno relativamente recente".

Neste momento, a geóloga Adelaide Maia, da equipe do SGB, levantou a mão e pediu a palavra. Vale a pena transcrever sua fala curta, mas contundente: "Sou a Adelaide, do Serviço Geológico. Estou muito gripada, acho que foi um pouco do emocional. Foi uma luta grande para a gente chegar até aqui. Gostaria de ressaltar em nome da equipe que os processos de deformação já são antigos, sim. Inclusive, já há indícios de sismos na lagoa *(Mundaú)*. A gente tem sonar desde 1995, análises de sonar desde 2000. Desde os primeiros, já têm indícios de deformação, sim".

Adelaide Maia foi aplaudida. Caberia à ANM explicar como problemas nas cavidades, registrados há pelo menos 25 anos, passaram em branco pela fiscalização e como a empresa convenceu a agência reguladora de que o campo de mineração era estável. Victor Bicca não contestou Adelaide e o assunto morreu naquele momento. Voltaria meses depois, quando o Serviço Geológico teria mais dados de sonar que iriam corroborar a investigação e seriam motivo de mais angústia para os moradores.

No dia seguinte à divulgação do laudo, em 9 de maio de 2019, o Instituto do Meio Ambiente de Alagoas (IMA) e a Agência Nacional de Mineração (ANM) suspenderam a exploração mineral e interditaram os poços da empresa. O IMA autuou a Braskem em R$ 29,3 milhões por prestação de informação falsa, enga-nosa ou omissa e por causar poluição e degradação ambiental. Em seguida, a Braskem anunciou o encerramento da extração de sal na região afetada. Sem a matéria-prima, a produção da fábrica de clorossoda, em Maceió, foi interrompida. A paralisação prejudicou a produção de uma fábrica de PVC da Braskem no município vizinho de Marechal Deodoro e as operações da empresa no Polo de Camaçari, na Bahia. O governo federal decretou estado de calamidade pública na área afetada, 20 dias depois da apresentação do relatório do SGB.

TRÊS MARACANÃS DE SAL

Seis meses depois da apresentação em Maceió do laudo do Serviço Geológico do Brasil, Thales Sampaio voltou a explicar as conclusões dos pesquisadores, desta vez na Comissão Externa sobre o Afundamento dos Bairros, na Câmara dos Deputados, em 7 de novembro de 2019. O geólogo levou informações ainda mais detalhadas sobre o volume de sal extraído dos subterrâneos de Maceió e sobre a exploração predatória e negligente com a vida humana ali praticada ao longo de 40 anos.

A audiência fora convocada pelo deputado João Henrique Caldas (na época, filiado ao PSB). O outro expositor era Fernando Musa, então presidente da Braskem, e o objetivo, confrontar o relatório do SGB com as críticas que a petroquímica vinha fazendo ao trabalho em entrevistas de seus representantes. A empresa contratara institutos e pesquisadores brasileiros e estrangeiros, na busca de falhas no relatório do SGB. Musa insistia que a mineração não era a responsável pelo afundamento do solo e que havia outras causas. Ele foi o primeiro a falar.

Formado em engenharia mecânica pelo Instituto Tecnológico da Aeronáutica (ITA) e com pós-graduação em negócios e administração (MBA) na França, ele estava na Braskem desde 2010. Teve rápida ascensão. Em 2012, tornou-se presidente da Braskem América, responsável pelos negócios nos Estados Unidos e na Europa e, quatro anos depois, alcançaria o topo da carreira, ao assumir a presidência da empresa.

O executivo chegou preparado pelo manual de treinamento midiático a cargo de "gerentes de crises", profissionais contratados para ensinar executivos a usar eufemismos e desvios semânticos diante de situações negativas. Musa procurou concentrar sua apresentação nos "esforços" que a Braskem vinha fazendo para garantir a "segurança das pessoas". Em nenhum momento usou palavras como "vítimas" ou "desastre". Segundo ele, o que ocorria nos bairros de Maceió era um "fenômeno geológico novo e extremamente complexo", sem "outros exemplos similares no mundo". Mencionou 26 vezes que a empresa queria ser parte da "solução".

Musa deixou para o final da apresentação seus pontos de "desacordo" com o trabalho do SGB, como neste trecho: "Na visão dos institutos independentes chamados a analisar o assunto, o gatilho mais provável é o alto teor de infiltração de água de chuva e de esgoto próximo à superfície. Eles também avaliaram que existem inúmeras falhas geológicas na superfície, que estão e podem estar atuando como zonas de fraqueza de condução de fluidos, de escorregamento e de deformação, especialmente no bairro do Pinheiro. E os estudos sísmicos analisados e feitos por eles mostram que os terremotos que estão impactando a região de Maceió já há algum tempo são naturais, associados ao deslizamento de falhas e não ao colapso das cavidades dos poços de extração de sal".

Ele elencou medidas emergenciais da empresa, tais como fechamento de fissuras nas ruas e doação de material para instalação de sistema de drenagem superficial, estação meteorológica e GPS para ajudar a Defesa Civil municipal no monitoramento do solo. Disse que a empresa estava comprometida com a "preservação dos empregos": 550 diretos, 1.600 terceirizados e 11 mil indiretos, neste caso, considerando os postos de trabalho na cadeia produtiva de 180 clientes de PVC e 80 de soda cáustica espalhados pelo Brasil.

O executivo comunicou que a Braskem buscava outras áreas para mineração de sal-gema em Alagoas, "fora do município de Maceió", já que o campo de mineração original estava interditado. A informação não provocou espanto nem questionamentos por parte de nenhum dos parlamentares presentes, como se fosse natural que a empresa, apontada como responsável por calamidade de tamanha magnitude, pretendesse ampliar suas atividades, e em área próxima do cenário já gravemente impactado.

O presidente da Braskem acrescentou que os dirigentes da empresa nunca haviam tido "indicações do tamanho do problema de subsidência que estava acontecendo" e que nada levava a crer "que havia o problema". Concluiu dizendo que a empresa assumiria suas obrigações se ficasse provada responsabilidade no desastre. A fala estudada de Fernando Musa parecia uma estratégia de contenção de danos diante do impacto causado pelo relatório do SGB. Os resultados da companhia despencavam e o destino de Musa seria selado dias depois de sua participação na audiência.

Em seguida, foi a vez do diretor-presidente do Serviço Geológico do Brasil, Esteves Colnago, com uma apresentação de sentido institucional e de respaldo ao trabalho da equipe coordenada por Thales Sampaio. A fala de Colnago deu o tom do duelo travado nos bastidores entre a Braskem e o SGB. Ele disse que a investigação sobre o afundamento tinha sido "o maior desafio" enfrentado "pelos mais experientes pesquisadores da instituição", que o trabalho fora feito com "total independência" e que os investigadores foram mobilizados pela "dimensão humana" do caso. "O relatório técnico é conclusivo em relação à causa do fenômeno", afirmou.

Thales Sampaio reforçou o caráter conclusivo do relatório a respeito das causas do afundamento. Rebateu cada ponto da apresentação de Musa e trouxe um histórico de descaso, imperícia e negligência na mineração praticada pela empresa. Ele rememorou as explicações que dera em audiências anteriores e na apresentação do relatório do SGB às vítimas, em Maceió, em maio. Reafirmou que a causa do afundamento do solo era a desestabilização das cavidades, agravada pelo fato de que haviam sido abertas numa região de falhas geológicas.

A equipe do SGB estava ainda mais convencida sobre as conclusões do trabalho porque tinha em mãos 18 sonares das cavidades, feitos pela Braskem, dez a mais do que analisara na apresentação do relatório, seis meses antes. Sampaio acentuou a falta de conhecimento técnico da Braskem sobre as falhas geológicas e insistiu na questão essencial que deveria nortear a discussão sobre o desastre: mineração em área povoada. "Pasmem, em todas as reuniões com a equipe técnica da Braskem, em nenhum momento admitiu-se a *(existência da)* falha do Mutange. E ela é óbvia para qualquer geólogo minimamente experiente, que tenha feito mapeamento geológico e que chegue naquele local. Olhando as imagens de satélite, de radar, se tiver método geofísico e se for a campo, está claro. (...) Está cheio de estruturas geológicas e, em cima dessa estrutura geológica, que chamamos de uma zona de fraqueza geológica, construiu-se uma cavidade. Com um detalhe: admitindo que não existia estrutura geológica. Ou seja, havia um desconhecimento de quem tocava a lavra do ponto de vista de que existe, sim, estrutura geológica. E se existe estrutura geológica, o cuidado com a cavidade, a forma e condição da cavidade, a forma de pressurização da cavidade tem que ser diferente. E se houver gente em cima, por favor, não faça cavidade naquele local. Essa é a regra internacional".

O mais estarrecedor viria em seguida. Thales Sampaio explicou que algumas cavidades haviam se juntado por terem sido abertas muito próximas umas das outras, sem respeitar as dimensões previstas no projeto original da mineração. Ou seja, houve uma exploração excessiva de sal no subterrâneo, o que provocou a aglutinação de algumas minas. Segundo ele, a Braskem admitiu para o SGB que três cavidades haviam se juntado a outras três, configurando cavernas de dimensões gigantescas no subsolo.

Sempre didático, o geólogo recorreu a uma comparação que qualquer brasileiro entenderia para explicar a quantidade de sal-gema retirada do subsolo de Maceió em pouco mais de 40 anos de exploração. "Nós calculamos através de uma modelagem 3D, utilizando os dados da empresa de mineração, passamos por dois softwares de última geração, com gente que tem expertise absoluta, e calculamos, arredondando os números, em dez milhões de metros cúbicos extraídos. O que são dez milhões de metros cúbicos? Três estádios do Maracanã. Cheios! E o que são três estádios do Maracanã? (...) Setecentos mil caminhões. É esse espaço *(aberto)* lá embaixo. Esse espaço poderia estar pressurizado? Poderia. Está? As evidências mostram que não".

Em sua explanação, o geólogo mostrou que o histórico da lavra, arquivado na Agência Nacional de Mineração, desde quando ainda era Departamento Nacional de Produção Mineral (DNPM), continha documentos sobre a exploração, no mínimo, temerária. Ele mencionou a ocorrência de um desmoronamento em uma caverna em dezembro de 1976, apenas sete meses após o início das atividades de mineração. Outro registro importante era o histórico de deformações nos poços, provocadas por desmoronamentos. Como nesta anotação, de 1985: "Próximo ao encerramento do serviço, houve um pequeno desmoronamento interno (provavelmente queda de tubos, blocos de rocha etc.), sendo observada na superfície forte tração no cabo elétrico da unidade de perfilagem. O cabo sofreu esgarçamento próximo à ferramenta que, por pouco, não foi perdida no poço".

Um outro informe ao DNPM, referente a agosto e setembro de 1986, registrou a ocorrência de um sismo por desmoronamento em uma cavidade, assim anotado: "Aconteceram eventos *(vibrações)* na superfície e o poço *(cavidade)*, a princípio, sofreu novo desmoronamento interno (...) desativado em operação por recomendação da firma consultora PB-KBB Inc., em virtude da existência de pouco sal no topo da caverna e o diâmetro da caverna já exceder a 100m, a fim de evitar desmoronamento interno com vibrações na superfície, o que fatalmente iria acarretar uma onda de pânico".

Thales Sampaio revelou um informe de 2003 dando conta de que as cavidades eram despressurizadas por medida de economia. "Durante o horário de ponta, das 17h até as 20h, o custo de energia é bastante elevado em relação ao horário fora de ponta. Neste intervalo, a bomba de injeção é desligada e a despressurização das cavernas possibilita a manutenção do envio de salmoura para a planta. Há, por conseguinte, uma economia substancial, pois após este horário volta-se a pressurizar as cavidades, mas com um custo de energia menor".

O geólogo mostrou uma gestão minerária de risco, já que o respeito às dimensões técnicas de segurança das minas, o distanciamento entre elas e a manutenção da pressurização são elementos essenciais para a estabilidade das cavernas. Os relatórios tornavam explícita a mansidão do órgão regulador, ANM/DNPM, já que a empresa até informava sobre alguns incidentes na extração de sal e na gestão das minas, mas não se soube de punição a ela no período dos fatos relatados.

Por fim, Thales Sampaio apresentou uma relação de 50 casos de subsidência do solo provocados por extração de sal-gema, entre 1790 e 2013, na América do Norte e na Europa. O geólogo explicou que fez uma seleção de casos, mas que há muitos outros registrados na bibliografia internacional. Sampaio acrescentou um caso ocorrido no Brasil, na ilha de Matarandiba, na Bahia, numa área de extração de sal-gema pertencente à Dow Química, onde abriu-se uma cratera gigantesca, do tipo conhecido tecnicamente como *sink hole*, distinto do processo mais lento de subsidência registrado em Maceió.

A outra diferença significativa é que a área de mineração da Dow Química fica em região desabitada da ilha, ao passo que a mineração, em Maceió, era feita

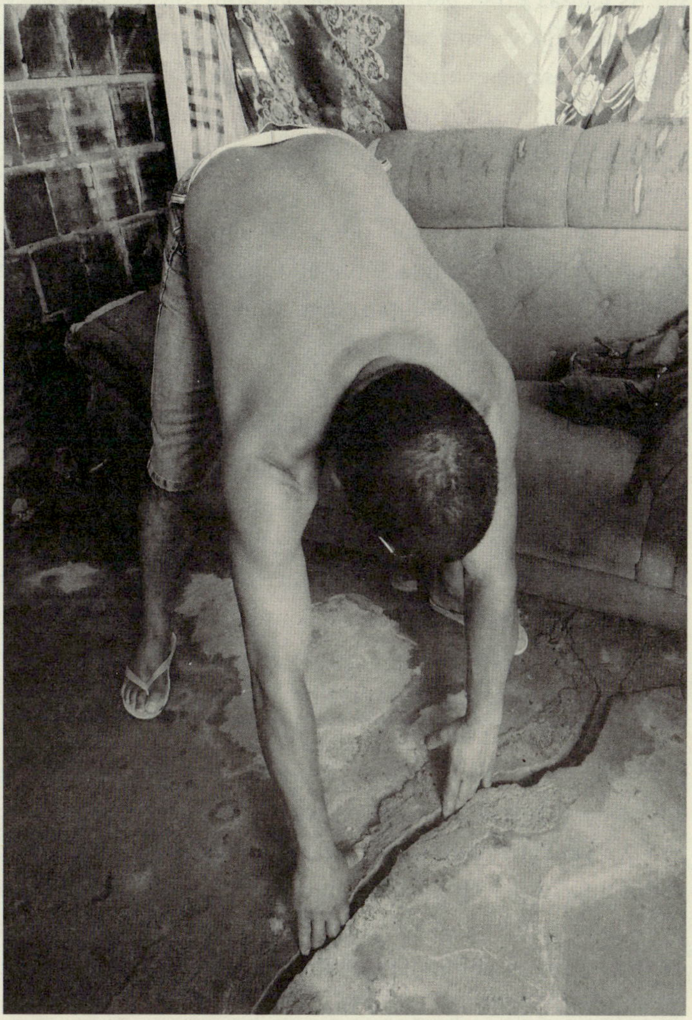

A aflição de conviver com o perigo dentro de casa: morador mostra uma imensa rachadura no chão da sala, que, mesmo cimentada outras vezes, sempre reaparecia

em bairros densamente povoados. Com estas informações, Thales demoliu a apresentação de Musa, em que ele repetira várias vezes que a subsidência era "um fenômeno que não há outros exemplos similares no mundo".

O embate entre a Braskem e o SGB ficou mais escancarado quando Thales falou, em tom de desabafo, sobre o que percebia como uma tentativa de desqualificação do trabalho de sua equipe. "O fenômeno que está acontecendo nos bairros é decorrente da desestabilização das cavidades provocada pela mineração. Essas cavidades não foram monitoradas como deveriam ter sido. A jazida de sal é muito mais complexa do que o entendimento da mineradora original (Salgema), que começou, e do entendimento da Braskem sobre que tipo de jazimento era aquele. Isso está claro para todos os pesquisadores do Serviço Geológico do Brasil. As causas estão perfeitamente identificadas e elas não vão mudar. Existe a halocinese *(movimentação do sal)* provocada pela desestabilização das cavidades. Reafirmamos que esse relatório é conclusivo. (...) Por favor, não deturpem o relatório dizendo que não é conclusivo. Não digam que os métodos de investigação não foram adequados. Nós somos o Serviço Geológico do Brasil e espero que, como tal, tenhamos fé pública".

A audiência na Câmara dos Deputados foi mais uma oportunidade perdida de questionar em profundidade um alto representante da Braskem sobre o desastre. Os parlamentares se comportaram timidamente, quase que pedindo desculpas por fazer perguntas ao presidente da empresa. Os questionamentos, em geral óbvios e superficiais, vinham sempre acompanhados de um elogio à empresa ou à participação do próprio Musa na audiência.

O deputado Marx Beltrão (PSD-AL) disse que a Braskem "é a empresa que mais paga imposto no estado e a que mais gera empregos". O senador Rodrigo Cunha (PSDB-AL) elogiou uma ação de marketing social da empresa: "Até pouco tempo, a Braskem foi vista como empresa amiga de Alagoas. Dou aqui um exemplo simples, mas que encanta o cidadão maceioense: o Projeto Golfinho, dos Bombeiros, que a Braskem todo ano patrocina. Sem a Braskem, dificilmente sairia aquele projeto, o trabalho com as crianças, o trabalho com os pais".

Mesmo num ambiente amistoso como o da comissão, a apresentação de Fernando Musa não foi páreo para a explicação consistente e pormenorizada de Thales Sampaio. Musa deixou no ar a nítida impressão de que a empresa apenas tentava ganhar tempo diante de uma realidade irrefutável: a mineração de salgema era a responsável pelo afundamento do solo, pelas rachaduras dos imóveis e pelos buracos nas ruas, como ficara demonstrado pelo laudo do Serviço Geológico do Brasil. Apesar das tentativas de desacreditar o trabalho dos pesquisadores, seria uma questão de tempo que a Braskem se visse obrigada a admitir a responsabilidade pelo desastre – isso aconteceria somente cinco anos depois, em 2024, durante a CPI da Braskem, no Senado.

Duas semanas depois da audiência na Câmara, a Braskem anunciaria a demissão de Fernando Musa. Nos três anos e meio sob seu comando, a empresa alcançou o lucro líquido recorde de R$ 4 bilhões, em 2017. No ano seguinte, o lucro foi menor, porém, mantido em patamar elevado, de R$ 2,9 bilhões. Mas, em 2019, o tombo foi inevitável e o lucro líquido da empresa ficaria em R$ 124 milhões. O valor de mercado da Braskem despencou de R$ 40 bilhões para R$ 24 bilhões, de 2018 para 2019.

Com o fim da extração de sal-gema em Maceió, a Braskem passaria a importar sal do Chile para conseguir retomar a operação da fábrica de clorossoda meses depois. Quando visitei a fábrica, em outubro de 2024, pude observar os montes de sal numa extensa área da empresa a céu aberto, aguardando processamento industrial. As pilhas de sal também são vistas com frequência no porto de Maceió e despertam a curiosidade de quem passa por ali, já que muita gente as confunde com a areia usada no fechamento das minas. A empresa aprovou um plano na Agência Nacional de Mineração para o preenchimento das cavidades. Vários métodos estão sendo aplicados, dependendo da situação de cada mina. Algumas serão preenchidas com areia misturada à água salina. Segundo a Braskem, a areia viria de jazidas licenciadas. Em outras minas, o fechamento será feito por pressurização da salmoura que já estava nas cavidades e, em alguns casos, deverá haver preenchimento natural. Após essa etapa, os poços serão tamponados com cimento.

O preenchimento das cavidades por si só não encerra o processo de afundamento do solo. O afundamento continuará por algum tempo, até que o solo se acomode e haja estabilização. Quando isso irá acontecer? Não é possível estabelecer uma data precisa. As opiniões de vários estudiosos que se manifestaram sobre o tema estimam um período que vai de 20 a 40 anos.

NEGOCIAÇÃO COM O ALGOZ

Enquanto a Braskem gerenciava a crise e ainda negava sua responsabilidade no afundamento do solo, já estava em curso o maior desastre socioambiental em área urbana do Brasil e um dos maiores do mundo. Sem previsão de estabilização do terreno, aos moradores não restava alternativa senão enfrentar um processo agressivo de mudança, marcado por aflições e perplexidade. A única certeza que tinham é que a extração de sal-gema, em gigantescas cavernas subterrâneas, era a responsável por estragos em seus imóveis, vidas e futuro.

O afundamento do solo e as rachaduras em cinco bairros levariam a um êxodo urbano no Brasil sem precedentes dentro de uma cidade e de sua região metropolitana. Como ondas sucessivas, impactos de ordem social e econômica seriam sentidos pela população de toda Maceió a partir do epicentro no bairro do Pinheiro, seguido por Bebedouro e Mutange. Logo, a catástrofe alcançaria parte do Bom Parto e do Farol, bairros vizinhos, mas com perfis e dinâmicas sociais e econômicas muito diferentes.

Para entender a geografia da área afetada, recorro novamente à comparação com a capital baiana. Quem conhece Salvador pode estabelecer como paralelo a cidade alta e a cidade baixa, ligadas pelo famoso Elevador Lacerda. Pinheiro e Farol (o último a entrar na área de risco) ficam na parte alta, chamada de tabuleiro. São bairros de classe média de faixas variadas de poder aquisitivo. Entre seus moradores, havia desde trabalhadores autônomos, profissionais liberais, servidores públicos, comerciantes e empresários de porte diverso.

Na parte baixa, às margens da Lagoa Mundaú, localizam-se Mutange, Bebedouro e Bom Parto. O Mutange tem uma grande escarpa que faz a ligação entre o tabuleiro e a planície lagunar. Em fotografias antigas, vê-se a encosta ocupada por moradias precárias, em situação de risco e sem saneamento, num cenário semelhante ao das favelas do Rio de Janeiro. Na parte baixa do Mutange ficava o estádio e centro de treinamento do Centro Sportivo Alagoano, o CSA, um dos principais times de futebol do estado, conhecido como Azulão.

O Bom Parto tem sua história ligada à igreja que homenageia a padroeira, Nossa Senhora do Bom Parto, e à indústria têxtil, quando da instalação da Fábrica Alexandria, em 1911, que atraiu muitos trabalhadores e não existe mais. Uma parte do bairro é formada por palafitas que mal se equilibram sobre estacas fincadas na lagoa e que evidenciam a situação de extrema vulnerabilidade de seus moradores.

Bebedouro é o mais antigo entre os cinco bairros, com origens no século XIX. Como indica seu nome, o povoamento começou com o costume dos tropeiros de fazer uma pausa para dar de beber aos animais no Riacho do Silva, antes de seguir viagem levando mercadorias até o Porto de Jaraguá, motor do crescimento da região. Bebedouro é referência para a cultura alagoana, lugar de festejos populares e de construções de inestimável valor histórico e arquitetônico. Uma parte do bairro, conhecida como Flexais, é moradia de pescadores e marisqueiras.

O Mutange foi o primeiro a ser integralmente desocupado e a demolição das casas, concluída em 2022, deixou apenas a escarpa vazia. O desaparecimento dos outros bairros foi mais lento, mas não menos implacável. Ruas inteiras e suas casas, praças, largos, vilas e condomínios populares, com prédios de até quatro andares, sumiram na poeira da demolição. Os quarteirões vazios foram cercados por tapumes de metal, o que levou a uma fragmentação do espaço urbano. Os caminhos originais foram alterados de tal forma que mesmo moradores antigos não conseguem mais identificar onde ficavam suas casas. Eles me descreveram a sensação de estarem perdidos num labirinto nas vezes em que voltaram aos bairros.

A metamorfose radical transformou os bairros num cenário de distopia, que lembra o das piores catástrofes, naturais ou produzidas pelo homem. A sensação é a de que a população debandou para escapar de uma guerra, de uma peste ou de uma hecatombe nuclear. Imagens feitas por drones antes das demolições mostram os quarteirões como um mosaico gigantesco de quadrados vazados e tomados pela vegetação que crescia no que sobrara de quartos, cozinhas e salas. Nessas imagens, as paredes permaneciam de pé, mas já sem telhados. As moradias haviam sido invadidas por pragas e estavam expostas à chuva, umidade, infiltrações e oxidação.

O esvaziamento dos bairros provocou efeitos devastadores em dezenas de ruas no seu entorno, que passaram a ser identificadas como "área de borda". São os arredores do desastre que passaram a viver num limbo urbano por ter perdido sua vizinhança, comércio, escolas, hospitais. O pouco comércio que restou sobrevive de maneira residual. O valor de mercado dos imóveis da "área de borda" virou pó. Quem quer sair não consegue vender as casas ou pontos comerciais porque não há quem queira morar ou investir perto de uma zona fantasma.

Segundo o estudo "Deslocamentos forçados e reestruturação urbana", coordenado pela arquiteta e urbanista Caroline Gonçalves dos Santos, doutora em desenvolvimento urbano e professora da Universidade Federal de Alagoas (UFAL), o mapa de danos do desastre passou por, pelo menos, cinco atualizações até chegar a uma área de 2,74 quilômetros quadrados, o que equivale a 2,5% da área urbanizada do município de Maceió, que é de 115,08 quilômetros quadrados. A capital tem 509 quilômetros quadrados, mas não é totalmente ocupada, com regiões de características rurais, daí a escolha do trabalho em comparar o tamanho da área afetada com a área urbanizada do município.

No primeiro mapa, previa-se a desocupação de 4.500 imóveis. O monitoramento, porém, fez sucessivas atualizações de riscos e indicou a necessidade de desocupar uma quantidade muito maior. Chegou-se a mais do que o triplo: 14.546 imóveis. No site da Braskem, com dados atualizados até 28 de fevereiro de 2025, 14.525 imóveis haviam sido desocupados. O deslocamento forçado alcançou cerca de 60 mil pessoas, o equivalente a 6% da população da capital. Este é o número mencionado por autoridades e por vítimas do desastre, considerando a média estatística de quatro residentes por imóvel. A Braskem, no entanto, informa que, de acordo com dados do Programa de Compensação Financeira (PCF), realocou cerca de 40 mil pessoas.

Uma comparação com outros municípios do mesmo estado ajuda a entender a magnitude do êxodo repentino. Dos 102 municípios de Alagoas, apenas cinco têm população maior ou equivalente a 60 mil pessoas. Além de Maceió (957 mil), são eles: Arapiraca (234 mil), Rio Largo (93 mil), Palmeira dos Índios (71 mil) e Marechal Deodoro (60 mil). União dos Palmares (59 mil) e Penedo (58 mil) chegam perto. Os outros 95 têm menos habitantes do que a área atingida na capital. Ainda para efeito de comparação, dos 5.570 municípios brasileiros, apenas 546 têm mais de 60 mil habitantes. Os demais 5.024 têm o mesmo porte ou são menores, em termos populacionais, que a área afetada em Maceió.

Imagine se os prefeitos dessas cidades tivessem que lidar com a mudança súbita dos moradores e a transposição de instituições públicas e empresas privadas, serviços e infraestrutura urbana, como rede de abastecimento de água e energia, gás e redes de telefonia, escolas e hospitais? Agora, pense que todo esse deslocamento seria feito dentro do mesmo município e em parte de sua região metropolitana e, então, é possível entender o impacto em Maceió, muito além do limite físico dos cinco bairros. Não demoraria para que o déficit habitacional – que na época era de 27 mil moradias – explodisse e o mercado imobiliário aumentasse os preços dos imóveis, aproveitando-se do medo e do desespero de milhares de famílias.

Mesmo com as evidências apontadas pelo Serviço Geológico do Brasil, a Braskem continuou negando sua responsabilidade. Várias ações haviam sido ajuizadas contra a empresa, até ser definida a competência do Ministério Público Federal para atuar no caso. O MPF ingressou com Ações Civis Públicas (ACPs), instrumentos destinados a proteger interesses coletivos e difusos (como o meio ambiente), e passou a comandar uma força-tarefa com a participação do Ministério Público Estadual, Defensoria Pública do Estado e Defensoria Pública da União.

Diante da urgência das remoções, as autoridades se sentaram à mesa de negociações com a empresa para uma eventual formulação de acordos que dessem soluções rápidas para os moradores. O cenário era de aparente paridade de armas, com decisões da Justiça alagoana favoráveis ao bloqueio de R$ 6,3 bilhões da empresa. Mas a Braskem recorreu às instâncias superiores e virou o jogo. Em junho e em agosto de 2019, conseguiu duas decisões favoráveis do então presidente do Superior Tribunal de Justiça (STJ), João Otávio de Noronha, que determinou a substituição do bloqueio por um seguro-garantia no mesmo valor, mecanismo favorável à empresa, porque não afeta o pagamento dos acionistas. Sem a amarra do bloqueio, a empresa conseguiria impor condições abusivas nos acordos que seriam oferecidos às vítimas, com a chancela da força-tarefa.

Em janeiro de 2020, o primeiro acordo definiu os termos gerais do Programa de Compensação Financeira e Apoio à Realocação para os moradores. Um segundo acordo de reparação socioambiental e urbanística foi firmado com a empresa em dezembro de 2020. Os dois acordos foram homologados pelo judiciário e duas ACPs (de compensação financeira e de reparação socioambiental), extintas. Livre das duas ações na Justiça, a Braskem ficou em posição ainda mais hegemônica para negociar o pagamento de indenizações aos moradores, num acordo que tinha um vício de origem: impunha a lógica perversa de que a vítima teria que negociar diretamente com o seu algoz, interessado em jogar os valores para baixo.

As negociações se dariam numa relação desigual, com os moradores em situação de total fragilidade diante da sexta maior petroquímica do mundo. Como regra geral, para que as discussões sobre o valor começassem, o morador precisava assinar um termo de compromisso concordando em deixar o imóvel. Ou seja, o morador saía da sua casa ou apartamento sem saber quanto receberia pela perda do seu patrimônio, e se mudava para um imóvel alugado provisoriamente. A Braskem pagava um auxílio-aluguel temporário no valor de R$ 1 mil por mês, independentemente do tamanho do imóvel e do número de integrantes da família, válido por até 24 meses. Também se comprometia a pagar um auxílio de R$ 5 mil, a providenciar a mudança e um guarda-móveis, se necessário. Resumindo: as pessoas deixavam seus lares sem saber quando, onde e como recomeçariam suas vidas.

A Braskem também impôs o pagamento por danos morais no valor único, tabelado, de R$ 40 mil por imóvel, e não por indivíduo, ou seja, a mesma quantia para todas as famílias, sem levar em conta o tamanho e as peculiaridades de cada uma delas. Por exemplo, se havia uma pessoa doente, alguém que precisasse de cuidados especiais, com dificuldade de mobilidade ou adoecera como consequência dos transtornos provocados pelo desastre. No caso de inquilinos, os R$ 40 mil eram divididos meio a meio entre a família residente e a família dona do imóvel.

Para arrematar, havia outra imposição. A rigor, não se tratava de uma indenização, mas de um contrato de compra e venda, porque quando se chegava a uma conclusão sobre o valor a ser pago, o morador era obrigado a transferir a posse do imóvel para a Braskem. Segundo as pessoas que entrevistei, o processo de negociação era penoso e estressante. As vítimas se viam forçadas a aderir aos termos estabelecidos pela empresa. A alternativa seria entrar com um processo na Justiça, que poderia levar décadas até seu desfecho. Os moradores acabavam cedendo e concordando em vender seus imóveis para a empresa por um valor geralmente abaixo do preço de mercado (em condições normais). A "compensação", portanto, estava muito longe do que se entende como indenização, no sentido de uma reparação integral em decorrência de ato ilícito, ação ou omissão praticada por terceiros.

Apesar dos protestos das vítimas, a maioria acabou submetendo-se, diante da premência em deixar a área de risco. Foi assim que, aos poucos, a empresa tornou-se dona do imenso pedaço da cidade atingido pela mineração predatória praticada por ela mesma. A Braskem passou a ser a dona das casas, de edifícios inteiros e das sedes dos negócios instalados nos bairros.

A desocupação em massa, iniciada em 2020, coincidiria com a chegada da pandemia de covid-19 no Brasil. Enquanto a população era orientada pelos cientistas a ficar em casa para se proteger do vírus, moradores expulsos de seus lares pela mineração tinham que ir às ruas procurar moradia, fazer a mudança e reorganizar suas vidas.

A remoção começou pela encosta do Mutange, área de maior risco para deslizamento e soterramento e com muitas casas em situação irregular. As condições para retirada dos moradores do Mutange foram sumárias. Foi estabelecido um pagamento pré-fixado de R$ 81.500 por danos materiais e morais, com dispensa de avaliação do imóvel. Os moradores dos demais bairros enfrentaram etapas mais demoradas. Seja qual fosse o caso, os relatos falam de processos de mudança carregados de sofrimento e incertezas.

O aumento repentino do número de famílias em busca de imóveis levou a uma disparada nos valores de aluguel e de venda em Maceió. Dados de várias fontes, sistematizados no estudo da Universidade Federal de Alagoas, ajudam a compreender o cenário. Entre 2018 e 2019, foi registrado um aumento de 14% na procura por imóveis para alugar e de 15% no valor do aluguel. Em janeiro de

2020, o aumento chegou a 20%. O mercado de compra e venda de imóveis foi alterado sobretudo a partir do momento em que as famílias começaram a receber o pagamento da Braskem. Em 2021, o Sindicato da Indústria da Construção do Estado de Alagoas (Sinduscon) registrou elevação de 73,76% na venda de imóveis em relação a 2020.

O valor do metro quadrado, medido pela Fundação Instituto de Pesquisas Econômicas (Fipe-Zap), indica que o aumento começou em 2019, desacelerou no começo da pandemia (março de 2020) e voltou a subir em julho do mesmo ano. A partir daí, o crescimento foi contínuo e atingiu o ápice entre o fim de 2021 e começo de 2022, com uma valorização acima de 18%, muito superior ao Índice Nacional de Preços ao Consumidor Amplo (IPCA, medido pelo IBGE) e acima da média de 50 cidades brasileiras avaliadas pela Fipe. Depois que a maior parte das compensações já havia sido paga, o índice caiu ligeiramente, porém, estacionou num patamar elevado, de 14,58%, em abril de 2024, quando o IPCA ficou abaixo de 4% e a média das 50 cidades em torno de 6%.

Segundo os indicadores da Fipe-Zap, em abril de 2024, Maceió tinha o metro quadrado mais caro entre as capitais do Nordeste. Os preços mais altos de venda eram os dos bairros litorâneos, chegando a R$ 10.789/metro quadrado. Isso refletia uma particularidade do mercado local: a aposta em apartamentos tipo estúdio (o antigo quitinete) ou quarto e sala, voltados para o turismo e investidores imobiliários. Ou seja, quem precisava de imóvel para morar enfrentava o pior dos mundos. A lei da oferta e da procura puxava os preços para cima e, além disso, o mercado não se preocupava em atender às necessidades da população forçada a se deslocar.

Com os preços nas alturas, muitos deslocados não conseguiram comprar uma nova moradia de padrão semelhante à antiga e em bairros com boa oferta de serviços e infraestrutura. A diáspora levou os moradores para a periferia ou para outros municípios da região metropolitana. Com base em pesquisa da empresa de consultoria Diagonal Social, contratada pela Braskem, com metade da população deslocada, é possível saber as áreas onde as famílias se estabeleceram. Do universo pesquisado (53% dos deslocados), 86,43% permaneceram em Maceió e os bairros mais procurados foram: Cidade Universitária, Tabuleiro do Martins, Santa Lúcia, Farol (na parte não afetada pelo desastre) e Benedito Bentes. Com exceção do Farol, são bairros com menor oferta de empregos e serviços. Uma parcela pequena dos pesquisados, 7,64%, mudou-se para outros municípios, como Satuba, Marechal Deodoro e Rio Largo, distantes cerca de 30 quilômetros da área de origem.

Segundo a professora Caroline dos Santos, a população deslocada deve ser bem maior, porque muita gente que morava na área de borda – não incluída no acordo de compensação – se mudou por conta própria, como ela mesma. "Eu morava no Farol, exatamente na área de borda. Meu apartamento não teve rachadura, mas começamos a sentir o esvaziamento, a percepção de falta de segurança nas ruas. Eu ia me emocionando ao ver o comércio fechando, os prédios esvaziando. Tinha um prédio antigo, muito bonito, um dos primeiros do Farol, acho que da década de 1970. Quando passei e vi, à noite, todos os apartamentos apagados, cheguei em casa e disse: 'A gente precisa sair daqui'. Nós nos programamos, sem ajuda de Braskem nem de ninguém, e nos mudamos. Foi o famoso 'começar do zero'. Tudo aconteceu numa velocidade muito grande. O que a maioria das pessoas viveu foi um processo de desapropriação, sem indenização prévia. As pessoas iam para o aluguel e a pressão do mercado era imensa. Os donos de imóveis exigiam adiantamento para dar preferência a um pretendente. 'Se você quer o imóvel, me adiante três aluguéis'. Muitas pessoas não tinham esse dinheiro e o poder de escolha era limitado. Lembro do caso de uma senhora na nossa pesquisa que estava saindo de uma casa com três quartos, varanda e garagem para um apartamento de 60 metros quadrados. As pessoas não escolheram se mudar nessa condição abrupta. Não foi à toa que tanta gente adoeceu".

A pesquisadora destaca que o desastre precisa ser compreendido de maneira ampla porque os impactos atingiram a cidade e a população como um todo. Além do aumento do preço dos imóveis, outro efeito generalizado foi na mobilidade e no trânsito da capital. "A cidade inteira foi impactada. O VLT perdeu uma estação importante e ficou subutilizado. A própria Companhia Brasileira de Trens Urbanos (CBTU) questionou as condições de manter o serviço porque caiu muito o volume de passageiros. Uma quantidade imensa de vias foi interditada na área afetada e isso atingiu o deslocamento dentro da cidade. Passamos a ter congestionamentos. Antes, um trajeto que levava dez minutos, agora, dependendo do horário, leva de 30 a 40 minutos. E não vimos maiores investimentos em mobilidade. A gente já tinha uma estrutura na cidade de ligações escassas e eixos viários sem muita conexão entre si. Ficou mais complicado porque ruas foram fechadas em uma área muito grande. Dá uma sensação de desnorteamento quando se tenta acessar algumas vias. De repente, entro numa rua achando que ela está aberta, mas está fechada e tenho que retornar. Há investimentos sendo feitos, mas a partir de projetos antigos, que estavam para acontecer e que serão ampliados. Ainda assim, são insuficientes. Não se vê um investimento real em transporte que compense as vias perdidas".

O estudo coordenado pela professora traz um levantamento das perdas coletivas de serviços, públicos e privados, desativados e transferidos para outros locais: 24 unidades de saúde, 24 escolas, 13 templos religiosos e 17 sedes de instituições. Seis praças públicas deixaram de ser utilizadas e o Cemitério de

Santo Antônio tornou-se um memorial apenas para visitação, sendo proibidos novos sepultamentos.

Levantamento da Associação dos Empreendedores e Vítimas da Mineração em Maceió revela um impacto que extrapola os proprietários de imóveis, inquilinos e empresários de porte variado dos cinco bairros atingidos. Segundo a pesquisa, pelo menos 42 grupos sociais foram afetados, contingente que inclui, por exemplo: trabalhadores informais, feirantes, pescadores, marisqueiras, estudantes (sete mil alunos das redes pública e privada), professores e funcionários das escolas, pacientes dos hospitais e clínicas psiquiátricas, grupos culturais, grupos religiosos, usuários das linhas de transporte (VLT e ônibus) desativadas ou modificadas, e fornecedores de produtos e serviços da cadeia produtiva das atividades econômicas nos bairros.

O engenheiro Abel Galindo, autor de um livro sobre o desastre e um dos maiores estudiosos do caso Braskem, chama atenção também para imóveis localizados em bairros vizinhos à área atingida, que sofreram imensa desvalorização e que não conseguem cobertura de seguro, mesmo aqueles situados a um quilômetro de distância dos limites da área afetada definida pela Defesa Civil municipal. Segundo seus estudos, somando-se os donos desses imóveis, o número de impactados chegaria a cerca de 200 mil pessoas.

Ainda em março de 2025, o defensor público estadual Ricardo Melro teve acesso a um documento do Serviço Geológico do Brasil, elaborado em 2022, que mostra afundamento leve no bairro da Levada e nas imediações da Avenida Fernandes Lima, ambas regiões vizinhas à área do desastre. "A nota técnica do SGB apresenta um mapa inédito, revelando que há afundamento. Não causa risco à vida de ninguém, por ora, mas precisa de monitoramento e pode, sim, causar danos estruturais nos imóveis. Esse documento confirma o que constatamos nas inspeções no entorno do mapa do desastre. Temos visto vários imóveis com rachaduras, trincas e afundamento", me disse o defensor.

Consequências de tal monta deveriam ter provocado uma atuação firme dos poderes públicos, nas três esferas – municipal, estadual e federal –, mas não foi o que se viu, na avaliação da professora Caroline dos Santos: "O poder público tinha a responsabilidade de atuar porque a Braskem tem autorizações de órgão federal e de órgão estadual, e o desastre aconteceu no município. Os poderes públicos foram omissos na fiscalização, que poderia ter evitado o desastre, e depois no encaminhamento da assistência às vítimas. Não há um planejamento para lidar com as questões mais complexas da realocação e do adensamento populacional de algumas regiões. Bairros receberam parte da população, mas não houve investimento para melhorar a infraestrutura urbana que recebeu uma sobrecarga. E há perdas difíceis de mensurar. Por exemplo: os postos de saúde e os agentes comunitários foram transferidos para outros bairros e são eles que conhecem as famílias e já tinham os prontuários dos moradores, hoje dispersos, sobretudo as pessoas das áreas mais precárias. São informações que se perdem. Veja um relato que apareceu na nossa pesquisa: uma professora dava aula numa escola estadual transferida para o município de Marechal Deodoro. A escola nova não quis ou não pôde receber a biblioteca da escola antiga. Era uma biblioteca riquíssima, com livros assinados por Graciliano Ramos. E aí ficou em algum lugar para ser resolvido depois. O que estamos vendo é a cidade se reestruturando sem planejamento".

O acordo firmado pelas autoridades com a Braskem para reparação socioambiental e urbanística contribuiu para aumentar o descontentamento das vítimas. Uma cláusula estabelece que a Braskem não poderá construir edificações habitacionais nem comerciais na área que passou a ser dela, "salvo se, após a estabilização do fenômeno de subsidência, caso esta ocorra, isso seja permitido pelo Plano Diretor de Desenvolvimento Urbano da cidade de Maceió". O atual Plano Diretor da capital é de 2005. Sua eventual revisão pela Câmara de Vereadores e pela Prefeitura pode ser uma brecha para mudar a destinação da área afetada, depois da estabilização. É plausível, portanto, a interpretação de que o acordo possibilita à empresa transformar o desastre num investimento com retorno de longo prazo.

O mesmo acordo prevê um pacote de obras para a cidade. As obras são planejadas pela Prefeitura e executadas por empresas contratadas pela Braskem. As obras previstas incluem: construção e recuperação de 33 quilômetros de vias; implantação de calçadas acessíveis e ciclovias; melhorias na iluminação pública; e drenagem de águas pluviais. Nos bairros que mais receberam moradores deslocados, está prevista a construção ou reforma de creches, mercados e unidades de saúde.

Em junho de 2019, o então prefeito de Maceió, Rui Palmeira, sancionou uma lei que isentou os moradores da área afetada do pagamento de IPTU por cinco anos. Seu sucessor, João Henrique Caldas (mais conhecido como JHC, atualmente no PL), renovou a lei, estendendo a isenção até 2028, o que beneficia a Braskem, já que ela se tornou dona dos terrenos, após a demolição dos imóveis. Foi Caldas quem fechou outro acordo com a empresa, em 2023, seguindo a mesma lógica benevolente dos anteriores. Por este trato, a Braskem pagou uma indenização de R$ 1,7 bilhão à Prefeitura para "obras estruturantes". Em troca, a empresa passou a ser dona de toda a infraestrutura pública municipal na área de risco. Isso inclui unidades de saúde, centros de assistência social, escolas, ruas, calçadas, praças e largos. Com o dinheiro do acordo, cercado de controvérsias, JHC transformou Maceió num canteiro de obras. Reelegeu-se em 2024, com quase 84% dos votos.

Quanto mais casas vazias e almas feridas, mais feroz era o rolo compressor sobre os bairros afetados. Assim que o morador saía, a empresa tamponava portas e janelas com blocos de cimento. Como não havia vigilância, milhares de imóveis ficaram à mercê do saque de materiais como telhas, esquadrias, madeiras, portões, fiação e qualquer coisa que pudesse ter valor num mercado clandestino. Os próprios donos também levaram peças na esperança de conseguir algum dinheiro em meio a tantas dificuldades.

A empresa apresentou às autoridades um plano de demolição dos prédios e casas sem o uso de explosivos. Na região afetada, havia 11 prédios de grande porte (com mais de seis andares). Serão preservados apenas 37 imóveis de valor histórico, artístico e cultural. No ritmo das escavadeiras, os quarteirões desapareciam, os

Parece cenário de guerra, mas é o bairro Pinheiro: os edifícios foram demolidos com escavadeiras, já que o uso de explosivos poderia agravar a instabilidade do solo

vazios eram ampliados e cercados pelos tapumes da Braskem. Segundo a empresa, o entulho resultante das demolições seria triturado e levado para um centro de tratamento de resíduos no município de Pilar.

Parecia um processo de conquista e demarcação de território. Como numa guerra, de um lado estava um invasor poderoso e do outro, a população indefesa, sem condições de detê-lo. Permaneceram abertas as ruas que continuavam necessárias para evitar um nó generalizado no trânsito da capital e para permitir o tráfego de caminhões, carros e equipamentos da Braskem utilizados no fechamento das minas e nas demolições.

Pela maneira autoritária com que foi conduzida a remoção dos moradores e a demolição de suas casas, inúmeras vezes percebi o eco do episódio histórico que ficou conhecido como Bota-Abaixo, no começo do século XX, no Rio de Janeiro. Em 1903, o prefeito do então distrito federal, Francisco Pereira Passos, deu início a uma agressiva reforma urbana no Centro da cidade, que destruiu quarteirões inteiros de habitações populares e expulsou moradores para subúrbios distantes e morros que dariam origem às favelas. Milhares de pessoas perderam suas moradias e negócios. Motivos e contextos históricos distintos, separados por mais de um século, mas com o mesmo fundamento: o povo atrapalha e tem que ser tirado do caminho.

* * *

Como a empresa autora do crime ambiental pôde tornar-se dona de um pedaço da cidade que ela mesma destruiu? Depois de ter lesado moradores, trabalhadores e empresários, e depreciado propriedades públicas e privadas, a Braskem aumentou seu patrimônio em quase três quilômetros quadrados de solo urbano. Não perdeu a concessão de lavra de sal-gema em Maceió – decisão que cabe ao Ministério de Minas e Energia – e ainda conseguiu junto à ANM sete autorizações de pesquisa do mineral, etapa preliminar para um futuro pedido de lavra. As autorizações foram obtidas em 2019, quando a responsabilidade da Braskem no desastre já estava caracterizada.

As áreas a serem pesquisadas ficam na própria capital, já transtornada pelo afundamento do solo, em Paripueira e Barra de Santo Antônio, ambas na região metropolitana. Cada uma das sete áreas tem cerca de dois mil hectares, tamanho semelhante ao da concessão onde fica a área em subsidência. Diante do maior desastre socioambiental urbano do Brasil, a agência reguladora premia a empresa com um atestado de competência para exercer a mineração? Quando eu estava concluindo este livro, a Braskem anunciou que não iria mais fazer mineração em

Alagoas. A decisão foi anunciada pelo presidente da empresa, Roberto Ramos, em entrevista ao site UOL, em 29 de julho de 2025.

Desastres de mineração não acontecem por acaso. São resultado da combinação criminosa de poder econômico exercido sem freios com a cumplicidade e omissão deliberada dos poderes públicos, que produzem apagões institucionais propositais. Sob esse aspecto, Maceió não foi diferente de Mariana (2015) nem de Brumadinho (2019). O tremor de março de 2018 foi apenas o gatilho da calamidade, assim como o colapso das barragens de mineração nos dois desastres em Minas Gerais. A história do afundamento do solo em Maceió começou a ser escrita muito antes e seria preciso recuar no tempo para entender com quantas mãos se produz tanta desgraça na vida de tanta gente.

O EMPRESÁRIO BAIANO, AS MULTINACIONAIS E A DITADURA

A história da exploração de sal-gema em Maceió remonta à década de 1940, quando o Conselho Nacional de Petróleo (embrião da Petrobras) determinou a realização de sondagens em Alagoas em busca do combustível fóssil. Naquele momento, as sondas não encontraram petróleo, mas trouxeram cristais de sal-gema na extremidade que perfurou o subsolo, indicando a existência de imensas jazidas deste mineral nos subterrâneos de Maceió.

É quando entra em cena o empresário baiano Euvaldo Freire de Carvalho Luz, personagem-chave para a compreensão dos primórdios da extração mineral que teria como consequência o afundamento do solo, décadas depois. O próprio Euvaldo Luz conta, em sua autobiografia ("Memórias de um engenhoso formado na escola da vida", publicado em 2006), como soube da existência do sal-gema. Com pouco mais de 20 anos, ele já era dono de uma oficina metalúrgica, que começara no porão da casa dos pais, em Salvador, e prestava serviços de reparação de sondas usadas na investigação de petróleo, em Maceió.

Uma das sondas foi levada por um petroleiro para a oficina de Luz, que, curioso, indagou se já havia jorrado petróleo em Alagoas. O rapaz respondeu que não, mas que a pesquisa detectara a presença de sal-gema. Luz perguntou: "Que diabo é isso?". O petroleiro explicou tratar-se de uma camada de sal, encontrada a 950 metros de profundidade, cuja espessura havia sido perfurada em até seis metros naquela prospecção. Segundo Luz, "o petroleiro pegou a peça consertada, retornando a Maceió, e nunca mais ouvi falar do sal-gema. Essa conversa ficou gravada em minha memória, porém, mais de 20 anos se passaram sem jamais ouvir falar do sal-gema e em nada que pudesse dar confiabilidade à existência daquele valioso minério, matéria-prima indispensável à produção do cloro e soda cáustica, insumos básicos para produção de alumina, do alumínio e de inúmeros produtos químicos e petroquímicos, inclusive o PVC".

Duas décadas depois e já empresário bem-sucedido, Luz voltaria seu interesse para o sal-gema. Nascido em 14 de maio de 1918, filho de desembargador e, por parte de mãe, neto de um ministro do STF, Euvaldo Luz atravessou o século XX construindo uma carreira de empreendedor, narrada com tintas épicas em seu livro, publicado quando tinha 88 anos. Luz não concluiu o estudo formal, daí a autoqualificação de "engenhoso formado na escola da vida", que ele repete com evidente orgulho.

Ele conta que, aos 14 anos, aderiu às greves e passeatas estudantis em Salvador, em apoio à Revolução Constitucionalista de 1932, em São Paulo. Com o fracasso da revolta paulista de oposição a Getúlio Vargas, os estudantes foram "expulsos do Gymnásio da Bahia" e impedidos de se matricular em outras escolas. Quando a anistia foi concedida, Luz já havia se desinteressado dos estudos e começara a trabalhar como vendedor de títulos de capitalização.

Mais tarde, criou a já mencionada oficina metalúrgica, origem da empresa EULUZ S.A., que cresceu com a fabricação de estruturas metálicas, reparos de navios e serviços para bases militares na Bahia, durante a Segunda Guerra Mundial. Depois do conflito, Luz investiu na diversificação dos negócios e buscou identificar insumos que o Brasil importava e poderiam ser produzidos no Nordeste. Constavam da pauta de importações, entre outros, a soda cáustica e o cloreto de sódio. A partir dessa constatação, surgiu o Projeto Salgema, que Luz considerava "o mais importante para a economia do Brasil".

O empresário diz que "foi exaustivo" conseguir que autoridades entendessem o projeto. Uma das fotos do livro mostra Euvaldo Luz explicando gráficos e desenhos ao então governador da Bahia, general Juracy Magalhães, em seu terceiro mandato (1959-1963). O projeto iria percorrer muitas instâncias federais até ser autorizado enquanto o país era engolfado pelo turbilhão do golpe de 1964. Luz teceu suas conexões dentro da nova ordem. Relata que conheceu o primeiro general da ditadura, o marechal Castelo Branco – a quem se refere várias vezes como "saudoso" –, por intermédio do interventor de Alagoas, general João José Batista Tubino, que governou o estado durante curto período em 1966.

O empresário pediu ao Departamento Nacional de Produção Mineral (DNPM) cinco concessões, de 500 hectares cada uma, para pesquisar a existência de jazidas de sal-gema na capital alagoana, conseguindo apenas uma, inicialmente, como registra o Decreto 59.356, de 4 de outubro de 1966, assinado pelo próprio Castelo Branco. O decreto autorizou que ele realizasse a pesquisa mineral "em terrenos de sua propriedade e do Domínio da União, da Lagoa do Norte *(atual Laguna Mundaú)* no distrito e município de Maceió, no Estado de Alagoas, numa área de 500 hectares delimitada por um polígono irregular".

Entre os limites de referência do polígono é mencionado o cruzamento da linha férrea com a avenida Major Cícero de Góes Monteiro, já naquela época uma via importante, que se estende entre os bairros do Bom Parto, Mutange e Bebedouro. Portanto, o documento, que pode ser entendido como a certidão de nascimento da extração de sal-gema, deixava claro que a mineração seria feita em zona urbana.

A permissão para pesquisa é uma primeira etapa que, sendo bem-sucedida, precede a autorização para a lavra. Luz pretendia obter financiamento junto ao Banco Nacional de Desenvolvimento Econômico (BNDE, que anos depois acrescentaria o S, de Social). Para isso, o projeto teria que tramitar por órgãos como a Superintendência de Desenvolvimento do Nordeste (Sudene) e o Grupo Executivo da Indústria Química (Geiquim). Este último fora criado em 1964 e tinha como atribuição planejar o desenvolvimento da indústria petroquímica, podendo aprovar benefícios e financiamentos oficiais para os projetos no setor.

O empresário exasperava-se com a demora em cada etapa e atribuía a lentidão à pressão do que chamou de "truste internacional da clorossoda" e "Clorine Club", mencionados no livro, como neste trecho: "(...) à medida que o Projeto Salgema se tornava factível - e não ficção de um jovem engenhoso - e que as multinacionais reconheciam que o Brasil, maior importador de soda cáustica do mundo, poderia produzi-la a custos baixos (...), puseram-se em campo para impedir a sua implantação. Esse projeto foi sabotado pelas multinacionais, irmanadas no Clorine Club (...)".

O empresário conta que o projeto ficou retido no Geiquim "durante vários meses" e só foi liberado depois de uma carta entregue pessoalmente por Luz ao então ministro do Planejamento do governo Castelo Branco, Roberto Campos. Na Sudene, mais morosidade. A análise levou mais de um ano e, nas palavras de Luz, "só foi aprovado após outra carta concludente que enviei ao Presidente da República, Marechal Humberto de Alencar Castelo Branco, em 03/12/1966. O presidente acolheu minhas ponderações, proferindo um despacho sigiloso transmitido em linguagem cifrada ao Ministro do Interior, João Gonçalves".

Com o empurrão presidencial, o projeto foi aprovado na reunião do Conselho da Sudene, já nos últimos dias do governo Castelo Branco, em 1967. Euvaldo Luz tentou, então, o aporte financeiro para os gastos com a pesquisa, mas o BNDE condicionou a liberação do dinheiro à obtenção do Decreto de Lavra, que o empresário ainda não tinha por ser uma etapa posterior à pesquisa. Mais uma vez, ele atribui as dificuldades à "influência do truste da clorossoda para impedir a implantação do nosso projeto, porque, para obter o Decreto de Lavra, primeiro tem que ser feita a pesquisa e, para executá-la, tem que haver a liberação de recursos dos órgãos financiadores. (...) Trata-se de uma resolução contraditória e desonesta".

Diante da negativa do banco, o empresário decidiu fazer a pesquisa por sua conta e risco. Ele conta que, para não se "sujeitar aos interesses escusos de maus brasileiros, mancomunados com o truste internacional da clorossoda", aplicou "recursos exclusivamente próprios", importou 120 toneladas de equipamentos e perfurou até 1.200 metros de profundidade com uma sonda de petróleo adaptada. Segundo Luz, a pesquisa encontrou uma jazida "com pureza rara de 99,85%, com reservas para abastecer o Brasil por mais de cem anos". Luz registrou o resultado com orgulho. A capa do seu livro de memórias é uma fotografia em que segura a sonda com o "testemunho" do sal-gema extraído do subsolo de Maceió.

Confirmada a existência do mineral, Luz conseguiu a concessão de lavra para a empresa criada por ele para este fim, a Salgema Mineração. Por essa época, Castelo Branco já deixara o poder, morto em um acidente aéreo no Ceará. Passara também o período Costa e Silva, este último afastado por uma trombose cerebral. O Decreto 65.175, de 17/09/1969, leva a assinatura dos três militares da junta que em 1969 governou o Brasil por dois meses – o almirante Augusto Hamann Rademaker, o general Aurélio de Lyra Tavares e o brigadeiro Márcio de Souza Mello – e do ministro de Minas e Energia, Antônio Dias Leite Júnior.

A Salgema foi autorizada a lavrar o minério numa área de 1.721,18 hectares (mais que o triplo da área concedida para pesquisa três anos antes), "em terrenos de sua propriedade e de Francisco Teixeira da Silva, José Gomes Costa, Ocarina César de Figueiredo e outros, situados no perímetro urbano, abrangendo a zona norte (N) da cidade e a parte sudeste (SE) da Lagoa do Norte, distrito e município de Maceió, Estado de Alagoas, (...) delimitada por um polígono irregular". Mais uma vez, uma referência explícita à ocupação urbana na área a ser minerada. Um dos limites do polígono é o "muro do Centro Educacional (Centro Educacional de Pesquisa Aplicada, CEPA)".

Este primeiro decreto de concessão de lavra seria substituído por outros dois para retificação do tamanho da área concedida, ambos assinados pelo ditador Emílio Médici. Em 15/06/1970, o Decreto 66.718 amplia o terreno para 1.928,32 hectares e menciona novamente o Centro Educacional, "à rua Fernandes Lima", que nos dias atuais é a principal via de escoamento do trânsito em Maceió.

Pouco mais de um ano depois, nova retificação registrada no Decreto 69.037, de 09/08/1971. A área de concessão da lavra passa a ser de 1.922,12 hectares (quase quatro vezes o tamanho da autorização original para pesquisa). Na autobiografia do empresário, há duas fotografias em que ele apresenta amostras de sal-gema. Numa delas, para o então vice-presidente de Médici, o almirante Augusto Rademaker; na segunda, Euvaldo Luz está com Médici, que governou o Brasil de outubro de 1969 a março de 1974, o período de repressão mais brutal da ditadura militar.

Com o decreto de lavra em mãos, Luz voltou ao BNDE em busca de aporte para pôr o projeto de pé. O complexo industrial idealizado por ele englobaria o campo de mineração de sal-gema – em subsolo urbano, às margens da Lagoa Mundaú – e a fábrica de clorossoda. As duas pontas da operação seriam ligadas por um duto subterrâneo de oito quilômetros para o transporte da salmoura até a fábrica de clorossoda. A fábrica seria instalada em área de restinga, à beira do Oceano Atlântico, com terminal marítimo privativo na belíssima Praia do Pontal da Barra. Para implantar esse projeto, o empresário criou a Salgema Indústria Química.

Segundo o relato do empresário, o BNDE "condicionou" o financiamento do projeto à venda de ações da Salgema (até então, de propriedade unicamente da EULUZ, empresa de Euvaldo Luz) ao próprio BNDE e à gigante petroquímica norte-americana Du Pont de Nemours, ou simplesmente DuPont. No arranjo societário da Salgema definido pelo banco, a EULUZ ficou com 45% das ações; a DuPont com outros 45% e o BNDE com 10%. Euvaldo não esclarece exatamente como a DuPont entrou no jogo. Dá a entender que foi uma exigência do BNDE.

Quando se associou à Salgema, a DuPont era, há décadas, uma gigante mundial do setor químico. Um mastodonte comparado à formiguinha Salgema. Fundada por uma família de origem francesa, em 1892, no estado de Delaware, nos Estados Unidos, a DuPont, começou com uma fábrica de pólvora. Ampliou suas atividades de tal maneira que, na época em que entrou no negócio do sal-gema, já se tornara uma das maiores detentoras mundiais de patentes de materiais como náilon, teflon e lycra. Seus produtos estavam nas roupas dos astronautas que chegaram à Lua, na blindagem de carros e em coletes à prova de bala. Sua história também seria associada a graves desastres socioambientais nos Estados Unidos. Um deles é contado no filme "Dark Waters", de 2019, dirigido por Todd Haynes e estrelado por Mark Ruffalo e Anne Hathaway (no Brasil, o título do filme é "O preço da verdade", disponível na Netflix).

Em 1972, uma propaganda na revista "Manchete" transmitia a sensação de que o Projeto Salgema seguia às mil maravilhas. A peça publicitária trazia depoimentos de Euvaldo Luz, do presidente mundial da DuPont, Irénée Du Pont Jr., e do presidente do BNDE, Marcos Pereira Vianna. O empresário brasileiro explicava que o campo de mineração e a área da fábrica de clorossoda ocupavam 500 mil metros quadrados e que o início das operações estava previsto para 1974, com capacidade de produção de 250 mil toneladas de soda cáustica e 220 mil toneladas de cloro, com possibilidade de duplicar esses montantes. Ele informava ainda que as jazidas "são de pureza absoluta e reservas da ordem de 1.453.300.000 toneladas, o que assegura produção contínua de cloro e soda cáustica por mais de dois séculos". Ele detalhava que o projeto estava recebendo "incentivos fiscais", créditos e "vantagens". E concluía: "Isso só é possível porque a Sudene, o Banco do Nordeste do Brasil e os governos estaduais dotaram o Nordeste de uma infraestrutura que está propiciando uma rápida industrialização à região".

No mesmo espaço publicitário, o presidente do BNDE, Marcos Pereira Vianna, informava que o banco "está proporcionando um financiamento de Cr$ 84 milhões e ampliará ainda mais sua participação com a prestação de garantia a créditos externos no valor de US$ 7,2 milhões". Em contrapartida, prosseguia Vianna, a Salgema "trará economia de divisas para o Brasil de US$ 16 milhões e autossuficiência no abastecimento de cloro e soda cáustica". Iria gerar 1.200 empregos no processo de implantação e mais 350 na fase inicial de operação. Ele ainda elogiava o modelo tripartite do capital acionário da Salgema: "Uma associação inteligente entre empresa nacional, empresa estrangeira e o BNDE. O esquema assegura maioria, simultaneamente, ao capital nacional e ao setor privado".

Já o presidente da DuPont, Irénée Du Pont Jr., afirmava: "O Brasil hoje é um país que nenhum investidor multinacional consciente pode ignorar. E o Nordeste é a região do Brasil que apresenta os maiores índices de crescimento e um desenvolvimento que está surpreendendo os países mais adiantados do mundo. O projeto Salgema marca uma nova era da minha empresa no Brasil. O programa é, ainda, um dos mais importantes da Sudene para o desenvolvimento do Nordeste. A participação da DuPont em tão grande empreendimento é uma afirmação de nossa fé no povo e no governo do Brasil, que vem assinalando os mais notáveis progressos econômicos e industriais".

Outra peça de propaganda, no jornal "O Estado de S. Paulo", publicada em novembro de 1971, anunciava: "Vamos arrancar o sal da terra e produzir cloro e soda". Didaticamente, explicava: "O cloro entra praticamente em tudo quanto você usa ou consome: plásticos, papel, filmes, vestuário, água, pilhas, brinquedos. A soda está na moda. Biquínis, máxis, micros, malhas, hot pants, de fibra natural ou sintética, precisam de soda cáustica para ficarem bonitos e resistentes como a gente compra nas lojas".

Em 1975, uma reportagem do jornal "O Globo" parecia uma peça publicitária, com frases grandiloquentes sobre a Salgema, como: "Aqui, uma provável base de sustentação do Nordeste". A legenda de uma foto dizia: "Sem esquecer sua tradição de grande produtor de açúcar, o estado de Alagoas terá na indústria química o complemento de sua explosão industrial. O governador de Alagoas, Divaldo Suruagy, se vangloriava: "Temos solo e subsolo". A reportagem de página inteira era ilustrada com imagens do parque industrial em construção.

Reportagens e peças de publicidade com linguagem ufanista reforçavam o clima de milagre econômico e de "Pra frente, Brasil", enquanto a ditadura torturava e matava. Apesar dos números grandiosos da operação, o arranjo societário com uma multinacional resultou em frustração para Euvaldo Luz, a ponto de levá-lo a desistir do negócio. Eis seu relato: "Orcei o projeto em US$ 65 milhões, a DuPont em US$ 70 milhões e sobre esse montante foi pactuado o contrato de financiamento e a venda de 55% das nossas ações (45% para a DuPont e 10% para o BNDE), assinando como fiadores eu e minha saudosa esposa, Rosa Borges Luz, ficando todo o nosso patrimônio, ganho honestamente, exposto a uma perda total. Posteriormente, constatei haver grossa falcatrua na implantação do projeto, bem como a troca de importantes equipamentos. Mudaram as células eletrolíticas de diafragma Glanor, de última geração, por obsoletas células Hooker. Denunciei o fato por carta, com nove páginas e 50 anexos, comprovando o ilícito, e a entreguei pessoalmente ao então presidente do BNDE, Dr. Marcos Pereira Vianna, que não apurou as denúncias (pelo menos, jamais tomei conhecimento de qualquer apuração a respeito) e, tal como aconteceu no 'Palácio do Lalau', o Projeto Salgema inacabado atingiu a gigantesca soma de US$ 180 milhões, levando-me a não aceitar o empréstimo do BNDE e a sair do empreendimento para não me tornar um devedor contumaz do erário, como centenas e centenas por este Brasil afora". O "Palácio do Lalau" mencionado por Luz se refere à obra do Fórum Trabalhista de São Paulo, que deu origem a um escândalo de corrupção envolvendo o juiz Nicolau dos Santos Neto, revelado em 1999.

Euvaldo Luz não fornece mais detalhes sobre a "falcatrua" que teria descoberto. O engenheiro Marcos Pereira Vianna, presidente do BNDE que teria sido alertado pelo empresário, morreu em 2012. Permanece o mistério sobre os responsáveis pelas irregularidades. A DuPont? Algum concorrente? Luz não esclarece. O empresário vendeu sua participação acionária para o BNDE, um novo arranjo societário seria feito mais adiante sob controle estatal e a Salgema seguiria em frente.

No livro, são recorrentes as reclamações do empresário contra "gananciosas multinacionais agindo sub-repticiamente nos bastidores" de órgãos públicos com os quais ele precisou se relacionar. Luz menciona: DNPM, Geiquim, Sudene, BNDE e Cacex (Carteira de Comércio Exterior do Banco do Brasil). Nas poucas vezes em que faz uma referência concreta de quem estaria sabotando seu projeto, Luz traz à tona um dos personagens mais poderosos do regime militar, o general Golbery do Couto e Silva, primeiro chefe do Serviço Nacional de Informações (SNI), criado por Castelo Branco. Com a ascensão de Costa e Silva e de seu grupo no xadrez político da ditadura, Golbery – pertencente à facção "castelista" – afastou-se da vida pública em 1969. Ele retornaria ao Planalto como ministro-chefe do Gabinete Civil de Ernesto Geisel, em 1974.

Enquanto esteve ausente de Brasília, o general foi presidente da Dow Química, filial brasileira da Dow Chemical, outra poderosa multinacional do setor e concorrente da DuPont. Euvaldo afirma que "estava sendo boicotado na Sudene por interferência do Clube Internacional da clorossoda, capitaneado pela Dow Química, que contratou o General Golbery do Couto e Silva para ser seu presidente". De fato, projetos da Dow circulavam em órgãos oficiais com certa desenvoltura e rapidez, atribuídas ao poder de Golbery, fora ou dentro do governo.

Anos mais tarde, diante de denúncias publicadas na imprensa, quando o país caminhava para a abertura política, ele chegou a se defender publicamente das acusações de tráfico de influência, negando tudo. O vínculo com a empresa era tão evidente que, em certos ambientes, Golbery era tratado jocosamente como "GeneDow". Luz diz que o DNPM dera 104 concessões à Dow Química, enquanto ele conseguira apenas uma (de 500 hectares) das cinco que havia pedido para pesquisar sal-gema. Este é um dado impreciso, já que a concessão de lavra obtida por ele tem área total de quase dois mil hectares.

A disputa empresarial e o cenário político da época da criação da Salgema podem ser bem compreendidos na tese de mestrado de Marcus Alban Suarez, apresentada na Escola de Administração de Empresas de São Paulo, da Fundação Getúlio Vargas, em 1985. A tese se chama "Petroquímica e tecnoburocracia - Capítulos do desenvolvimento capitalista no Brasil". Segundo o estudo, a Salgema estava sendo implantada, com capital da DuPont, ao mesmo tempo em que outra norte-americana, a Dow Chemical, buscava aprovação federal para seus projetos, concentrados na Bahia, onde seria criado o Polo Petroquímico de Camaçari.

A empresa instalou-se no Centro Industrial de Aratu e, como já dito, contratou Golbery, por indicação do banqueiro baiano Ângelo Calmon de Sá, do Grupo Econômico, que mais à frente viria a ser ministro da Indústria e Comércio de Geisel. Diferentemente da DuPont, a Dow rejeitava o sistema tripartite, estimulado pelo governo, e queria controle exclusivo sobre seu empreendimento, concorrente direto da Salgema. Seu projeto incluía a extração de sal-gema, na localidade de Matarandiba, na Bahia, e uma fábrica de clorossoda.

O livro "Os mandarins da República", do jornalista José Carlos de Assis, lançado em 1984, elucida mais alguns aspectos da disputa entre as empresas: "Essa subversão das regras do jogo não ficou inteiramente impune. Pagou por ela ninguém menos que o 'Chief Executive Officer' da DuPont norte-americana, Irving Shapiro, o principal executivo na linha de comando da multinacional. Convencido, por suas repetidas conversas com funcionários brasileiros do setor petroquímico, de que o modelo 'tripartite' era para valer e não seria alterado de forma alguma, Shapiro transmitiu ao 'board' da DuPont suas impressões, e acabou convencendo seus membros a adaptarem-se à ideia de conviver com esse princípio inviolável do governo em troca de garantir-se presença no promissor mercado petroquímico do Brasil. A contragosto, a DuPont, que pretendia tocar sozinha ou com maioria absoluta o projeto em Alagoas, aceitou uma participação minoritária na Salgema, pela primeira vez na história da empresa. Quando o governo aprovou a unidade de soda-cloro concorrente em Aratu, de uma filial fechada de empresa estrangeira, sentiu-se justamente discriminada. Parou de investir e passou a sabotar a sociedade, colocando uma série de empecilhos de ordem administrativa ao andamento da Salgema. O cronograma atrasou anos. O sócio nacional privado (Euvaldo Luz), sem recursos, praticamente se viu alijado do negócio e o BNDE teve de assumir o grosso dos investimentos. E Irving Shapiro viu definitivamente comprometida sua carreira na DuPont por ser tão ingênuo a ponto de manifestar respeito às regras supostamente 'definitivas' do governo brasileiro".

Ao que parece, Euvaldo Luz entendeu que estava operando em desvantagem num jogo muito pesado. Preferiu tocar sua empresa familiar longe das disputas entre titãs do setor químico mundial e de seus poderosos lobistas no aparelho de estado brasileiro. O empresário vendeu suas ações para o BNDE e se retirou do negócio em 1975. Luz encerra o livro prometendo publicar um segundo volume de suas memórias, que se chamaria: "Histórico da produção mundial da soda cáustica e a sabotagem do truste internacional da clorossoda para impedir de produzi-la economicamente no Brasil". Euvaldo Luz não teve tempo de cumprir sua promessa: faleceu em 28 de março de 2009, perto de completar 91 anos.

O GOVERNADOR BIÔNICO E O DITADOR

A implantação do complexo industrial da Salgema, englobando a extração mineral e a fábrica de clorossoda, encontrou no governador de Alagoas, Divaldo Suruagy, um férreo defensor e articulador político. Suruagy fez carreira na Arena, partido de sustentação da ditadura, e foi indicado governador biônico pelo ditador Ernesto Geisel, em 1974.

Seu primeiro mandato, de março de 1975 a agosto de 1978, coincide com o período de implantação do projeto Salgema, que já vinha contando com incentivos de governos estaduais anteriores, todos da Arena, durante a fase de obtenção da autorização de lavra e definição do local da fábrica de clorossoda. Quando chegou ao governo, Suruagy atuava na política local há quase 15 anos, tendo ocupado cargos importantes, conforme ele mesmo elenca em seu livro de memórias, "Ilusões do poder" (Editora Nobel, 1999): "Secretário da Fazenda, no governo Luís Cavalcante; prefeito de Maceió, no governo Lamenha Filho; líder da bancada da maioria e presidente da Assembleia Legislativa, no governo Afrânio Lages, fui testemunha privilegiada dos acontecimentos que levaram à implantação do Projeto Salgema".

No livro, ele traz detalhes desde as primeiras tentativas de exploração mineral. Conta que a primeira empresa a requerer o direito de lavra em Maceió foi a multinacional norte-americana Union Carbide, logo após a descoberta da jazida de sal-gema, na década de 1940. A Union Carbide ficaria tristemente famosa, décadas depois, devido a um dos maiores desastres industriais do mundo. Em 2 de dezembro de 1984, o vazamento de um gás tóxico na fábrica de pesticidas da empresa, em Bhopal, na Índia, levaria à morte de 3.500 pessoas nos primeiros dias após o desastre. Nos anos seguintes, mais de 20 mil mortes seriam atribuídas ao contato com o gás e cerca de 500 mil pessoas lidam com sequelas até hoje.

Voltando à empresa Salgema, Suruagy conta que Euvaldo Luz teve que esperar o vencimento da licença da Union Carbide, nos anos 1960, para, então, entrar com o pedido de exploração, autorizado com a ajuda decisiva de Castelo Branco. Segundo Suruagy, Luz também contou com o empenho de governantes locais alagoanos para comprar "a preços irrisórios" os terrenos onde a fábrica de clorossoda seria instalada, no Pontal da Barra. Ainda segundo o livro de Suruagy, após obter a concessão de lavra, Euvaldo Luz se pôs a buscar sócios internacionais para o projeto nos Estados Unidos, na Europa e no Japão, "tentando uma sociedade com uma empresa internacional bastante capitalizada para poderem enfrentar a gigantesca Dow Chemical, instalada no Polo Petroquímico da Bahia, senhora do abastecimento brasileiro e de enorme fatia do mercado mundial de clorossoda".

Sem sucesso, Luz retornou ao Brasil quando, conforme Suruagy, "estranhamente é procurado por um diretor da DuPont" e acaba aceitando a sociedade, "ansioso para levar adiante o projeto". Essa parece ser uma contradição com o relato de Luz, que em seu livro, como já vimos, indica que aceitou a sociedade com a Du Pont por sugestão ou pressão do BNDE. Por imposição ou não do BNDE, a primeira composição acionária da Salgema resultou na sociedade entre Euvaldo Luz, a DuPont e o banco estatal. A convivência entre os sócios não foi pacífica, relatou Suruagy em seu livro: "A DuPont cria todos os obstáculos possíveis à concretização do projeto, negando-se a fazer o aporte de recursos, com os quais havia se comprometido, pela sua participação acionária. Euvaldo Luz convence-se de que ela está mancomunada com a Union Carbide e a Dow Chemical para impedir que a empresa (Salgema) se transforme em realidade".

Pode soar como teoria da conspiração, mas a suspeita não deixa de ter alguma plausibilidade quando se considera o ambiente feroz de disputa entre empresas tão poderosas. É difícil imaginar que as três gigantes, concorrentes entre si no mercado internacional, estivessem unidas num plano para derrotar o empresário baiano. Mas que uma delas (ou duas) tivesse interesse em quebrá-lo – e, por tabela, atingir a DuPont – não é de todo fantasioso. No capítulo anterior, vimos que Euvaldo Luz dirigia suas desconfianças para a Dow, que tinha em Golbery um poderoso lobista. Luz se retirou do projeto em 1975 e a DuPont saiu da Salgema em 1981. O governo federal assumiu o controle da operação e a Salgema se tornou estatal. A empresa ainda passaria por várias mudanças de composição acionária até se tornar a Braskem, em 2002.

Ao tomar posse, Suruagy fez da implantação da Salgema seu principal programa de governo e buscou ampliá-lo com o projeto de criação de um polo cloroquímico, na vizinha cidade de Marechal Deodoro, a 40 quilômetros de Maceió. O plano era dar incentivos fiscais para que indústrias privadas do setor químico se

Brasil vence Romênia com facilidade em São Paulo

(LEIA NA ULTIMA PAGINA)

JORNAL DE HOJE

Propriedade do Empresa K. P. ASSUNÇÃO

Fundado em 30.12.61

ANO XIII — MACEIÓ — ALAGOAS — BRASIL — QUINTA-FEIRA, DE ABRIL DE 1974

Sinal verde para o Salgema

Iniciados os trabalhos da maior fábrica de soda do País

COMO SERÁ A OBRA

Reportagem de abril de 1974 fala sobre a chegada da Salgema a Maceió, que começaria a operar dois anos depois. Ao lado, anúncio publicado em junho de 1986 na "Gazeta de Alagoas"

instalassem na região, atraídas pela facilidade logística de ter a Salgema nas proximidades produzindo cloro, soda e dicloroetano. Suruagy propagandeou o polo como a redenção industrial de Alagoas, secularmente dependente da economia baseada no latifúndio e na monocultura da cana-de-açúcar.

Em seu livro, ele conta que buscou o apoio do quarto general da ditadura para a implantação do polo, conseguindo "sensibilizar" Ernesto Geisel. "O país possuía, à época, o Polo Químico de São Paulo, que havia surgido como consequência da pujança da economia paulista, e o Polo Petroquímico da Bahia, que era decorrente de uma decisão técnico-política do governo federal. (...) O presidente Geisel define o Polo Cloroquímico, em território alagoano, e o Polo Químico do Rio Grande do Sul, descentralizando o parque industrial brasileiro".

No II Plano Nacional de Desenvolvimento (PND), formulado no governo Geisel e coordenado pelo então ministro do Planejamento, João Paulo dos Reis Velloso, consta: "Implantação do Complexo Mineral Petroquímico Regional, no esquema Salvador-Aracaju-Maceió", indicando que Alagoas não teria "o" polo, mas estaria contemplado dentro de uma associação de interesses com os estados vizinhos, sendo que a Bahia já tinha o Polo de Camaçari, de maior envergadura.

O fato é que o polo "cloroquímico" ou "petroquímico" de Alagoas nunca se tornou realidade tal como idealizado por Suruagy. Tornou-se um "polo multifabril", mas não trouxe a tão alardeada redenção econômica de Alagoas nem todos os empregos prometidos. Suruagy reflete sobre as dificuldades de implantar o projeto num estado subdesenvolvido, carente de infraestrutura e sem capacidade de atrair o volume de investimento necessário. Apesar disso, o ex-governador considera a "viabilização do polo" uma de suas maiores realizações, graças à sua proximidade com Geisel, a quem se curva em adulação: "Pairando acima dos ódios e das vinditas, levou o país à distensão política, evitando uma provável guerra civil, que a violência do terrorismo e da tortura poderia ter conflagrado no Brasil".

O polo teria imensas dificuldades para se concretizar, mas a Salgema tornou-se realidade e estava pronta para operar em 1976. As sondas começariam a perfurar o solo, escavando cavernas em plena área urbana, com casas, escolas, hospitais, comércios e prédios centenários de importância histórica e cultural na superfície. À violência social somou-se a agressão ao meio ambiente, com minas escavadas às margens e sob a Lagoa Mundaú, em área de manguezal. A fábrica de clorossoda foi instalada no Pontal da Barra, uma região esplendorosa de restinga, dunas de até 15 metros de altura e extensos coqueirais que sobreviveram apenas em fotografias antigas. A fábrica instalou-se ao lado de uma comunidade estimada em duas mil pessoas à época, formada em sua maioria por pescadores e bordadeiras de filé, o delicado artesanato maceioense.

A implantação de um complexo industrial com tantas violações no seu DNA era a receita pronta para um desastre. Foi a herança deixada por Divaldo Suruagy, que voltaria ao cargo de governador de Alagoas em mais dois períodos, nas décadas de 1980 e de 1990. Suruagy não chegou a completar seu terceiro mandato, durante o qual o estado praticamente quebrou. Em 1997, os salários de 55 mil servidores atrasaram sete meses, serviços públicos foram paralisados, policiais civis e militares entraram em greve. As forças armadas foram mobilizadas para controlar a situação. Uma revolta popular eclodiu e houve troca de tiros entre policiais e soldados do Exército. O presidente Fernando Henrique Cardoso articulou uma intervenção informal no estado e Suruagy acabou por renunciar ao mandato.

Desde o começo do projeto Salgema, no primeiro governo Suruagy, não faltou quem alertasse para os riscos embutidos naquela bomba-relógio. Ao longo dos anos seguintes, as escavações para extração do minério iriam corroer os subterrâneos da região, num desastre lento, silencioso e traiçoeiro.

ECOLOGISTA AMEAÇADO

No começo do filme "Bye Bye Brasil", de Cacá Diegues, a Caravana Rolidei chega a Maceió, depois de rodar pelo sertão sem muito sucesso de público. O sanfoneiro Ciço, interpretado por Fábio Júnior, quer tomar um banho de mar, mas é advertido por Lord Cigano, papel de José Wilker, de que aquela praia não prestava: "Mar de cidade é cheio de cocô, altamente poluído. Olha lá". Lord Cigano direciona o olhar para uma grande fábrica situada à beira-mar. Era a fábrica da Salgema, construída havia poucos anos, no Pontal da Barra, em meio à enorme polêmica sobre a poluição que poderia provocar.

Cacá Diegues, alagoano de Maceió, radicado no Rio de Janeiro e já um cineasta de sucesso, acompanhava a discussão sobre a Salgema e decidiu incluir no filme, produzido em 1979, uma crítica à empresa que estragara o paraíso da sua infância. "A Salgema se instalou no fim da praia que a gente frequentava, a Praia da Avenida. Era o lugar mais maravilhoso do mundo", contou Diegues, em entrevista para este livro, em 15 de fevereiro de 2024, um ano antes de morrer. Ele disse que soube dos receios sobre a fábrica desde o começo porque seu pai, o cientista social Manuel Diegues Júnior, comentara o assunto diversas vezes com ele. "Meu pai era obcecado por Maceió. Ele me alertou, sabia que haveria problemas pela maneira como a Salgema estava se instalando. Ele me informava muito das coisas", recordou o cineasta.

Diegues tinha um amigo de infância envolvido até a medula num esforço para impedir o empreendimento, o biólogo e professor José Geraldo Marques, cuja vida se entrelaçaria à da mineração de sal-gema, em Maceió, percorrendo, em pouquíssimo tempo, o caminho entre o céu e o inferno existencial. Para entender o percurso de um extremo a outro, é preciso recuar a 1974.

Naquele ano, o biólogo tocava um mestrado em zoologia na Universidade de São Paulo (USP) e um curso de especialização em meio ambiente, no Rio de Janeiro.

Numa conversa com Cacá Diegues, no Rio, ficara sabendo que Divaldo Suruagy, recém-escolhido pelo ditador Ernesto Geisel como governador biônico de Alagoas, teria planos de implantar um "polo ecológico" e um "polo cinematográfico" em Maceió.

"O polo cinematográfico era conversa fiada. Divaldo era muito simpático, fazia a gente acreditar no que dizia, mas não deu um passo nesse sentido. Era só conversa", lembrou Diegues. José Geraldo, porém, acreditou que Alagoas poderia dar um salto de modernidade com o governador biônico. Entusiasmou-se com a ideia do "polo ecológico" e procurou o governador. Eis o que me disse em entrevista para este livro, em Maceió, ao vasculhar o recôndito de suas memórias: "Escrevi uma carta para Divaldo Suruagy dizendo que estava fazendo um curso de meio ambiente e o parabenizando, porque soubera que daria ênfase à ecologia. Por intermédio de meu pai, Adeildo Nepomuceno, um político importante da Arena, ele pediu que eu fosse ao escritório dele, onde estava montando a equipe, porque queria falar comigo. Meu pai estava no auge da influência política. Uma das fotografias preferidas que guardo é do encontro dele com Getúlio Vargas, em Paulo Afonso. Algumas pessoas, na época, disseram ter ouvido Getúlio dizer: 'Adeildo, você é o Vargas do sertão'. Ele era um daqueles coronéis residuários, um déspota esclarecido, de direita, para desgosto do filho, e o filho *(de esquerda)* para desgosto do pai *(risos)*".

Quando o entrevistei, em setembro de 2023, José Geraldo Marques, pós-doutor em meio ambiente e professor universitário aposentado, esmiuçou as lembranças sobre seu papel de testemunha-chave dos acontecimentos iniciais que levariam ao afundamento do solo. Na ocasião, aos 76 anos, havia dois que estava em tratamento de um câncer de próstata, mas me atendeu com gentileza e bom humor, procurando rememorar episódios já longínquos do período em que comandou o primeiro órgão ambiental do estado, aos 28 anos de idade.

Ele recordou a conversa um tanto quanto surreal com Divaldo Suruagy e as condições esdrúxulas que o governador lhe ofereceu para dirigir o primeiro órgão ambiental de Alagoas. Numa administração anterior, havia sido criada uma estrutura administrativa, em conjunto com a Marinha, para "controle da poluição". Suruagy tencionava tirar a instância administrativa do papel, dando-lhe o status de secretaria, um arranjo bem esquisito, como define José Geraldo: "Era um bicho de sete cabeças, como se fosse um convênio entre o governo do estado e a Capitania dos Portos. Não era subordinado ao governador nem era secretaria. Ele me disse: 'Não posso criar secretaria, mas você vai ser conhecido como secretário de controle da poluição'. Eu aceitei. Aí, ele me falou que tinha mais algumas condições".

Não eram poucas nem triviais as condições. Suruagy disse que o cargo não seria remunerado, que a secretaria não teria instalação própria nem funcionários num primeiro momento. “É você”, sintetizou o futuro governador, segundo a memória de José Geraldo. O aspirante a secretário concordou. Poderia abrir mão de salário porque tinha a bolsa do mestrado na USP. Continuaria a desenvolver a tese em paralelo com as atividades em Maceió. Veria, depois, como resolver o restante. Suruagy apresentou, então, mais uma ressalva. Avisou, como fato consumado, que seria instalado um polo cloroquímico, com a fábrica de clorossoda na capital. “É uma coisa que vai mexer muito com o meio ambiente e queria que você assumisse. Você topa?”, perguntou.

José Geraldo topou. “Era tudo que eu queria na minha vida. Sempre fui apaixonado pela causa ecológica, sabia que não ia ganhar dinheiro, mas teria a satisfação de fazer uma coisa com muita paixão”. Cabe aqui entender um pouco do contexto internacional e nacional daquele momento. A Conferência das Nações Unidas sobre Meio Ambiente, em Estocolmo, em 1972, tinha sido um sucesso e colocara o meio ambiente na agenda de governos e da opinião pública. Um dos desdobramentos da Conferência foi a criação de leis e estruturas de proteção ambiental no mundo inteiro.

Mesmo a ditadura militar brasileira entendeu que deveria dar uma resposta às cobranças internacionais. Foi assim que, em 1973, o governo Médici criou a Secretaria Especial do Meio Ambiente (SEMA), vinculada ao Ministério do Interior, embrião do atual Ministério do Meio Ambiente. Seu primeiro titular foi o professor e pesquisador Paulo Nogueira Neto, artífice das primeiras políticas de proteção ambiental e da criação de áreas protegidas. Nogueira Neto fora professor de José Geraldo no mestrado da USP. “Eu era um de seus alunos favoritos. Lembro que fui a um churrasco na fazenda da família, em Campinas, e ele contou que Médici o convidara para a Secretaria. Ele estava vivendo uma espécie de angústia porque a estrutura era pequena. Não era ministério, quase não tinha equipe e ficou na dúvida se aceitaria. Depois, fiquei sabendo que aceitou”.

Guardadas as proporções, um ano depois, José Geraldo viveria dilema semelhante com o convite de Divaldo Suruagy. E, tal como o antigo mestre, aceitaria as condições impostas, na esperança ingênua – como o tempo mostraria – de criar um arcabouço de proteção ambiental em sua terra natal. Contudo, havia mais uma pedra no caminho. Suruagy comunicou que José Geraldo fora vetado pelo Serviço Nacional de Informações (SNI), órgão de espionagem e repressão, criado pelo general Golbery do Couto e Silva já nos primeiros meses da ditadura instaurada em 1964. “Ele disse que tinha que mandar todos os nomes do secretariado para aprovação do SNI. Fui do movimento estudantil quando estudei na universidade, no Recife. Presidi o diretório e fui vetado. Mas meu pai era muito respeitado e Divaldo disse que poderia contornar. Conseguiu e eu assumi a secretaria”, lembra.

José Geraldo conseguiu dois assessores e uma sala, inicialmente na Secretaria de Saúde; depois, mudou-se para a de Planejamento. Na primeira pilha de projetos que recebeu para analisar, estava o da Salgema, com a previsão de instalação da fábrica de clorossoda no Pontal da Barra, utilizando o sal-gema a ser explorado em área povoada. Naquele primeiro momento, a preocupação imediata de José Geraldo foi com a fábrica. "Qualquer principiante sabe que ponta de restinga é, por definição, um ecossistema frágil. Logo, não comporta fábricas desse porte. Na hora, eu disse ao Suruagy: 'Sou contra'. As dunas mais lindas do Brasil ficavam ali. Decidi com a minha equipe que faríamos tudo para atrasar o quanto possível a instalação".

Mas o exército de Brancaleone alagoano pouco poderia fazer diante da pressão de uma gigante multinacional associada à elite política alagoana e à ditadura. A instalação da fábrica no Pontal da Barra foi a primeira queda de braço com a poderosa DuPont. Segundo José Geraldo, a multinacional decidiu que o projeto só iria adiante se a fábrica ficasse no Pontal. A localização da indústria em frente ao Atlântico completava a logística mais conveniente para o empreendimento: o campo de mineração às margens da lagoa, o salmouroduto subterrâneo de oito quilômetros, levando a matéria-prima até a fábrica, e um terminal marítimo privativo em frente ao complexo industrial.

José Geraldo me relatou: "Esse polo cloroquímico era de alto interesse dos governos militares, dentro de um modelo econômico completamente equivocado, da teoria dos polos de desenvolvimento. Geisel tinha muito interesse na Salgema. Ele veio a Maceió como presidente para fazer uma visita à empresa. O vice-presidente da DuPont também veio pessoalmente cuidar do assunto. Na época, o representante do governo estadual na implantação do projeto era o engenheiro Beroaldo Maia Gomes, um homem competente, honesto, muito rico. Não tinha a mínima possibilidade de ser corrompido. Era uma figura contraditória porque era um dos contribuintes do Partido Comunista Brasileiro. Nos dávamos muito bem. Beroaldo argumentou muito para que escolhessem outro lugar, ofereceu alternativas. 'Por que em Maceió?', ele questionou. Toda fábrica de clorossoda tem emanações fugitivas de gás cloro, que é tóxico. Não é direto, mas para manter o fluxo, de vez em quando tem que fazer emanação fugitiva na vizinhança. O grande perigo seria uma emanação massiva de gás cloro. O vice-presidente da DuPont foi inflexível: 'Ou aqui ou em lugar nenhum. O local tem que ser este'. A DuPont disse que não tinha perigo e ainda ganhou de presente isenção fiscal por dez anos e mão de obra barata. Isso era dito como se fosse a coisa menos pornográfica possível".

A preocupação de José Geraldo com as emanações de gás cloro tinha total razão de ser. O gás é altamente tóxico e pode provocar danos graves à saúde, como irritações na pele, cegueira e morte por asfixia. Foi utilizado como arma química na Primeira Guerra Mundial e proibido depois do conflito por acordo internacional. Quando processado industrialmente, é usado na fabricação de uma ampla gama de produtos, como medicamentos, desinfetantes e tintas, e no tratamento de água.

Com tão pouca estrutura para trabalhar e se contrapor ao poder da multinacional, o secretário contava com o que chama de seu "serviço de inteligência", uma rede de profissionais com experiência no Polo de Camaçari, na Bahia, que não podia aparecer publicamente e que o abastecia de informações confidenciais. Por intermédio dessa rede, o secretário soube que estavam destruindo as dunas do Pontal. "Chamei uma testemunha para ir comigo, Eduardo Bonfim, do PCdoB, peguei a máquina fotográfica e segui com meu carro para o local. Foi um dos dias mais difíceis para mim. Não existia mais duna. Terraplanaram tudo, derrubaram os coqueirais, destruíram toda a vegetação de restinga e não havia duna sobre duna. Eram conhecidas como as dunas de Tom Mix, o nome de um herói de filme de caubói. A partir daí, começou a implantação da fábrica".

As frustrações de José Geraldo à frente da secretaria estavam apenas começando e aumentariam a cada tentativa de se opor ao parque industrial no Pontal e de pedir medidas prévias de segurança. Apesar da irreversibilidade da fábrica e da extração mineral, ele achava que ainda tinha um trunfo. Em algum momento, chegaria o pedido oficial de autorização para as instalações da fábrica. "Firmamos entre nós que, quando pedissem a licença, iríamos negar. Mas isso nunca aconteceu. Eles nunca pediram licença para a fábrica. O único documento de concessão que tinham era a autorização de Médici para a mineração. Mas autorização do órgão ambiental para a implantação da fábrica de clorossoda não existe. À revelia de tudo isso, eles começaram a implantar. O discurso de Suruagy, na época, era o de que a Salgema seria a redenção econômica de Alagoas".

Se Suruagy esperava de José Geraldo a postura de um mero avalista que carimbasse a viabilidade ambiental do projeto, enganou-se totalmente. O biólogo continuou no órgão, administrando pressões e procurando desviar-se do crescente fogo inimigo. O secretário conseguiu antever a tragédia anunciada que era o complexo da Salgema. A mineração seria feita em área povoada e às margens do complexo lagunar de Mundaú. A oito quilômetros de distância, a fábrica de clorossoda, de frente para o mar, destruiria a restinga do Pontal da Barra, uma antiga vila de pescadores e de bordadeiras.

O risco de vazamento de gás era uma ameaça também ao público frequentador do estádio Rei Pelé, inaugurado em 1970, no bairro do Trapiche da Barra, vizinho ao Pontal. Nas proximidades, ficava um campus da Universidade Federal de Alagoas, que acabou se mudando para outro bairro, e o Hospital Geral do Estado.

Uma das instâncias de discussão com a empresa era o Conselho de Proteção Ambiental, em que a Salgema tinha voz, mas não voto. O diálogo, contudo, era difícil, se não impossível. "Os documentos, estudos etc., que pedíamos porque estávamos preocupados com a segurança e com a saúde da população, a Salgema negava, alegando estar protegida por cláusula de sigilo com as empresas com as quais firmara contratos. Conseguiram implantar a fábrica de clorossoda com certa rapidez e começaram a cavoucar as minas para pegar o sal-gema. É como se a cidade tivesse sido remexida por milhões de minhocas, abrindo as minas e a tubulação".

As tentativas de resistir à implantação da fábrica fizeram de José Geraldo o alvo de uma campanha de difamação, fermentada de dentro do governo, na escala do que hoje se conhece como assassinato de reputação. Um de seus projetos na secretaria era a criação de um parque etnobotânico, para preservar espécies vegetais utilizadas no candomblé, num momento em que começava a verticalização da cidade e a especulação imobiliária avançava sobre áreas com vegetação nativa. "As religiões afro só funcionam à base de plantas. Eu tive o sonho de criar o parque onde as pessoas pudessem ter acesso às plantas, muitas delas curativas e medicinais. Planejei o parque com a ajuda de Cícero, um pai de santo muito respeitado em Maceió. Usaram isso contra mim. Diziam que eu era macumbeiro, que estava louco. Me perguntavam: 'Como é que você recebe Cícero no seu gabinete? Você não sabe que ele se veste de mulher no terreiro?'. Eu respondia que tinha a obrigação de receber qualquer pessoa, porque a secretaria é um órgão público. E, como estudioso do candomblé, ia ao terreiro de Cícero. Sabia da incorporação da pomba-gira. Um dia, quando me perguntaram, eu disse: 'Vem cá, e na procissão de Corpus Christi, o bispo não se veste de mulher também? E faz pior, porque sai espalhando fumaça na rua'. Ser chamado de macumbeiro não me ofendia. Por último, me chamavam de comunista, como se fosse uma ofensa *(risos)*".

Na entrevista que me concedeu, José Geraldo relatou três episódios graves de ameaças, sem revelar os autores. Tantos anos depois, prefere não atiçar brasas adormecidas. A primeira ameaça aconteceu dentro de uma repartição pública. Um secretário estadual, que havia sido seu colega de colégio, o chamou ao gabinete. Eis o que ele me contou: "Estávamos a sós. Ele começou a conversar comigo como quem não quer nada. Ele, então, abriu a pasta e exibiu ostensivamente um revólver. Encerrei a conversa e voltei para minha sala". Perguntei se ele não sentiu medo. "Sou filho de Adeildo Nepomuceno Marques, o homem sem medo. Não tem aquela música 'não temos tempo de temer a morte'? Eu não tinha tempo de temer a morte", me respondeu.

Ainda haveria mais dois episódios. Nas palavras de José Geraldo: "Um dia, estava na biblioteca, o Centro de Referência Professor José de Melo Gomes, que eu instalei. Um vigilante do prédio entrou para conversar comigo e pegou o revólver na mão, mostrando, como se fosse de brincadeira. Eu disse: 'Me mostre'. Peguei e devolvi. Ele foi embora. O outro episódio foi com um assessor, que era campeão de judô ou karatê, e tinha sido meu aluno no colégio. Nesse período de ameaças, ele entrou na minha sala e a trancou por dentro. Se encostou na porta e ficou me encarando, sem falar nada. Depois de algum tempo, saiu. Não o demiti. Recebi também telefonemas anônimos com ameaças de morte. Não sei como suportei. Foi muito traumático, um verdadeiro assédio moral".

A tensão chegou ao ápice quando José Geraldo soube de uma reunião para tramar sua demissão. A essa altura dos acontecimentos, o governador não era mais Divaldo Suruagy. Ele se afastara em agosto de 1978 para concorrer ao cargo de deputado federal, pleito no qual sairia vitorioso. José Geraldo me disse não lembrar quem estava no comando – os substitutos de Suruagy foram Ernandes Lopes Dorvillé, magistrado que ficou apenas um mês no cargo, e Geraldo Melo, que exerceu o governo estadual entre setembro de 1978 e março de 1979.

Ao saber da reunião, José Geraldo resolveu se antecipar, aproveitando-se de uma situação inusitada criada por artes do contorcionismo político de Divaldo Suruagy. "Quando Suruagy me convidou, lá atrás, por causa do veto do SNI, o meu nome não saiu publicado no Diário Oficial. Ele me disse: 'Você fica pró-forma, ninguém precisa saber, aqui em Alagoas as coisas são assim...'. Divaldo era uma figura cativante. A gente nunca conseguia brigar, por mais discordantes que fossem nossos pontos de vista. Ele era civilizado. Então, eu tinha esse trunfo. Não podia ser demitido porque nunca havia sido nomeado. Esse gosto não dei a eles. Um dia, datilografei um documento sem importância legal. Comuniquei ao secretário de Planejamento *(Luís Eustáquio Toledo)* que a partir daquele momento eu não respondia por mais nada relacionado ao meio ambiente em Alagoas. Mandei entregar em mãos, arrumei minhas coisas, saí e nunca mais voltei".

Simultaneamente ao "tratoraço" para a implantação da Salgema, José Geraldo enfrentava uma tragédia particular com a morte de seu pai, num crime de pistolagem característico da violência política alagoana. Adeildo Marques foi assassinado numa tocaia, em Santana do Ipanema, em janeiro de 1978. Um recorte de jornal guardado por José Geraldo narra como o crime aconteceu: "Mais de 20 tiros foram disparados contra o ex-deputado Adeildo Nepomuceno Marques, durante o atentado que o vitimou na madrugada de domingo último, mas apenas dois disparos atingiram o corpo do ex-prefeito santanense. Na parede da residência do político trucidado existem quatro perfurações provocadas por balas. (...) Depois de atingido por duas das balas deflagradas por seus agressores, Adeildo foi esfaqueado, morrendo em consequência dos golpes".

O assassinato do pai derrubou as últimas defesas de José Geraldo. "Depois que ele morreu, não consegui segurar muito a barra. Ele nunca me perdoou por ter sido militante de esquerda, mas teve gestos extremamente nobres comigo. Fui intimado a prestar depoimento no 4º Exército, em Recife. Você sabe que quem entrava nesses interrogatórios não saía. Ele foi de uma solidariedade paterna muito grande. Contei para ele que seria interrogado lá e ele disse: 'Você não vai só, vou com você'. E foi muito bem recebido, ele era muito bem-visto nas altas esferas militares e governamentais, era muito carismático. Fiquei aguardando na sala de espera. Ele saiu com um oficial, que me disse: 'Pode ir com seu pai'. Não fosse meu pai, talvez não estivesse aqui conversando com você".

Abalado com o drama pessoal, frustrado com as derrotas na secretaria e desgastado pela campanha de difamação, José Geraldo se afundou numa depressão. "Procurei uma clínica e me internei. Quando comecei a ter melhoras, escrevi para o meu antigo orientador perguntando se poderia retornar para concluir o mestrado. Ele foi de uma solidariedade imensa, consultou o conselho da USP e eu ainda teria quatro meses para defender a tese. Peguei os dados que já tinha e terminei de escrever minha tese, 'Ictiofauna estival na Lagoa Mundaú', na clínica".

Enquanto esteve à frente da secretaria e mesmo depois, quando participou de movimentos da sociedade civil de oposição à Salgema, José Geraldo apontou o risco de vários impactos ambientais do empreendimento: perigo de explosão e incêndio, emanações massivas e fugitivas de gás cloro, alteração da linha de costa fronteiriça à planta industrial, com erosão e assoreamento, lançamento de ácido clorídrico no mar, devastação da restinga remanescente, transporte de substâncias tóxicas em pleno tecido urbano, destruição de manguezais, contaminação do lençol freático e previsão de subsidências do solo em consequência da extração de sal.

Sobre este último impacto, que estaria na raiz do desastre décadas depois, José Geraldo fez um alerta público ao dar uma entrevista ao jornal "Tribuna de Alagoas". Ele havia recebido informações de dois geólogos do seu "serviço de inteligência" sobre a necessidade de monitoramento permanente das minas de sal-gema para acompanhamento da segurança hidráulica das cavidades. "Pelo que tínhamos de informação, era possível prever que um dia poderia acontecer uma redução da segurança hidráulica em alguns poços. Trabalho com ciência, então, o que fiz foi uma previsão científica, baseada em probabilidades, com base nos dados que recebi. Falei em probabilidade, que não é a mesma coisa que possibilidade. Disse que, se as minas não fossem devidamente monitoradas, iríamos ter subsidências. Eu me lembro bem de ter enfatizado o plural. A gente imaginava subsidências onde as minas começaram a ser escavadas, na região do Bebedouro e do Mutange. No dia seguinte, com a repercussão da entrevista, um emissário da empresa, um geólogo meu amigo, adentrou a minha sala para explicitamente dizer que eu andava falando besteira e não havia nada que permitisse prever 'solapamento' das minas, foi a palavra que usou. Só fiz corrigi-lo polidamente, reafirmar o que havia dito e pedi que fosse embora".

José Geraldo lembrou que, apesar de todas as dificuldades na relação com a empresa, conseguiu que a Salgema adotasse algumas medidas mitigadoras dos riscos envolvidos na operação. Ele soubera que seria usado mercúrio em uma das etapas do processo industrial. Temendo um eventual despejo do metal pesado no mar, deu o alerta público, lembrando o que acontecera na Baía de Minamata, no sul do Japão, nos anos 1950. Na época, cerca de 70 mil pessoas foram contaminadas por mercúrio lançado no mar pela indústria química Chisso Corporation. Estima-se que 900 pessoas morreram.

Segundo José Geraldo, a Salgema alegava custos maiores para utilizar outra tecnologia, mas cedeu e adotou o método conhecido como "tecnologia de diafragma", isento de metais pesados. Outra medida de segurança sugerida pelo

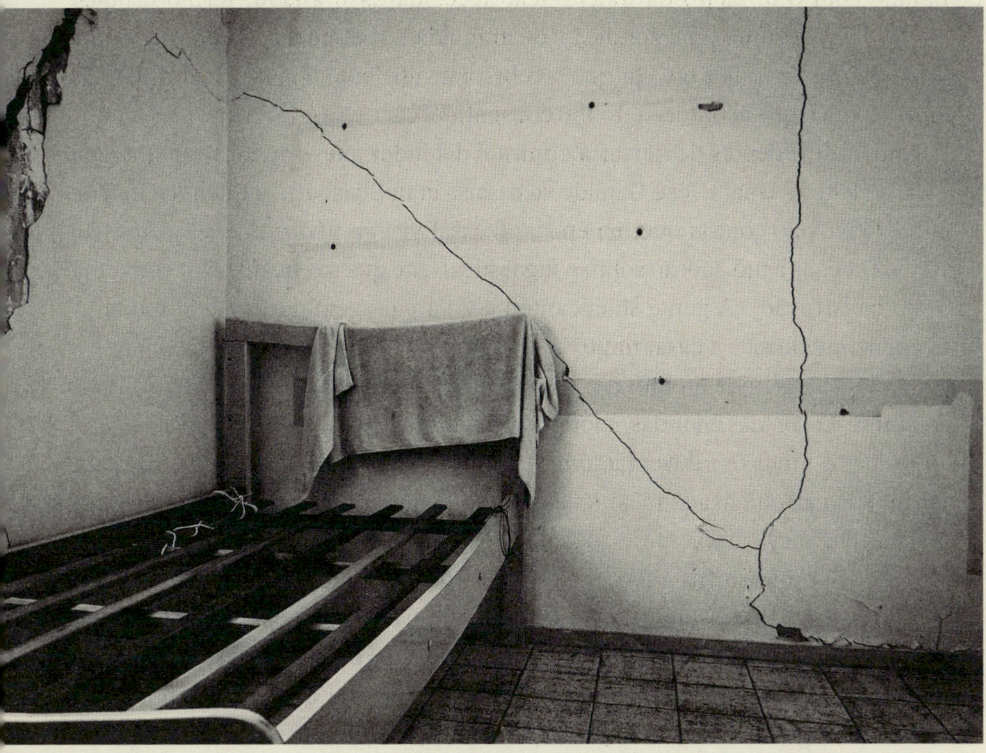

Paredes rachadas do chão ao teto acabaram com o sossego dos moradores: a maioria foi forçada a abandonar suas casas, em troca de indenizações injustas

biólogo foi a criação de um "cinturão verde" que isolasse a fábrica de clorossoda dos bairros próximos, criando um "efeito trincheira" em torno da instalação. O cinturão reduziria os impactos nocivos de um escapamento de cloro sobre os moradores. Muitos anos depois da recomendação, a Salgema começou a plantar o cinturão, com uma área de 20 hectares de Mata Atlântica.

Em outro momento de enfrentamento com a Salgema, num debate na Universidade Federal de Alagoas (UFAL), José Geraldo ouviu de um representante da empresa uma frase que lhe soou como maldição: "É mais fácil mudar Maceió do que mudar a Salgema de lugar". Em 2018, a previsão de rebaixamento do solo seria confirmada no desastre que afundou ruas e rachou casas de cinco bairros. E, suprema ironia do destino, a pessoa que deu o primeiro alerta sobre a probabilidade dessa ocorrência viria a ser uma das milhares de vítimas do afundamento. Morador do Pinheiro, José Geraldo teria que "mudar de lugar", como dissera o representante da Salgema, no debate na universidade.

Quando o entrevistei, ele se disse um "refugiado ambiental". Havia deixado a casa que a família tanto amava e mudado para um apartamento. O imóvel fora comprado com o dinheiro da indenização recebida da Braskem, termo do qual discorda: "Negociamos em condição de fragilidade perante a empresa. Minha casa não estava à venda e o valor que recebi foi insuficiente. Existe um termo mais adequado para o que aconteceu: roubo consentido".

Anos antes, depois de deixar a clínica e defender a tese de mestrado, a vida voltaria ao leito normal e José Geraldo se casaria com Elizabeth, a quem chama de Betinha. O biólogo contou que, na época, o casal visitou vários imóveis, mas não conseguia chegar a um acordo sobre o lugar ideal. Até que se encantaram com uma casa em construção. "A gente se encantou com a paisagem da Lagoa Mundaú. A vista era maravilhosa e a casa, muito boa. Tinha aquele crepúsculo, aquele luar e a lagoa, a coisa mais linda do mundo... Foi a casa do nosso casamento, nossos filhos nasceram lá. Entre idas e vindas, moramos lá por mais de 30 anos".

As idas e vindas se devem a longas temporadas fora de Maceió, dedicadas a construir sua carreira acadêmica. José Geraldo tem doutorado em ecologia e pós-doutorado em meio ambiente e sociedade, ambos na Universidade Estadual de Campinas. Foi professor na UFAL e na Universidade Estadual de Feira de Santana (UEFS), na Bahia. Em fins de 2017, ao se aposentar da UEFS, ele preparou sua volta definitiva ao Pinheiro e para as tardes de contemplação do poente na Mundaú. Foi quando, mais uma vez, a mineração de sal-gema cruzou o seu caminho. "Vim feliz da vida! A gente voltou uns quatro meses antes do tremor. Eu estava fazendo a sesta, depois do almoço, na parte de cima da casa, e acordei com o barulho de um baque. Conferi se estavam todos em casa, e perguntei: 'Vocês ouviram? Vamos ficar atentos. Ninguém vai se apavorar'. E voltei pra sesta. Uma hora depois, a TV noticiava que os edifícios do Pinheiro estavam rachando e as pessoas na rua, em polvorosa. Algum tempo depois, minha casa rachou. Desde que saímos, nunca mais voltei. Não tive coragem".

Com sua rua já incluída na área de risco e muitas incertezas pairando no ar, a família apressou-se em se mudar, em 2019, levando apenas o necessário para a reorganização da rotina subitamente quebrada. A biblioteca permaneceu, enquanto se buscava a mudança definitiva. Pouco tempo depois, a casa foi arrombada e começou uma sequência de depredações e furtos. "Minha biblioteca foi destruída a marretadas. E meu arquivo foi destruído de maneira muito suspeita. Houve retirada seletiva de documentos, que estavam em caixas e sacos. Por exemplo, tudo que eu tinha sobre a Salgema desapareceu".

O filho João Maurício, de 30 anos, foi quem recolheu o que sobrou do assalto à biblioteca. Ele trouxe algumas pastas com recortes de jornais e a primeira enciclopédia que o pai ganhara quando criança: "História Geral das Civilizações", de Robert Schnerb, publicada em 1958. "Arrancaram as prateleiras até o último parafuso", contou João Maurício. O rapaz tinha o hábito de voltar ao Pinheiro para verificar o estado do imóvel. Aos poucos, deu por falta do portão, esquadrias, botijão de gás, aparelho de ar-condicionado, escada de alumínio, louças sanitárias, lustres, vidraças, um painel de maçaranduba e vidro que enfeitava a entrada e até a fiação. João Maurício conseguiu salvar a porta de madeira do seu quarto. Com a peça, fez uma bancada para o apartamento que a família comprou. "Eu tinha muito apego à casa do Pinheiro", disse.

As casas interditadas nas áreas de risco tornaram-se um território de rapinagem. Os furtos alimentam um comércio ilegal que pode ser visto em ruas próximas aos bairros afetados. Peças como grades, portões e esquadrias, visivelmente de segunda mão, ficam expostas nas calçadas. "Se tivessem pedido, nós teríamos doado. Não precisava ser desse jeito", disse João Maurício. Inconformado com a depredação, ele escreveu numa das paredes de sua antiga casa: "Entre e pegue o que você quiser. Só não desrespeite a história da minha família".

MEDO NO PONTAL

A história da Salgema e, posteriormente, a da Braskem, é abundante em acidentes e revela um padrão de descaso com a vida humana, o meio ambiente e a cidade de Maceió. De nada serviram os alertas de cientistas, de setores da sociedade civil e de alguns políticos locais. Sucessivos governos estaduais atropelaram os críticos e ignoraram ponderações sobre autorizar o funcionamento de uma indústria química e de mineração em pleno espaço urbano, com casas, escolas, hospitais, igrejas e comércio por perto.

Nas vizinhanças do empreendimento havia também um campus da Universidade Federal de Alagoas (UFAL) e ainda estão lá o estádio Rei Pelé e o Hospital Geral do Estado. Naquela época, a mineração não era o maior temor dos moradores. O que tirava o sono da vizinhança era a fábrica de clorossoda, pelo tipo de substâncias produzidas, de elevada toxicidade, ameaça mais visível e ostensiva.

Não tardou para o complexo industrial começar a registrar acidentes. O primeiro de que se tem registro aconteceu no campo de mineração, em setembro de 1976, segundo levantamento detalhado no livro "Salgema – Do erro à tragédia" (Editora Cesmac, 2020), do jornalista alagoano Joaldo Cavalcante. Um operário morreu em decorrência da explosão de um reservatório de salmoura.

Na fábrica de clorossoda, os acidentes começaram em 1977. O vazamento de gás cloro era o mais comum. Em outubro daquele ano, quatro adultos e dez crianças da vizinhança precisaram de atendimento no ambulatório da Salgema em decorrência de um escapamento de cloro. Dois dias depois, o problema continuava e mais 15 pessoas buscaram o serviço de saúde. Os jornais locais publicavam relatos de pânico dos moradores. A UFAL decidiu apressar a mudança do Campus Tamandaré, no Pontal da Barra, para outro lugar longe dali.

Em seu livro de memórias, Divaldo Suruagy se queixa do que considerava uma cobertura "sensacionalista" da imprensa, sobretudo a partir do vazamento de um relatório confidencial da Salgema "contendo informações com aspectos catastróficos sobre uma possível evasão de cloro em torno da área da fábrica". Ou seja, o próprio ex-governador admitia os "aspectos catastróficos" relatados no documento interno da empresa, mas se mostrava mais preocupado com a repercussão dos acidentes na mídia: "O pânico generaliza-se. Afirma-se que uma explosão na Salgema arrasaria metade de Maceió. A redenção econômica do estado passa a ser considerada por muitos uma verdadeira bomba atômica. O positivo transforma-se em negativo. As emoções pairam acima da razão".

Suruagy sentiu o cheiro de crise e decidiu agir contra a "borrasca". Encomendou à Defesa Civil um plano para a eventualidade de uma calamidade pública. O protocolo, que recebeu o nome de Operação Catavento, previa medidas básicas, como disponibilidade de remédios e equipamentos de saúde, ambulâncias para remoção de feridos, enfermeiros treinados e reforço à brigada de incêndio da Salgema. Mas também incluía uma recomendação disparatada. Caso ocorresse vazamento de cloro em dia de jogo no Rei Pelé, caberia ao locutor pedir aos torcedores que usassem um lenço molhado para cobrir as narinas enquanto se deslocassem com calma para a parte alta de Maceió. O plano só não explicava como os tais lenços seriam umedecidos, se é que os torcedores lembrariam de levá-los ao estádio.

Suruagy conta que usou o plano em uma estratégia de comunicação, com ajuda de políticos de sua base, para conquistar o apoio de lideranças comunitárias. Segundo ele, a estratégia foi bem-sucedida: "Solicito que o deputado Jorge Quintella, líder do governo na Assembleia Legislativa, informasse as providências programadas para uma calamidade pública e desse ênfase às medidas (que eram de rotina em qualquer indústria química) que tomara com a finalidade de prevenir os acidentes com efeitos nocivos à população e garantisse que era muito remota a possibilidade de vazamento de cloro devido aos altos investimentos que a Salgema havia feito em modernos equipamentos antipoluidores, oferecendo o máximo de segurança. Consigo dividir a opinião pública. Lideranças comunitárias, dos mais diversos segmentos sociais, dotadas de grande credibilidade pela firmeza moral de seus caracteres, começam a conceder entrevistas favoráveis ao polo cloroquímico".

Em 1978, o poder municipal dobrou-se aos interesses da empresa. A câmara de vereadores aprovou e o prefeito à época, Dilton Falcão Simões, sancionou uma lei municipal sob medida para a Salgema (Lei no. 2.485, de 16 de junho de 1978), transformando em zona industrial o bucólico Pontal da Barra, com sua restinga à beira do Atlântico e sua comunidade de pescadores, marisqueiros e bordadeiras.

A lei definiu o tipo de atividade da zona industrial: "Atividade cujo funcionamento coloca em risco as propriedades vizinhas, devido às possibilidades de explosões, incêndios ou emanações de gases tóxicos, implicando em zoneamento específico com o objetivo de isolá-los dos demais usos existentes". E, num típico exemplo de raposa tomando conta do galinheiro, a lei remeteu para outra instância o detalhamento do uso da região. Este ficaria "a critério do órgão competente (Planejamento do Distrito Industrial Cloroquímico)", que não era municipal, e, sim, estadual, totalmente comprometido com a empresa. O ardil legislativo permitiu ao poder público fabricar a regularidade de um empreendimento que nascera condenado a provocar uma tragédia.

A regularização, porém, não seria capaz de esconder a realidade de acidentes frequentes, que a imprensa alagoana continuava a registrar. Em abril de 1980, um cilindro de cloro transportado por caminhão explodiu no município de Paulo Jacinto, e 78 pessoas buscaram socorro médico. Em junho, os moradores do Pontal da Barra relataram novos e constantes vazamentos de cloro. Coqueirais nas proximidades foram afetados e apresentaram anomalias.

Na manhã de 31 de março de 1982, houve outro acidente de grande proporção: um trabalhador morreu numa explosão no reator de dicloroetano, seguida de chamas que alcançaram cerca de 15 metros de altura. O site História de Alagoas, do jornalista Edberto Ticianelli, reproduz a notícia publicada no jornal "Gazeta de Alagoas": "Houve pânico, com correrias, desmaios e choro por parte dos moradores e familiares dos funcionários da empresa. As ruas próximas à Salgema, embora chovesse muito em Maceió, ficaram movimentadas, com o povo procurando abandonar suas casas". Segundo o jornal, cinco pessoas foram atendidas na unidade de emergência Armando Lages e, 25 dias depois, o trabalhador terceirizado Genival Ribeiro dos Santos, de 44 anos, morreu no Hospital dos Usineiros, em consequência das queimaduras de primeiro, segundo e terceiro graus. Parte da tubulação foi arremessada para fora da planta industrial e um pedaço do tubo retorcido, encontrado no meio da rua, a 500 metros da fábrica.

Em abril de 1982, mais um vazamento de cloro. Desta vez, um curto-circuito na subestação que alimentava a bomba de lubrificação do compressor de cloro feriu dez pessoas. Em agosto de 1984, houve outro vazamento de cloro no sistema de compressão e quatro pessoas foram atendidas. Em janeiro de 1985, um vazamento na área de compressão provocou asfixia e irritação em moradores da vizinhança. Uma reportagem registrou que várias pessoas foram vistas "escapando às pressas de automóveis e lanchas, a partir do *(clube)* Motonáutica".

No início dos anos 1980, a sociedade civil mobilizava-se em torno de causas como o respeito aos direitos humanos tão violados durante a ditadura. Em Maceió, a presença da Salgema no Pontal levou à articulação do Movimento pela Vida, formado por entidades como o Sindicato dos Jornalistas, Instituto dos Arquitetos do Brasil, União Estadual dos Estudantes, Sociedade Alagoana de Defesa dos Direitos Humanos, Sociedade dos Engenheiros Agrônomos, Ordem dos Advogados do Brasil e artistas, entre outras instituições. Formou-se a Associação de Moradores e Amigos do Pontal. O movimento organizou passeatas e debates para chamar a atenção da população sobre os riscos e cobrar soluções das autoridades. A discussão sobre uma possível realocação da fábrica de clorossoda para longe da área povoada ganhou força.

Depois do primeiro mandato como governador biônico e de exercer o mandato de deputado federal, Divaldo Suruagy estava de volta ao executivo estadual. Desta vez, foi escolhido pelo povo, em 1982, na primeira eleição direta para governador, ainda nos marcos do regime militar. Ele assumiu o cargo em março de 1983. O deputado Miguel Palmeira, do PDS (oriundo da Arena), mesmo partido de Suruagy, mas dissidente da base governista na Assembleia Legislativa, propôs um projeto de lei estabelecendo prazo de oito anos para a mudança de endereço da fábrica de clorossoda. Com o apoio de dissidentes governistas e opositores do governador, Palmeira conseguiu aprovar o projeto, mas Suruagy o vetou, alegando alto custo da operação e inviabilidade econômica para a Salgema.

O veto foi encaminhado para votação na casa legislativa e, por unanimidade, os deputados o mantiveram. Os mesmos que haviam aprovado a mudança gradativa da Salgema, num prazo de oito anos, agora concordavam que ela deveria permanecer no Pontal da Barra, onde está até hoje. O vai e vem da proposta ilustra o típico jogo de cartas marcadas em que se dá ao público a impressão de se estar fazendo alguma coisa em sua defesa, enquanto prevalecem as conveniências de grandes grupos econômicos.

Em outro movimento típico da acomodação de interesses privados pelo poder público, Suruagy determinou a formação de uma comissão, no fim de 1983, para analisar as condições de segurança do complexo industrial da Salgema, seus riscos e as "agressões, porventura deles resultantes, ao meio ambiente e ao homem". A comissão tinha 11 integrantes, oito deles ligados ao governo estadual.

A Salgema tinha um representante e o coordenador do grupo era ninguém menos do que o ex-prefeito Dilton Falcão Simões, o mesmo que aprovara a transformação do Pontal da Barra em distrito industrial, anos antes. No governo Suruagy, ele assumira a Secretaria Estadual de Planejamento. O então consultor jurídico da Assembleia Legislativa, Luiz de Gonzaga Mendes de Barros, que anos depois se tornaria famoso em todo o Brasil como o "marajá" de Alagoas, foi escolhido relator. Com tal composição, o resultado do trabalho da comissão não poderia ser mais decepcionante para a população nem mais benéfico para a empresa. Em 1984, quando a comissão analisou a Salgema, o parque industrial já ocupava uma área de 300 mil metros quadrados e produzia substâncias tóxicas, corrosivas e inflamáveis, como:

- Cloro (240 mil toneladas/ano)
- Soda cáustica (270 mil toneladas/ano)
- Eteno (80 mil toneladas/ano)
- Dicloroetano (300 mil toneladas/ano)

O relatório descreve a planta industrial: dez tanques de estocagem das substâncias produzidas, além de tanques para óleo combustível e álcool, usados no processo industrial. No caso do cloro, eram três tanques em operação, cada um com capacidade para armazenar até 550 toneladas. O relatório informa que o amianto, substância cancerígena, era usado no processo industrial e depois "enterrado na área da planta industrial de forma a não oferecer qualquer perigo".

O documento registra que o gás cloro é "irritante às membranas, às mucosas, ao sistema respiratório, à pele e agressor aos olhos, provocando tosse e respiração difícil". Acrescenta que "em caso extremo, a dificuldade de respiração pode aumentar ao ponto de ocorrer a morte por sufocação". Explica ainda que os efeitos variam de acordo com o tempo de exposição ao produto e a concentração do gás a que a pessoa é exposta: "Em concentração mais alta, o efeito altamente irritante do gás torna improvável que qualquer pessoa permaneça numa atmosfera contaminada por cloro, a menos que esteja inconsciente".

Apesar de tantas informações preocupantes e dos acidentes frequentes, o relatório minimizou o número de emanações de cloro ali registradas, dizendo que ocorriam "em quantidade insignificante". É uma afirmação que nem a empresa nem a comissão poderiam fazer, já que a própria comissão reconheceu a precariedade do monitoramento, "que atualmente é procedido de forma eventual e absolutamente ineficaz, fora dos padrões exigidos". O relatório traz várias contradições desse tipo.

Sobre acidentes, alguns com mortos, o relatório avaliou que "estão contidos nos índices e níveis normais", com a ressalva de que, se houvesse um incêndio, a Salgema não poderia contar com a atuação dos bombeiros. "Do ponto de vista do relator, o estado em que se encontra o Corpo de Bombeiros é um crime inominável de imprevisão por parte do poder público". E recomendou que o governo equipasse a corporação "de forma mais efetiva e de imediato".

O grupo analisou a mineração, fornecedora do sal-gema para a fábrica. Sobre os riscos da atividade, observou: "Por oportuno, é de ressaltar que a captação de matéria-prima, se não forem observadas as dimensões das cavernas, poderá oferecer acentuado perigo, com desabamento das paredes e consequente afundamento do solo na superfície". E destacou a importância do monitoramento: "O dimensionamento prefixado das cavernas, nos poços em operação, é conferido periodicamente, mediante utilização de ferramenta especializada que funciona com o sistema de sonar, atualmente inexistente no país. As medições para conferência, já realizadas em três oportunidades, foram procedidas mediante o aluguel da referida ferramenta, a custo elevado, devendo ser repetidas de acordo com as exigências do projeto, tendo a Salgema Indústrias Químicas S/A informado estar a empresa determinada a adquirir instrumento similar".

Este trecho traz um dado importante: em quase dez anos de operação (de 1976 a 1984), a Salgema havia feito apenas três estudos de sonar sobre o tamanho das cavernas. Apesar de constatar os riscos da atividade, o relatório sugere à empresa "a aquisição de novos terrenos na superfície da mina, a fim de que, no futuro, possa dispor de áreas capazes de oferecer segurança à perfuração e à captação de matéria-prima – sal-gema – sem que seja necessária a perfuração de poços próximos uns aos outros, o que evitaria maior diâmetro das cavernas e afastaria o perigo de afundamento da superfície do solo". Ou seja, o relatório sugere ampliar a área de exploração mineral sabendo do risco de afundamento. Nenhuma palavra, nenhuma recomendação sobre o óbvio: a interrupção da mineração em área urbana.

O relator propôs a criação de um sistema de alerta "rápido e eficaz" aos moradores "da área compreendida no raio de quatro mil metros, cujo centro se fixa no reator de DCE (dicloroetano) da planta industrial". Segundo ele, "tal sistema será instalado (...) na elaboração do Plano de Emergência". Ou seja, a fábrica operava sem sistema de alerta e plano de emergência. E sem ser cobrada pela ausência de medidas elementares de segurança.

Para o governo estadual, o relatório propôs, entre outras medidas, o fortalecimento da infraestrutura técnica e administrativa da Coordenadoria do Meio Ambiente para que pudesse cumprir sua missão, prejudicada até então "pela absoluta falta de meios". Sugeriu a realização de concurso público para a contratação de pessoal para trabalhar "com independência" e "isentos de pressão de qualquer natureza". E recomendou que a Coordenadoria implantasse um "sistema de monitoramento contínuo e permanente" destinado a fiscalizar as emanações de cloro. Este trabalho deveria ser reforçado com a exigência legal de que a empresa fornecesse anualmente "laudo pericial de engenharia de segurança industrial, elaborado por empresas de competência reconhecida".

O relatório recomendou a proibição de prédios residenciais nas proximidades e a realização de uma campanha educativa voltada à população dos bairros próximos. "Não se deve negar ao povo o conhecimento de uma realidade que o ameaça", escreveu o relator Mendes de Barros. Por fim, ele concluiu o que já era óbvio para muitos, há tempos: a localização da Salgema "é inconveniente à segurança da população da capital do estado. (...) de forma clara e indiscutível, o complexo industrial foi instalado em área habitada e entre núcleos habitacionais do Pontal e do Trapiche da Barra". Acrescentou que o funcionamento da Salgema resultava em "riscos potenciais consideráveis de agressão ao meio ambiente e, especificamente, ao homem".

Divulgado em 1984, o relatório da comissão era um mapeamento oficial dos riscos envolvidos em todo o complexo industrial, da extração do sal-gema à fábrica de clorossoda. A análise dos riscos dava legitimidade aos críticos do empreendimento. Com a publicação do relatório – mesmo com suas contradições e ambiguidades – nenhuma autoridade poderia alegar desconhecimento sobre os riscos de uma atividade que jamais deveria ter sido autorizada a se instalar em área habitada.

Contudo, apesar do reconhecimento dos perigos, o relatório não cogitou propor a mudança de endereço do complexo. Manteve a empresa exatamente onde estava, com os mesmos argumentos que Suruagy apresentara ao vetar o projeto de lei aprovado na Assembleia Legislativa. A comissão entendeu "o fato consumado (...) considerando, sobretudo, os altos custos financeiros que onerariam a relocalização da planta industrial".

Após cem dias de trabalho, a comissão compartilhou com Suruagy o custo político de manter a empresa no mesmo lugar, atendendo a Salgema exatamente no que ela queria: permanecer no Pontal, perto do campo de mineração, o que lhe proporcionava vantagens logísticas e economia de custos. A comissão acabou se prestando para mais um jogo de cartas marcadas, com o vencedor, a Salgema, decidido bem antes de a partida começar. Até a conclusão deste livro, a planta de clorossoda permanecia ativa e onde sempre esteve, ocupando uma área de 324 mil metros quadrados no Pontal.

FÁBRICA DE ACIDENTES

Tácito Yuri de Melo Barros, de 64 anos, promotor de justiça do Ministério Público de Alagoas, ainda guarda o crachá de funcionário da Salgema com a data de sua admissão: 1º de julho de 1980, na fábrica de clorossoda. Com 18 anos e um curso técnico de análise química recém-concluído, ele foi admitido para estágio e acabou contratado. Filho de carteiro e professora primária, viu naquele primeiro emprego a oportunidade de ascensão social. A Salgema era anunciada como a chance de industrialização do estado e trabalhar com química "era fascinante".

A infância de Tácito foi marcada pela ausência do pai por um período, no fim dos anos 1960. "Meu pai nunca foi comunista. Era católico, e tão católico que seu último gesto na vida foi o sinal da cruz. Mas frequentava uma organização chamada Círculo Operário, onde tinha amigos comunistas. Ele se escondeu por um tempo porque o Exército estava atrás dele. Lembro de soldados entrando em casa. Minha mãe contou que buscavam material do meu pai. Entendi que eram os livros, porque algum tempo antes os vizinhos a ajudaram a queimar livros. Quando as coisas acalmaram, meu pai voltou. Ele nunca me politizou propriamente. Aprendia mais com as atitudes dele, com o ambiente doméstico que eu respirava".

Quando entrou na Salgema, Tácito não demorou a entender que os funcionários precisavam se organizar para reivindicar melhores salários e condições de trabalho, já que lidavam com substâncias perigosas. Segundo ele, a primeira tentativa de formar o sindicato, por iniciativa de alguns engenheiros da empresa, foi duramente reprimida. "A empresa chamou esses engenheiros e fez ameaças. Não sei se de forma ostensiva ou velada. Então, decidimos fazer mais uma tentativa. Comecei a articular em segredo".

Tácito lembra que, na época, outros polos petroquímicos no Brasil ofereciam condições melhores do que as de Maceió: "Na primeira reunião secreta, apareceram cerca de 60 companheiros. Aí, já não tinha mais volta. Fundamos uma préassociação. Achávamos que seríamos demitidos e aí bolamos de entrar na CIPA *(Comissão Interna de Prevenção de Acidentes)* porque os membros não podem ser demitidos. Conseguimos enfiar toda a chapa provisória dentro da CIPA. E só então batalhamos para transformar a associação em sindicato. Em meados da década de 1980, fundamos o Sindiquímica *(Sindicato dos Trabalhadores na Indústria Química)*. Fui o primeiro presidente e começamos a botar a boca no trombone. Naquela época, houve poucos acidentes na mineração, nenhum deles geológico. Achávamos que a bomba-relógio era a fábrica e não a mineração".

Tácito conta que a empresa tinha uma boa política de segurança interna e de prevenção de acidentes, com treinamentos regulares sobre procedimentos em caso de vazamento de gás. As regras de segurança, porém, se aplicavam mais aos trabalhadores diretos e menos aos terceirizados, que constituíam uma parte significativa da mão de obra da fábrica. O fato é que acidentes internos aconteciam com alguma frequência e alguns deles resultaram na morte de trabalhadores. As doenças ocupacionais eram outro alvo da atenção do sindicato. "Numa indústria química, a doença se instala. Algo comum era o 'porre de cloro' e também 'banho de soda cáustica'. Isso acontecia porque a gente tinha que abrir a válvula para coletar amostras, e os gases estavam na tubulação sob pressão. Para coletar uma amostra líquida representativa, tinha que deixar escorrer um pouco. Por isso, se diz tomar um 'porre de cloro'. A soda cáustica era um problema. Tive colegas que morreram. Fui da brigada contra incêndio e lembro de muitos acidentes que deixaram as pessoas queimadas".

Na época da criação do Sindiquímica, a Salgema estava sob controle estatal, após ter passado por várias mudanças de composição acionária desde a saída dos dois grupos privados originais: o do empresário baiano Euvaldo Luz e da norte-americana DuPont. A retomada da democracia já raiava no horizonte, mas a máquina de espionagem e repressão montada na ditadura se mantinha intacta e atuante. Os sindicalistas em Maceió sentiam isso de perto, recorda-se Tácito: "O chefe da segurança da Salgema era um coronel do Exército, que tinha uma postura muito autoritária. Só o fato de dizer que ele era do Exército já colocava as pessoas em posição de subordinação. A presença da ditadura era tão forte que havia gente que pensava que a Salgema era área de segurança nacional. Acho que ajudava nessa percepção o fato de o Geisel ter ido para a Norquisa, uma das acionistas da Salgema, quando deixou a presidência". De fato, Ernesto Geisel tornou-se presidente do Conselho de Administração da Nordeste Química S.A. em 1980. A Norquisa, que tinha participação da empreiteira Odebrecht, era uma das acionistas da Salgema. O livro "A Organização", da jornalista Malu Gaspar (Companhia das Letras, 2020), relata em detalhes as ligações entre Geisel e o grupo Odebrecht.

Tácito lembra que um repórter perguntou se ele estava fazendo agitação dentro da área de segurança nacional. "Respondi: 'Sei disso, não. Pra mim, segurança nacional é a barriga do trabalhador.' Certamente, um coronel na chefia da segurança era uma forma de controlar o que acontecia ali. Quem o sucedeu foi um egresso também do Exército, chamado Otílio Setton. Esse teve uma relação mais respeitosa comigo. Mas, por ser do sindicato, meu nome constava da lista de pessoas não bem-vindas. Na época, eu já queria estudar ciências sociais, mas como não tinha o curso em Maceió, fui fazer direito. Advoguei por um tempo para sindicatos, associações e conselhos profissionais, e depois prestei concurso para o Ministério Público".

Outro fundador do Sindiquímica, José Marcondes Machado da Silva, de 70 anos, aposentado da Braskem, reforça que a antiga Salgema tinha forte presença de militares. "O quadro de segurança patrimonial era quase todo militarizado, formado por cabos e sargentos. O comando era de gente do Exército. Eles não exerciam uma pressão ostensiva sobre nós, mas lembro que, quando fizemos uma greve, um dos vigilantes aderiu só para saber o que acontecia e o que fazíamos".

Moisés Santos, 63 anos, começou a trabalhar na Salgema em 1982, primeiro na fábrica de clorossoda e depois no campo de extração. Segundo ele, havia pressão para que os trabalhadores não se sindicalizassem. "A meta dos diretores da empresa era enfraquecer o sindicato. A empresa jogava os trabalhadores contra o sindicato, dizendo que queríamos fechar a fábrica". Moisés conta que o sindicato se preocupava com a segurança dos trabalhadores e dos moradores ao redor das instalações. A proximidade entre minas e casas levou o sindicato a promover uma campanha de alerta. "Havia um questionamento sobre a mineração no subsolo, especialmente em Bebedouro, que estava todo furado com minas. Fizemos panfletos e saímos com carro de som pelas ruas para alertar os moradores sobre a possibilidade de afundamento do solo e para que a população cobrasse transparência da Salgema. Quatro paus-mandados da empresa ameaçaram nos bater e quebrar o carro de som. Procuramos a imprensa, mas não tivemos espaço".

A vigilância sobre os trabalhadores e críticos da Salgema está documentada em relatórios do extinto Serviço Nacional de Informações (SNI), como mostra reportagem de Paulo Motoryn publicada no site Intercept Brasil. A matéria analisou relatórios produzidos por arapongas do SNI, entre 1976 e 1987, disponíveis para consulta no Arquivo Nacional. Os relatórios mostram que a espionagem sobre as atividades de trabalhadores, jornalistas e políticos esteve ativa num período de 11 anos, inclusive já no governo civil de José Sarney. Os espiões monitoraram protestos e passeatas que se intensificaram a partir de 1985, com o anúncio da duplicação da capacidade de produção da fábrica de clorossoda. Um dos relatórios lista os participantes de um protesto em 17 de maio de 1985, entre eles, políticos do MDB e do PCdoB e o biólogo José Geraldo Marques, aquele que fora o primeiro a advertir sobre os riscos do empreendimento.

Em 7 de fevereiro de 1986, um espião acompanhou o bloco de carnaval Meninos da Albânia, que desfilou na Praia da Pajuçara com 300 foliões e um samba-enredo com críticas à Salgema. Um dos últimos relatórios analisa as "dificuldades" da empresa do ponto de vista do SNI: "Interpretação errônea que a imprensa alagoana e a opinião pública fazem sobre as possíveis externalidades (danos à flora e à fauna em decorrência de lixos químicos etc.) advindas da industrialização de produtos pela empresa". Os relatórios citados na reportagem não demonstram qualquer preocupação do SNI com acidentes, morte de trabalhadores e impactos à saúde dos moradores.

* * *

Uma rápida explicação sobre as mudanças societárias na Salgema, que se tornou Braskem. A Salgema começou como uma associação entre capital público e privado, estatizou-se e voltou a ter controle majoritário privado. Segundo o site da Braskem, o grupo Odebrecht já tinha participação na Salgema desde a década de 1980. Na onda de privatizações do setor petroquímico brasileiro, nos anos 1990, a Odebrecht criou a OPP Petroquímica, adquiriu o controle da Salgema, em 1995, e criou a Trikem. Em 2002, foi criada a Braskem, a partir da fusão da Trikem com outras empresas dos grupos Odebrecht e Mariani, em sociedade com a Petrobras.

Ao ser criada, a Braskem já era a maior petroquímica da América Latina, com 13 unidades industriais, escritórios e bases operacionais no Brasil, na Argentina e nos Estados Unidos. No mesmo ano, a empresa divulgou um "compromisso público com as premissas do desenvolvimento sustentável, gestão responsável e transparência", e passou a ter ações listadas nas bolsas de valores de São Paulo e de Nova York.

Seja como estatal ou empresa privada, como Salgema, Trikem ou Braskem, a companhia apresentou no decorrer de sua história um padrão de negligência nas suas operações em Maceió. Levantamento do Sindiquímica, publicado no jornal "O Diário" em 17 de abril de 1996, é a fonte de dados mais sistematizada sobre acidentes na década de 1990, segundo o livro de Joaldo Cavalcante já mencionado. O título da reportagem é: "Salgema já provocou 23 acidentes, inclusive com morte, desde 1990. Mas Odebrecht diz que CPI dos Vereadores é política e que imprensa exagera".

O levantamento do Sindiquímica enumera 23 acidentes, a maioria na fábrica de clorossoda, e pelo menos três em empresas do polo industrial, na cidade vizinha de Marechal Deodoro. Um dos mais graves foi denunciado em 1991, pelo sindicato, e teve grande repercussão em Maceió: vazamento de substâncias tóxicas em duas bacias de decantação da empresa Alclor, que era controlada pela Salgema. O vazamento contaminou o lençol freático e a Salgema só notificou a falha às autoridades depois da denúncia. Segundo reportagem da "Gazeta de Alagoas", em 24 de abril de 1991, o fundo das bacias era revestido com argila compactada e a empresa admitiu que o revestimento "não funcionou como previam os estudos técnicos". A descontaminação do lençol freático custaria mais de US$ 3 milhões, de acordo com a empresa. A reportagem registra uma declaração de Tácito Yuri: "A empresa escondeu dolosamente o acidente da sociedade, dos trabalhadores e dos órgãos ambientais".

Seguiram-se outros acidentes, vários deles decorrentes de vazamentos de grandes quantidades de dicloroetano, um composto químico tóxico e inflamável. Um laudo do Instituto de Meio Ambiente de Alagoas (IMA) revelou que, em maio de 1995, 150 toneladas de dicloroetano vazaram em decorrência da "corrosão dos parafusos de aço inoxidável que fixavam uma porta de inspeção" do tanque que armazenava 12 mil toneladas do produto. Foram registrados incêndios e explosões em equipamentos. Todas as ocorrências afetaram trabalhadores. Numa delas, na casa de células da Salgema, um eletricista morreu por descarga elétrica. Além do levantamento feito pelo Sindiquímica até 1996, houve uma explosão num tanque de abastecimento de cloro em 1997, quando a empresa já havia se tornado Trikem.

Nas primeiras décadas da Salgema, quase não há reportagens sobre a mineração em área urbana que abastecia a fábrica do Pontal. O que mais mobilizava a atenção do sindicato dos trabalhadores, dos jornalistas, de ambientalistas e de críticos do empreendimento era o risco de um desastre associado às substâncias tóxicas usadas no processo industrial. Os acidentes frequentes davam razão a esta preocupação. Além disso, um desastre humanitário e ambiental do outro lado do mundo, em Bhopal, na Índia, em dezembro de 1984, inquietou uma dupla de estudantes de jornalismo da Universidade Federal de Alagoas (UFAL), Érico Abreu e Mário Lima, e os levou a escrever uma reportagem quase premonitória.

A reportagem do jornal laboratório "Prátika", publicada no primeiro semestre de 1985, seria mais uma advertência sobre o perigo das escavações no subsolo dos bairros povoados, depois dos alertas feitos pelo biólogo José Geraldo Marques, anos antes. A empresa norte-americana Union Carbide foi a responsável pelo massacre de Bhopal, provocado pelo vazamento de um gás tóxico usado na produção de pesticidas. O gás matou 3.500 pessoas por asfixia ou hemorragia interna nos primeiros dias. Os estudantes se alarmaram porque viram em Bhopal um paralelo com o tipo de indústria instalada à beira-mar, em Maceió. Érico Abreu e Mário

Lima sugeriram a pauta e foram a campo, com mais alguns colegas, para apurar a reportagem. Eles entrevistaram moradores, especialistas e autoridades, visitaram a indústria, conheceram as instalações e compreenderam todo o processo, da extração do sal-gema à produção de cloro e soda.

Professor aposentado da UFAL e com 71 anos quando o entrevistei, Érico Abreu, contou sobre a reportagem, que obteve grande repercussão e motivou até uma homenagem da Câmara de Vereadores de Maceió aos estudantes: "Nós procuramos a Salgema por meio da assessoria de comunicação. Tínhamos muita desconfiança. O acidente em Bhopal nos deu o alerta. Fizemos uma visita guiada às instalações, nos explicaram como era feita a extração, a mil metros de profundidade, com cavernas que seriam enchidas de água. Pesquisamos com outras fontes que nos falaram até da possibilidade de preenchimento das cavidades com lixo atômico. Com o que apuramos, entendemos que havia a possibilidade de afundamento do solo na área de extração".

Eis um trecho da reportagem: "Na extração do sal-gema, formam-se imensos vazios subterrâneos, imensas crateras, com perigo de erosão e terremoto". A matéria foi ilustrada pelo cartunista Ênio Lins, que traduziu o risco num desenho de clareza cristalina: um buraco gigantesco no subsolo, com desmoronamento do teto da mina, e na superfície uma casa balançando. Exatamente o que aconteceria no tremor de março de 2018. A reportagem também abordou os perigos da fábrica de clorossoda e ouviu moradores sobre o constante cheiro de cloro que provocava tosse, tontura, coriza, problemas respiratórios e de pele. Cobrou da empresa e das autoridades medidas de prevenção e alerta aos moradores em caso de emergência.

O então relações públicas da Salgema, Roberto Rodrigues, afirmou: "A empresa tem um dos melhores sistemas de segurança do mundo. Está fora de cogitação fazer treinamentos simulados junto à população. Em caso de acidente, as brigadas de incêndio e escapamentos simulados mantêm o pessoal sempre alerta". O comandante da Polícia Militar do estado, também chefe da Defesa Civil, coronel Fernando Theodomiro, minimizou os riscos com uma comparação estapafúrdia: "(...) não restam dúvidas de que não só a Salgema, como um posto de gasolina, até um veículo movido a álcool ou a gasolina, correm risco. Até mesmo em nossa residência, nós estamos sujeitos a intempéries. Nós só podemos dizer se a Defesa Civil e o Corpo de Bombeiros estão preparados no caso da ocorrência do fato".

Outra preocupação dos estudantes foi investigar o gasto de verbas publicitárias da Salgema na imprensa local. Constataram uma coincidência entre o aumento das verbas publicitárias e o silêncio da imprensa sobre o desastre em Bhopal. A pesquisa revelou que, dez dias antes de Bophal, o gasto com publicidade na imprensa alagoana havia sido de Cr$ 2,8 milhões. Dez dias depois do acidente, saltaria para um pico de Cr$ 17,4 milhões. Érico lembra: "Pesquisamos um mês antes e um mês depois para verificar o aumento da publicidade. A imprensa alagoana não se preocupava com a possibilidade de ocorrer algo parecido na Salgema. A empresa tinha um plano de relações públicas para conquistar o apoio da sociedade. Exemplo: o 'Diário Oficial' publicava doações da Salgema para as unidades de emergência em saúde. Nessa época, a empresa também começou a patrocinar um prêmio de jornalismo local. Tenho orgulho de ter feito esse trabalho na universidade. Quando aconteceu o desastre da mineração, em 2018, várias pessoas me disseram que a nossa reportagem foi uma profecia. Não foi profecia. Foi jornalismo bem feito".

Salvo exceções, o noticiário crítico sobre a Salgema tornou-se rarefeito a partir de sua privatização e controle pelo grupo Odebrecht. Com a criação da Braskem, há um investimento pesado em ações de marketing social, cultural, esportivo e ambiental. A empresa fez parcerias com o próprio órgão ambiental do estado, o Instituto de Meio Ambiente de Alagoas (IMA), que deveria fiscalizá-la. Um dos programas era o Navegando com o Meio Ambiente, um barco-escola com atividades para estudantes. Com o Corpo de Bombeiros, havia o Projeto Golfinho, uma colônia de férias para crianças dos 8 aos 13 anos.

Já depois do tremor que revelou o desastre da mineração, a Braskem investiu no patrocínio de festivais de música, como o The Town, em ações com influenciadores digitais e na publicidade em rede nacional. Foi uma das patrocinadoras do programa "Big Brother Brasil", da Rede Globo, em 2023. O mote da campanha da empresa no BBB era: "Vamos deixar a casa mais vigiada do Brasil cada vez mais sustentável". As vítimas, em Maceió, não deixaram passar em branco o que consideraram um "tapa na cara", já que tiveram suas casas destruídas, e divulgaram um abaixo-assinado de protesto na plataforma Change.org.

No texto, as vítimas faziam um apelo diante do silêncio da imprensa: "Nós estamos aproveitando o momento do 'Big Brother Brasil' para chamar a atenção da drástica realidade que Maceió enfrenta, coisa que até agora, quase cinco anos após o megadesastre, não conseguimos, sufocados pelo poder econômico da empresa que impede nosso livre acesso à mídia, interditando a opinião pública do país de saber, de fato, o que se passa por aqui". O abaixo-assinado obteve mais de 35 mil assinaturas, mas não foi capaz de romper o dique de invisibilidade do caso, o que só ocorreria no fim de 2023, com o episódio do colapso da mina 18.

A empresa sempre procurou vender a imagem de potência tecnológica, com êxitos em robótica, biotecnologia, nanotecnologia e a criação de produtos anunciados como inovadores e sustentáveis. Entre eles, o chamado "plástico verde", desenvolvido a partir do etanol da cana-de-açúcar. Em 2008, a empresa usou o material para criar o primeiro troféu de plástico do GP Brasil de Fórmula 1, desenhado por ninguém menos que Oscar Niemeyer. Naquele ano, o vencedor da corrida foi o brasileiro Felipe Massa. O "plástico verde" foi levado à Estação Espacial Internacional para a criação de peças no espaço, por meio de uma parceria com a empresa norte-americana Made in Space, fornecedora da Nasa.

O exame dos acontecimentos em retrospectiva sugere a esdrúxula coexistência de duas empresas numa só, conduzidas com mentalidades empresariais contrastantes. A empresa que anunciava sua presença no espaço sideral era a mesma que continuava escarafunchando o subsolo de Maceió, num processo de caráter colonial-extrativista, que levaria ao maior desastre socioambiental em área urbana do Brasil, revelado em 2018.

Antes, porém, a Braskem teria que responder por mais dois acidentes na fábrica de clorossoda, em maio de 2011, que atingiram trabalhadores e moradores das redondezas. O primeiro deles foi uma explosão seguida de um grande vazamento de gás cloro que provocou uma nuvem de fumaça tóxica. Houve pânico entre os moradores e 152 pessoas buscaram atendimento em hospitais da região, sendo 22 crianças. Os relatos eram de falta de ar, dor de cabeça, tosse, vômito, cansaço e desmaios. Algumas pessoas ficaram internadas em UTI. Dois dias depois, o rompimento de uma tubulação deixou cinco trabalhadores feridos, três deles em estado grave.

Segundo reportagem de Eliane Trindade na "Folha de S.Paulo", dois meses depois, uma auditoria do Ministério do Trabalho responsabilizou a Braskem pelos acidentes e apontou a pressão por resultados como causa de fundo das explosões. O relatório mostrou que a empresa manteve a produção de cloro mesmo com um problema grave de aumento de umidade e com um equipamento de segurança fora de operação por cem horas. Informou que a quantidade de gás cloro liberado no meio ambiente na primeira explosão ultrapassou em muito o limite tolerável à saúde humana. O auditor Elton Costa concluiu: "A unidade estava operando em voo cego".

Cegas e inertes pareciam estar as autoridades encarregadas de fiscalizar as operações da empresa diante de tantos problemas, ao longo de décadas. Tal inércia resultou num apagão institucional que se aprofundou com o passar dos anos. Em 1986, quando o país já se redemocratizava e começava a estabelecer os alicerces da legislação ambiental de hoje, a empresa teve uma grande oportunidade de regularizar suas atividades e, talvez, impedir a tragédia de 2018. Mas a chance foi conscientemente desperdiçada e contou com a complacência ativa do órgão fiscalizador, como veremos a seguir.

O LICENCIAMENTO

Em 1986, o Brasil vivia a transição entre a ditadura instaurada em 1964 e os primeiros ares democráticos. José Sarney era o presidente e o país teria uma nova Constituição dois anos depois. Nessa fase de avanços, o Brasil lançava as bases para a estrutura de proteção ambiental, com novas leis, regras e instâncias institucionais. Um dos instrumentos mais importantes e considerado marco histórico dessa construção legal e democrática é a chamada Resolução 001 do Conselho Nacional de Meio Ambiente (Conama), de 23 de janeiro de 1986.

A resolução determina a obrigatoriedade de apresentação do Estudo de Impacto Ambiental com seu respectivo Relatório de Impacto Ambiental, o chamado EIA-RIMA, para que empreendimentos com potencial impacto poluidor sejam analisados e tenham sua viabilidade autorizada ou não. O EIA-RIMA é o instrumento que subsidia as decisões dos técnicos e autoridades dos órgãos (estaduais e federais) responsáveis pela autorização e fiscalização dos empreendimentos. O Estudo de Impacto Ambiental é tão importante que os constituintes o incorporaram ao texto da Constituição aprovada em 1988. Faz parte do artigo 225, parágrafo 1º, inciso IV.

> Art. 225. Todos têm direito ao meio ambiente ecologicamente equilibrado, bem de uso comum do povo e essencial à sadia qualidade de vida, impondo-se ao Poder Público e à coletividade o dever de defendê-lo e preservá-lo para as presentes e futuras gerações.
> 1º Para assegurar a efetividade desse direito, incumbe ao Poder Público:
> (...)
> IV – Exigir, na forma da lei, para instalação de obra ou atividade potencialmente causadora de significativa degradação do meio ambiente, estudo prévio de impacto ambiental, a que se dará publicidade.

Voltemos a 1986. Para adaptar a mineração em Maceió à resolução do Conama, a então Salgema apresentou um documento – que seria o EIA-RIMA – à Coordenadoria de Meio Ambiente (ainda vinculada à Secretaria Estadual de Planejamento), em agosto de 1986. A Coordenadoria seria transformada no Instituto de Meio Ambiente de Alagoas em 1988. O documento embasou a concessão da primeira licença da Salgema, uma década depois do começo da exploração mineral. Ocorre que a parte mais importante do documento, o EIA, simplesmente desapareceu, se é que algum dia existiu. É importante compreender que o EIA é o estudo detalhado com todos os dados técnicos e relatórios necessários para a análise dos órgãos reguladores. O RIMA – que é parte integrante do conjunto de estudos – é um resumo do EIA em linguagem mais simples para compreensão do público em geral.

Nas investigações sobre o desastre nos bairros, o presidente do IMA, Gustavo Ressurreição Lopes, disse às autoridades que, quando chegou ao órgão, em 2015, o EIA já havia sido "extraviado". Não se sabe em que circunstâncias. Não restou uma única cópia do estudo que deveria conter os detalhes do empreendimento e que permitiria, hoje, saber quais os impactos previstos pela empresa e eventuais medidas mitigadoras. Sobrou apenas o RIMA, um resumo bastante superficial do empreendimento, como veremos mais adiante.

O Instituto de Meio Ambiente validou o funcionamento da mineração com o suposto EIA-RIMA (que não incluía a fábrica de clorossoda) e nunca mais pediu outro estudo à Salgema nem a suas sucessoras, Trikem e Braskem; não considerou importante cobrar um novo estudo que atualizasse possíveis impactos em decorrência do aumento do número de minas, autorizadas pelo próprio IMA; não levou em conta o adensamento populacional nos bairros, o avanço tecnológico de monitoramento e a evolução das regras de proteção ambiental, mais rigorosas à medida em que a ciência passou a ter mais conhecimento sobre as consequências de atividades industriais em ecossistemas naturais.

Além da licença em 1986, o IMA renovou a autorização da mineração em pelo menos mais três ocasiões: 2006, 2011 e 2016 (conforme o relatório final da CPI da Braskem, no Senado), cobrindo um período de 30 anos de escavações no subsolo dos bairros e de renovações automáticas. As renovações foram concedidas sem verificações *in loco*, baseadas apenas em relatórios fornecidos pela empresa, quando o empreendimento já triplicara o número de cavidades. Foi praticamente um processo de autolicenciamento, feito pela própria empresa, baseado em informações prestadas por ela, sem a checagem do órgão fiscalizador.

A última renovação – dois anos antes do tremor de terra – foi concedida em 16 de maio de 2016, com validade de seis anos, até 31 de março de 2022, e assinada por Gustavo Ressurreição Lopes, nomeado em 2015, no governo de Renan Calheiros

Filho. Em 2024, quando prestou depoimento à CPI da Braskem, no Senado, Ressurreição estava no cargo havia quase dez anos, sendo o mais longevo presidente do IMA. Fora mantido no comando da instituição pelo governador Paulo Suruagy Dantas, aliado do clã político dos Calheiros e sobrinho do governador Divaldo Suruagy, aquele que tanto se empenhara pela implantação da Salgema em Maceió, décadas antes.

O RIMA da Salgema é, portanto, o único registro disponível para a compreensão da extrema fragilidade do licenciamento, renovado sucessivamente de maneira leniente pelo órgão ambiental estadual. Chega-se a tal conclusão tanto pelo que o documento informa como pelo que deixa de informar em suas 89 páginas. Por se tratar de uma operação que em curso já há dez anos, os impactos e consequências deveriam estar bem documentados, mas não é isso que o RIMA apresenta, muito pelo contrário. O RIMA é muito mais uma defesa das vantagens econômicas da mineração do que uma análise de impactos ambientais. A empresa tenta convencer as autoridades de que o processo de abertura das minas é simples e inofensivo, comparando-o, inclusive, à captação de água subterrânea.

Quando o RIMA foi feito, a Salgema contava com 11 "poços profundos" para lavra, sendo que dois seriam desativados em 1986. E estavam previstos oito "poços profundos futuros". Ou seja, em pouco tempo seriam 19 poços (que chegariam a 35 na época do tremor de terra, em 2018, entre os ativos e inativos). O documento faz uma observação: "É importante destacar que não serão perfurados poços para lavra do sal-gema dentro das águas da Lagoa Mundaú nem nas áreas de mangues. Esses poços sempre serão locados em terrenos consolidados".

Não foi bem o que aconteceu. De fato, os poços só podem ser operados em terra firme. Mas a sonda de perfuração nem sempre atravessa o subsolo em uma linha vertical reta. Em muitas situações, ela faz desvios para alcançar a jazida (que tem formato irregular) e, por isso, algumas minas estão sob o leito da Lagoa Mundaú. É o caso da mina 18, no Mutange, que se rompeu em 10 de dezembro de 2023.

O RIMA explica que a jazida de sal-gema, lavrada à época, localizava-se no Bebedouro, bairro histórico de Maceió, portanto, já densamente povoado. O mineral, "de elevada pureza", se encontrava em camadas horizontais no subsolo, em profundidades entre 900 e 1.160 metros, intercaladas com camadas de outros tipos de solo e rochas. O relatório estima a vida útil de um poço entre 12 e 14 anos e diz que cada cavidade foi projetada para produzir até 60 mil toneladas de sal por ano.

O RIMA não informa o tamanho de cada mina já em operação nem a distância entre elas. Traz apenas uma consideração genérica: "Recomenda-se que a distância entre os poços de extração seja de cem metros e que a área de dissolução de cada cavidade não ultrapasse o diâmetro máximo de 60 metros, para que se mantenha uma distância mínima de 40 metros". Como já vimos, essa recomendação não foi seguida. Isso ficou claro no estudo do Serviço Geológico do Brasil (SGB), que detectou a união de algumas minas por serem muito grandes e estarem próximas umas das outras, sem respeitar parâmetros de segurança. É oportuno lembrar que o SGB calculou que foram extraídos dez milhões de metros cúbicos de sal-gema nas 35 cavidades, ao longo de 40 anos. Isso equivale a três estádios do Maracanã cheios.

A abertura de cada poço custava, na época, cerca de U$S 1 milhão, sendo que "o sal recuperado por poço deverá ser em quantidade suficiente para justificar o investimento efetuado na perfuração e montagem, além das instalações de superfície". Diz ainda que "a recuperação *(de sal-gema)* por poço poderá ser maior, desde que seja revisto o projeto, acrescendo-se a dimensão final da cavidade e reduzindo o espaçamento entre elas, desde que o nível de segurança seja mantido". A empresa não especifica que "nível de segurança" é esse, como é calculado e assegurado. Ou seja, involuntariamente, admite um gerenciamento de risco que está na origem do desastre.

O RIMA explica o método de exploração: "A extração das camadas profundas de sal-gema está baseada na perfuração (com sondas rotativas) e construção de poços profundos, semelhantes aos utilizados na captação de água subterrânea. Esses poços são posteriormente utilizados para injeção de água, obtida de outros poços mais rasos, provocando a dissolução das camadas de sal-gema. Por meio de uma tubulação específica, a solução salina (salmoura) retorna à superfície, indo para um tanque de armazenamento, de onde, por meio de um salmouroduto, é enviada para a planta industrial (a fábrica de clorossoda)".

De acordo com o relatório, as cavidades formadas após a dissolução e extração do sal seriam preenchidas com água e monitoradas por sonar, o que permitiria controlar a evolução da forma e tamanho das cavernas. O RIMA não apresenta o resultado de nenhum sonar em dez anos de atividades. Explica que "a aplicação do equipamento exige a paralisação dos trabalhos de produção no poço a ser avaliado, uma vez que o equipamento é colocado por meio de um cabo" e acrescenta que a técnica "possibilita efetuar algumas correções no processo de dissolução, permitindo, inclusive, otimizar a própria produção do poço".

O RIMA repete várias vezes a comparação com a captação de água subterrânea de forma a minimizar o risco de se escavar o subsolo em área urbana: "A simplicidade do método de exploração a ser aplicado na lavra subterrânea da *(sic)* sal-gema é idêntico ao aplicado na obtenção de água subterrânea. São de tal forma inócuos ao meio ambiente que são até mesmo aplicados em áreas de elevada densidade urbana e ainda nas que exigem níveis mínimos de ruídos, como hospitais".

Em nenhum trecho do RIMA é levantada a possibilidade de subsidência, que é o afundamento do solo. Essas palavras nem sequer aparecem no relatório. O tema é ignorado mesmo havendo inúmeros estudos e referências científicas nacionais e internacionais sobre o risco de rebaixamento do solo em decorrência da extração de sal-gema. Fica claro no documento que a empresa minimizou riscos e a possibilidade de acidente.

Até mesmo o relatório da famosa Comissão Suruagy, que se destinava a chancelar a presença da fábrica de clorossoda no bairro do Pontal, admitira o risco de afundamento ao analisar a extração mineral. O relatório, divulgado em 1984, ressaltava que "se não forem observadas as dimensões das cavernas, poderá oferecer acentuado perigo, com desabamento das paredes e consequente afundamento do solo na superfície".

O RIMA apresentado pela empresa informa que a mineração não provocaria nem o mais leve dano ambiental e conclui de forma categórica: "Não serão provocadas alterações ou comprometimentos ambientais de nenhuma forma, seja no aspecto visual, sonoro, químico ou físico. Da mesma forma, não serão afetados nem o ar, o solo, o subsolo e os recursos hídricos durante a fase de produção. A única modificação direta da fase de operação ocorre no subsolo, pela substituição, a cerca de 900 metros de profundidade, de partes localizadas da camada de sal, por água. Na verdade, é praticamente apenas uma operação de substituição. Em relação à presença dessas cavidades subterrâneas, preenchidas com água, não se deve ter qualquer preocupação ambiental, uma vez que suas dimensões são totalmente controladas e previamente determinadas, e estão recobertas por camadas consolidadas de folhelhos e calcários. Nesse aspecto, pode-se admitir uma **segurança ambiental total** *(grifo meu)* em relação ao projeto do empreendimento descrito".

O documento não traz elementos que sustentem essa conclusão, inclusive porque ressalta que o ecossistema da Lagoa Mundaú e os bairros onde a mineração vinha sendo feita havia dez anos não tinham sido estudados com profundidade. Sobre a lagoa, o documento afirma apenas que cobre uma área de 23 quilômetros quadrados, com volume de água de 6.170.000 metros cúbicos e sua profundidade vai até sete metros. Diz ainda que "é um ecossistema altamente produtivo, e se constitui em importante fonte de alimentos, sendo considerada a área de maior produção pesqueira do estado", berço do sururu, o molusco mais famoso da culinária alagoana. E acrescenta: "São aproximadamente 150 mil pessoas (considerando toda a extensão da lagoa) que vivem quase que exclusivamente da pesca às suas margens, esquecidas dos governos, morrendo à míngua".

Sobre os bairros, o relatório conta um pouco de sua história e ocupação. Menciona que Maceió teria sua origem em uma sesmaria doada nos tempos da colônia a Apolinário Fernandes Padilha, a quem se atribui a fundação do engenho Massayó. Explica que Bebedouro, um dos bairros onde a mineração se instalou, se formou a partir de um antigo caminho das tropas que vinham do interior e passavam por um riacho, onde os cavalos paravam para matar a sede. Outro bairro próximo, o Mutange, tinha 1.732 habitantes em 1980, segundo o IBGE. São informações esparsas, mas não deixam dúvidas sobre a presença de moradores e de infraestrutura urbana convivendo perigosamente com a mineração abaixo de seus pés.

O RIMA é meramente descritivo e não analítico, como seria de se esperar de um relatório que deveria avaliar impactos de uma atividade como a mineração. Mesmo reconhecendo não ter analisado a fundo as áreas onde o empreendimento estava instalado, o RIMA enumera tudo o que não será afetado pela mineração:

1 – A pesca na lagoa "não sofrerá qualquer tipo de alteração ou influência";

2 – A forma de uso e ocupação do solo urbano "na área do empreendimento e seus arredores não será influenciada ou distorcida";

3 – A infraestrutura pública, "como as redes de água, luz, esgoto e transporte, não será objeto de interferências ou consequências decorrentes do empreendimento";

4 – "A relação e convivência do empreendimento com aspectos culturais, históricos e mesmo arqueológicos será pacífica".

E conclui: "Os fatores de ordem social e econômica descritos não sofrerão alteração que possa significar alguma forma de impacto social". No anexo do documento, fotografias mostram a proximidade entre as residências e a área de mineração, com a localização de alguns poços. Uma das legendas diz: "Notar o convívio pacífico da atividade mineral com o conjunto habitacional, a vegetação e a lagoa". Uma outra foto mostra o Loteamento Bosque Mundaú com três poços no seu entorno.

Décadas de exploração predatória e 32 anos depois deste relatório – usado como base para renovar o licenciamento até 2016 – aconteceria exatamente o contrário de todas as conclusões nele apresentadas. O afundamento do solo, crateras nas ruas e rachaduras nas casas trouxeram, de súbito e sem aviso, uma onda avassaladora de medo, instabilidade e incerteza nas vidas de milhares de pessoas.

Se os riscos socioambientais são minimizados, os supostos benefícios econômicos são maximizados. O RIMA destaca que o sal-gema "é fator de desenvolvimento econômico e social do Estado", proporcionando a criação de 1.200 empregos (na indústria química associada e não apenas na mineração, que empregava muito menos). O peso da empresa na arrecadação de impostos é destacado: "(...) a participação da Salgema Mineração Ltda é extremamente valiosa, pois contribui com 40,9% (exercício de 1983) do valor do I.U.M. (Imposto Único sobre Minerais) arrecadado".

O documento destaca que o cloro e a soda cáustica produzidos pela Salgema alimentariam indústrias "satélites" a serem implantadas no polo cloroquímico (em Marechal Deodoro), "em adiantada fase de instalação (...) e que, segundo as autoridades governamentais, será a redenção econômica de Alagoas". E ainda reforça o discurso presente em todos os manuais de marketing empresarial: "O objetivo de todo desenvolvimento socioeconômico deve ser, em última instância, a melhoria da qualidade de vida dos seres humanos".

Funcionários da Braskem tapavam os imóveis deixados pelos moradores assim que eles saíam. Foram apelidados de "coveiros" porque, simbolicamente, enterraram os bairros

Por último, o RIMA menciona a relação da empresa com as comunidades ao seu redor: "(...) a atuação social da Salgema Mineração Ltda se manifesta através de ações diárias como o fornecimento à população das águas dos seus poços quando da falta eventual pelo abastecimento público, do apoio telefônico dos seus escritórios para situação de emergência, e no transporte de diversos casos de urgência, com suas viaturas. Outro caso digno de registro é uma área entre dois poços, cedida para a população vizinha, desde 1978, para utilização para plantações e culturas diversificadas e com colheita periódica".

Com uma mão, a empresa minava o futuro das famílias e, com a outra, lhes dava migalhas no vácuo de um poder público surdo às necessidades da população mais pobre, mas que estende tapete vermelho para o poder econômico. Chama a atenção no RIMA como os bairros habitados são tratados como mero detalhe e não como impeditivo à abertura do campo de mineração. As pessoas já estavam lá, os bairros já estavam lá. Mas é como se fossem invisíveis na superfície, enquanto as sondas perfuravam as entranhas da terra, num lento e implacável processo de devastação.

Em 1986, a exploração mineral em área urbana, em Maceió, era um fato consumado e o RIMA serviu apenas para a empresa receber o "de acordo" do órgão de licenciamento estadual diante da nova legislação federal. Foi uma oportunidade perdida de impedir a continuidade de um empreendimento contaminado em sua origem pela irracionalidade. As renovações de licenças seriam chances desperdiçadas pela mansidão do órgão estadual.

Em 2019, um ano depois do desastre, o Ministério Público Federal em Alagoas avaliou como "temerário" o Instituto de Meio Ambiente de Alagoas não ter exigido EIA-RIMA atualizado, considerando que a empresa extraiu cerca de uma tonelada de sal-gema de cada mina durante quase 40 anos.

Em 13 de março de 2024, a CPI da Braskem no Senado cobrou de Gustavo Ressurreição Lopes o desaparecimento do EIA. Ele respondeu apenas que "processos sumiam, eram extraviados" do arquivo físico, antes de sua chegada ao órgão, quando o acervo passou a ser digitalizado. Disse que as licenças que foram dadas abrangiam "a poligonal da lavra" como um todo e os novos poços eram simplesmente "colocados" nas renovações. E completou: "Na renovação da licença, não se analisa o EIA-RIMA novamente. Isso foi ultrapassado". O presidente da CPI, senador Omar Aziz (PSD-AM), ponderou que o órgão ambiental deveria ter cobrado da empresa estudos atualizados, já que a operação mineral havia aumentado e a legislação ambiental fora aprimorada ao longo dos anos. "O EIA-RIMA de 86, hoje, não seria aprovado em lugar algum", ressaltou Aziz.

Pedi uma entrevista a Gustavo Ressurreição Lopes por meio da assessoria de imprensa do IMA. Ele não quis se manifestar. No fim de 2024, a Polícia Federal concluiu o inquérito sobre o caso Braskem e indiciou Ressurreição e mais 18 pessoas, além da própria empresa. O indiciamento não alterou a posição de Gustavo Ressurreição Lopes, que continuava à frente do IMA até a conclusão deste livro.

Procurei outras duas pessoas que poderiam elucidar a história do EIA-RIMA. Em 1986, o engenheiro de pesca José Roberto Fonseca estava no comando da Coordenadoria de Meio Ambiente (CMA), onde já trabalhava há mais de dez anos. Quando a coordenadoria se tornou IMA, Fonseca foi seu primeiro presidente e ficou no posto até 1989. Aos 73 anos, ele me disse por telefone lembrar-se da polêmica em torno da instalação da Salgema, em especial com relação à fábrica de clorossoda. Sobre a mineração, disse que, pelas informações que recebeu da empresa na época, era um procedimento "seguro", mesmo com pessoas morando em cima das minas. Perguntei sobre o EIA-RIMA e Fonseca não se recordava do documento. Mandei a ele uma cópia do RIMA e combinamos de voltar a conversar dias depois. Insisti durante dois meses, mas Fonseca não respondeu mais às minhas tentativas.

Outra pessoa que procurei foi o então presidente da Salgema, Ronaldo Miragaya. Localizei parentes dele que me informaram sobre sua morte, em 29 de julho de 2014, aos 75 anos. Por fim, perguntei se a Braskem teria alguma cópia do EIA-RIMA completo nos arquivos herdados da antiga Salgema. A empresa respondeu que não.

Ao longo das décadas, a renovação das licenças para a mineração de sal-gema mostrou-se um mero check list de documentos, sem fiscalização em campo, baseado em um RIMA frágil e insuficiente. O RIMA apresenta uma estranheza que salta aos olhos. Traz os nomes de quatro pessoas como autoras do relatório, mas não tem suas assinaturas. Há apenas o que parecem ser duas rubricas, mas não dá para identificar seus supostos autores. A esse respeito, porém, Ressurreição não foi questionado pela CPI. São quatro nomes que compõem a "equipe técnica" do RIMA, identificados como dois geólogos, um advogado e uma geógrafa. Decidi procurá-los.

A GEÓGRAFA

O Relatório de Impacto Ambiental (RIMA) que a Salgema entregou à Coordenadoria de Meio Ambiente (CMA), em 1986, é atribuído a quatro pessoas: os geólogos Nivaldo José Chiossi e Miguel Luiz Morad Noronha, a geógrafa Jovesi de Almeida Costa e o advogado Dorival de Carvalho.

Localizei por telefone a professora Jovesi de Almeida Costa, 82 anos, aposentada da Universidade Federal de Alagoas, quando ela se recuperava de uma cirurgia que a levara a uma internação de 33 dias numa UTI, em Maceió. "O médico me falou que foi um milagre eu ter sobrevivido", ela me disse. Expliquei que gostaria de ouvi-la sobre o RIMA da Salgema, de décadas atrás, que trazia o nome dela entre os autores. Perguntei se lembrava do trabalho e dos outros nomes da equipe que apareciam no documento. A professora não lembrava nem do RIMA nem dos nomes. Pareceu-me perplexa. "Não conheço nenhuma dessas pessoas. Não sei por que meu nome está nesse documento. Eu era professora de geomorfologia. Dei aula durante 35 anos. Nunca tive relação com a Salgema. Inclusive, trouxe o geógrafo Aziz Ab'Saber, da Universidade de São Paulo, para um curso de especialização, e ele achou um absurdo o que a empresa estava fazendo em Maceió: 'Como fazem isso dentro de uma cidade, em região de praia e dunas quaternárias? Isso é perigoso'. Também disse a ele que achava perigoso e que tinham surgido problemas de intoxicação entre os moradores no Pontal. Botaram meu nome nesse documento sem eu saber. Não lembro dessas pessoas".

Perguntei a ela se poderia mandar uma cópia do RIMA para que o examinasse com atenção e, então, voltaríamos a conversar. Ela concordou e pediu algum tempo para ler com calma porque estava se recuperando da cirurgia. Dias depois, me telefonou e reforçou o que já havia dito. Com mais detalhes e maior gravidade. Ela identificou que o RIMA tinha muitas informações da sua tese de mestrado e que alguns trechos eram praticamente iguais ao do seu texto. Repetiu que nunca trabalhou para a Salgema e sempre teve críticas à atuação da empresa. Acrescentou que parentes seus, moradores do Pinheiro, eram vítimas do desastre da Braskem e haviam sofrido com a remoção forçada. "Pessoas de minha família morreram aperreadas porque perderam a casa. Nunca indenizaram pelo preço justo. Eu também morei lá, durante 18 anos, no condomínio Morada das Árvores, mas já tinha saído antes do desastre. Não passo lá porque choro. Parece um cemitério".

Sobre seu nome constar no RIMA, ela acrescentou: "Acredito que eles tiraram da minha monografia do mestrado a parte que descreve o ambiente natural. Um relatório desse beneficia a empresa. Falam que não haveria impacto na água, no ar, na vegetação e não lembraram de falar sobre o preenchimento dos vazios, sobre o perigo de não preencher. É uma fraude. Nunca soube do meu nome nesse relatório e tem dados errados sobre a minha formação acadêmica. É mais uma prova de que nunca tive contato com a Salgema. E não tem minha assinatura. É muito estranho. Nunca me pediram autorização para usar meu nome. Isso é horrível, é errado. Eu até entraria com uma ação, mas, na minha idade, vou deixar pra lá".

Diante da gravidade das declarações, decidi entrevistá-la pessoalmente. Ela me recebeu no apartamento em que mora com duas de suas irmãs. Conversamos um pouco sobre sua família, que migrou de Atalaia para Maceió quando ela era jovem, e sua trajetória acadêmica. A professora é de uma família de oito irmãos. Queria ser geóloga, mas como na época de seus estudos não havia esse curso em Maceió, optou por geografia. Depois da graduação na Universidade Federal de Alagoas, fez especialização em Brasília, em 1974, e mestrado em geociências na Universidade Federal da Bahia, em 1980, sob a orientação da professora Teresa Cardoso da Silva, quando apresentou a dissertação "A geomorfologia da área de Maceió". Pela gravidade do que ela afirma, transcrevo os trechos principais da nossa conversa.

– Professora, a senhora leu e releu o RIMA que lhe mandei. A senhora confirma que não tem nada a ver com aquilo?

– Não tenho, Cristina. Não tenho. Não sei como é que eles fizeram uma coisa daquela. Por que colocar o meu nome? Acho que foi porque, como eu era geógrafa, e tinha feito mestrado há pouco tempo... Aí, colocaram meu nome. Eles copiaram algumas coisas da monografia e acrescentaram outras. Tiraram da monografia do mestrado que fiz na Universidade Federal da Bahia. Mas tem um erro aí. Eles botaram que eu tinha feito o mestrado na Universidade de Brasília. Na UnB, fiz um curso de especialização de quatro meses.

– Por que será que usaram o seu nome?

– Não sei. Eu tinha entrado na universidade *(UFAL)* fazia pouco tempo, por concurso. Me dediquei à geografia física. Encontraram o trabalho, pegaram e aproveitaram. Usaram meu nome maldosamente, infelizmente. Até falei com meus irmãos. Mas eles disseram para eu não me preocupar. Fico chateada por ter o nome numa coisa dessa. É uma fraude. Tudo isso por dinheiro... Como meu nome surgiu nisso? Sinto que fui usada, sem saber como nem o porquê. Como é que botam o meu nome sem nunca terem entrado em contato comigo nem nada? E com dados errados. Mas Deus toma conta. Nunca participei, não ganhei dinheiro com isso e meu nome está aqui... Meu Deus do céu! Quando você me procurou, fiquei horrorizada e contei pra minha família toda.

– A senhora pensou em procurar um advogado? Abrir um processo?

– Não pensei, não. Eu digo que já estou perto da morte. Deus já me livrou de morrer. Tive uma hemorragia intestinal e Deus me tirou da UTI. Quero um resto de vida tranquilo. Nada paga o meu sossego.

– Como geógrafa, o que a senhora acha que faltou no RIMA? O que o documento devia trazer como preocupação e não trouxe?

– Eles não avaliaram todos os impactos. Foram muito pobres na questão do impacto. Não pensaram no que poderia acontecer tirando o sal por baixo. Foi uma análise fraca. A subsidência nem aparece no relatório e era a grande preocupação que tínhamos na universidade. Eles tinham que mostrar todos os processos. Isso deveria estar bem claro no RIMA, dizer como aquelas crateras seriam preenchidas. Principalmente, sabendo que a região é frágil, uma região sedimentar. Numa região sedimentar, se tiram alguma coisa e não colocam nada ali para segurar...

– Uma região sedimentar quer dizer o quê? Que tipo de solo?

– É um solo em que as camadas vão se sobrepondo, é a formação Barreiras. Nessa formação, vem uma camada, depois outra camada. Uma vai se sobrepondo à outra. Se você vai tirando aquelas camadas, ou parte delas, depois tem que haver uma acomodação. O mar era dono de tudo, aí foi recuando e foram se depositando essas camadas, à medida em que ele foi recuando. Por isso é que a gente tem essa parte do mar que ficou ali dentro e então formou aquele sal, usado na indústria química. Não é o sal marinho, tirado da água do mar através da evaporação.

– Quando conversamos por telefone, a senhora me contou de uma visita que o geógrafo Aziz Ab'Saber fez a Maceió e que ele viu a fábrica da Salgema na Praia do Pontal. O que ele falou sobre isso?

– Ele veio dar uma aula no curso de especialização que estava tendo na universidade. Eu buscava e levava o professor na universidade. Um dia, ele me disse: 'Vamos olhar onde é que está se instalando essa Salgema'. E fomos até lá. Ele ficou horrorizado e disse: 'Como é que se instala uma indústria altamente perigosa dentro de uma cidade e nessa praia?'. Era uma praia com muitas dunas porque fica justamente na restinga. Parte da cidade de Maceió é uma restinga. O professor Ivan Fernandes Lima foi quem deu o nome Cidade Restinga. O professor Ab'Saber ficou horrorizado e disse que podiam ter colocado em outro lugar, mas não dentro da cidade.

– Naquela época, quem mais se preocupou, aqui em Maceió, com a Salgema?

– Na universidade, conversávamos muito. Nossa preocupação era como iriam preencher as cavidades. E o professor José Geraldo, biólogo, falava abertamente que não podia ser daquele jeito. Ele dizia: 'Isso vai ser um desastre'. Acabou perdendo o emprego *(na Coordenadoria de Meio Ambiente)*. Falou, falou e, no final das contas, ele tinha razão.

– A senhora voltou ao Pinheiro depois do desastre?

– Quando passo no Pinheiro, eu choro. Aquilo era um bairro tão bom... À tarde, as pessoas passeavam pela praça. Muita gente conhecida morava lá. Moravam em casas e agora moram em apartamentozinhos. É tanta gente... A sogra do meu irmão, a Dalva, morava lá. Foi indenizada, mas já era idosa, muito apegada à casa. Ela e a filha mais nova, Raquel, foram para uma outra casa, mas passaram poucos anos. As duas morreram. Acho que a angústia contribuiu, né? Tiveram que se desfazer de muita coisa. A Braskem já fez muito mal a Alagoas. Só queria que ela saísse daqui.

Pedi à professora uma cópia da sua dissertação para verificar os trechos usados no RIMA. A dissertação tem 133 páginas e, de fato, foi possível encontrar trechos praticamente copiados no RIMA. Como, por exemplo, um que explica a formação de um tipo de relevo chamado de "tabuleiro".

O trecho na tese da professora diz: "Compreende os terrenos plio-pleistocênicos que ocorrem de maneira quase absoluta na área. É uma sequência litológica contínua, de sedimentos pouco ou inconsolidados, variegados, que ocorrem ao longo da costa Atlântica, desde o Pará até o Rio de Janeiro. Litologicamente, apresenta variações de argila a conglomerados e, em geral, aparece com estratificação irregular e muito indistinta". O RIMA apenas acrescentou que os tabuleiros "fazem parte do chamado Grupo Barreiras". A professora Jovesi descreve as encostas dos tabuleiros: "São encostas que podem ser enquadradas dentro da classificação de DE TROEH (1965), como encostas de lavagem, tanto de chuva, como laminar e por filetes de água". O RIMA copiou o trecho inteiro, sem aspas e sem informar a fonte.

A professora também analisou o ambiente de restinga e de dunas que se estendia a partir da Praia do Sobral até o encontro da Lagoa Mundaú com o oceano. Na época, as dunas alcançavam até 15 metros de altura. Ela observou: "Atualmente, estão sendo destruídas pela implantação industrial na área. (...) Atualmente, *(a restinga)* está passando por modificações em consequência da construção sobre ela do cais para escoamento da produção da Salgema Indústrias Químicas S.A. Após essa construção, o ponto a cerca de 500 metros ao norte começou a sofrer violento processo erosivo, que chegou a atingir e destruir parte da estrada, o que tornou necessária a construção de um muro de proteção que, atualmente, está sofrendo a ação erosiva do mar". O RIMA usou várias informações e expressões da tese sobre a restinga e as dunas. Mas, ao falar da destruição das dunas, disse que elas "vêm sendo sistematicamente destruídas pela ação antrópica *(humana)*, que tem quebrado assim o equilíbrio daquele sistema". O uso de uma expressão genérica ("ação antrópica") camufla a destruição provocada pela própria Salgema, mencionada claramente pela professora.

A dissertação de mestrado da professora Jovesi Costa está relacionada na bibliografia do RIMA. Mas isso não autoriza a empresa, sob hipótese alguma, a apresentar a professora como integrante da "equipe técnica" que, supostamente, elaborou o documento. As revelações da professora na entrevista para este livro indicam a suspeita de que a empresa entregou ao órgão público um documento fraudulento, que deveria ter invalidado a concessão da licença de 1986 e de todas as renovações subsequentes baseadas no mesmo RIMA.

Para reforçar a gravidade de tudo isso, é importante lembrar que o RIMA seria o resumo de um misterioso EIA. O alegado desaparecimento do estudo principal deveria ter ensejado a realização de novos EIAs que analisassem a ampliação da mineração e embasassem as renovações. Como sabemos, o órgão ambiental não cumpriu seu papel e o resultado é um licenciamento frágil e repleto de suspeitas de irregularidades, para dizer o mínimo.

Procurei os demais nomes da "equipe técnica". O geólogo Nivaldo Chiossi estava de férias na Praia do Forte, litoral baiano, quando falamos pela primeira vez. Expliquei que queria entrevistá-lo sobre o RIMA da Salgema em que ele era mencionado como um dos autores. Chiossi foi cordial e me pediu apenas que aguardasse seu retorno das férias. Pareceu lembrar muito bem do assunto e escreveu no WhatsApp: "Com o maior prazer, estou à sua disposição e espero ajudá-la. Estarei em São Paulo no dia 21, aguardando seu contato, e agradeço sua gentileza com essa entrevista. Aqui na Praia do Forte, outro mundo. Sol, praia, muita música e comida boa. Grande abraço e muito obrigado!!!!".

Segundo o currículo de Chiossi descrito no RIMA, ele se formou no Instituto de Geociências da Universidade Federal do Rio de Janeiro, em 1962. Construiu carreira profissional em São Paulo, em cargos públicos e privados. Trabalhou na Secretaria de Obras e Saneamento do estado, na Companhia de Tecnologia e Saneamento Ambiental (Cetesb), no Metrô, na Empresa Metropolitana de Planejamento da Grande São Paulo (Emplasa), na Promom Engenharia e na Internacional de Engenharia. Era professor de geologia na Escola de Engenharia de Lins (SP) e autor do livro "Geologia aplicada à engenharia", publicado pela Universidade de São Paulo (USP). Também publicou "mais de 30 trabalhos técnicos", três deles citados na bibliografia do RIMA. Nenhum, porém, sobre Maceió, Alagoas ou sobre o Nordeste. Todos sobre São Paulo.

Dias depois, conforme o combinado, voltei a procurar Chiossi. A princípio, ele me ignorou. Diante da insistência, respondeu: "Boa noite. Infelizmente, não posso marcar nossa conversa, pois estou completando 91 anos com deficiência física e mental. Sinto muito!!!". O turista animado de dias atrás se tornara um idoso adoentado e desmemoriado. Ficou claro que a cordialidade do primeiro contato fora uma estratégia para ganhar tempo e pensar em uma boa desculpa para me dispensar ou consultar uma assessoria jurídica. Mas insisti, pedindo que ele, ao menos, lesse o RIMA. Quem sabe não refrescasse a memória? Ele concordou.

Quando o procurei novamente, a mesma desculpa: "Impossível para mim, com 91 anos, lembrar de fatos de 50 anos atrás. Sinto muito!!". Nossas conversas por WhatsApp tornaram-se surreais. Ele não lembrava se tinha escrito o EIA-RIMA, se tinha ido a Salgema nem se tinha ido a Maceió alguma vez na vida. Eu o procurei uma última vez e ele respondeu: "Já coloquei para você tudo que ainda lembro. Os problemas da mineração ocorreram pela falta de fiscalização dos órgãos ambientais municipais e estaduais. Relembro que estou com 91 anos e não fiz nada!!!! Por favor, procura os órgãos ambientais!!!!", recomendou-me, com ênfase nas exclamações.

O outro geólogo da "equipe técnica" é Miguel Luiz Morad Noronha. Seu currículo, bem curto e sem relação com mineração ou com Maceió, aponta coincidências com o de Chiossi. Também trabalhou na Secretaria de Obras e Saneamento de São Paulo, na Cetesb e na Emplasa. Formou-se no Instituto de Geociências da USP. Localizei-o na BMPI-Infra, empresa de infraestrutura da qual é sócio-diretor, e expliquei do que se tratava para sua secretária. Dias depois, ela me respondeu que Miguel Luiz Noronha "não quer falar sobre o assunto".

Faltava o quarto integrante, identificado como o advogado Dorival de Carvalho, bacharel pela Faculdades Metropolitanas Unidas (FMU) e com toda sua carreira em São Paulo. Foi advogado da Montreal Engenharia, Hidroservice e do Metrô. Nada em seu currículo indicava trabalhos relacionados à mineração e a Maceió. Encontrei três endereços, quatro telefones e dois e-mails de Dorival. Os números de telefone nunca atenderam e os e-mails, aparentemente, não estavam mais em uso. Fui aos três endereços, todos no mesmo bairro da capital paulista. Conversei com vizinhos e porteiros. Não souberam me dar qualquer informação sobre seu paradeiro. Decidi encerrar as tentativas de localizá-lo.

A PORTA GIRATÓRIA

A omissão e a leniência do Instituto de Meio Ambiente de Alagoas ficariam mais uma vez evidentes em 2005, quando a empresa, já como Braskem, pediu uma licença para perfuração de poços. Note que aqui estamos dando um salto de 19 anos depois do RIMA de 1986 porque nesse intervalo de tempo há um vácuo documental sobre a mineração de sal-gema em Maceió.

Segundo o próprio órgão, os documentos devem ter sido "extraviados", tal como o famoso EIA. Ou seja, o histórico da empresa, desde os tempos de Salgema, passando por Trikem e até chegar aos primeiros anos de Braskem (a partir de 2002), simplesmente não existe no órgão ambiental. Isso foi informado pelo IMA à CPI da Braskem no Senado por meio de ofício.

Em 2005, o meio ambiente já se tornara preocupação de governos e da sociedade civil em todo o mundo. No Brasil, o tema ganhara relevo, sobretudo, a partir da Conferência das Nações Unidas sobre Meio Ambiente e Desenvolvimento, em junho de 1992. A cúpula, conhecida como ECO-92 e RIO-92, fora o maior evento organizado pela ONU até então, quando o presidente do Brasil era o alagoano Fernando Collor de Mello. A conferência levou ao Rio de Janeiro 108 chefes de Estado e de Governo, delegações de 172 países, dez mil jornalistas e 1.400 organizações não governamentais. Em paralelo, outras sete mil ONGs organizaram um evento não oficial, o Fórum Global, no Aterro do Flamengo, reverberando as discussões da cúpula oficial, no Riocentro, para setores muito mais amplos da sociedade.

A conferência foi considerada um grande sucesso, mas os números não dizem tudo. O mais significativo a realçar é o fato de que a ECO-92 se tornou a confluência de esforços que vinham de décadas, desde a Conferência de Meio Ambiente em Estocolmo, em 1972, e a divulgação do Relatório Brundtland, em 1987, resultado de quatro anos de trabalho da Comissão Mundial para o Meio Ambiente e o Desenvolvimento, instituída pela Assembleia Geral da ONU. O relatório consagra a definição de desenvolvimento sustentável: "Desenvolvimento sustentável é o desenvolvimento que atende às necessidades do presente sem comprometer a capacidade das gerações futuras de atender suas próprias necessidades".

No Brasil, a legislação evoluíra bastante. Instrumentos de proteção ambiental foram criados ou aperfeiçoados, a classificação de crimes ambientais foi ampliada e o EIA-RIMA se consolidou como ferramenta fundamental para avaliação de impactos poluidores. Porém, não basta ter boas leis. É preciso que as instituições e as pessoas que as ocupam estejam dispostas a aplicá-las. Não foi o caso do Instituto de Meio Ambiente em relação à Braskem.

Em 12 de abril de 2005, a Braskem pediu ao órgão estadual uma licença prévia para perfurar dez novos poços de extração de sal-gema. Seriam os poços 29 a 38. Foi um processo cartorial, com preenchimento de formulário, envio de certidões e pagamento de taxas, sem que o órgão ambiental fizesse qualquer inspeção em campo para verificar como estava a mineração realizada já havia três décadas em plena área urbana. Conforme a documentação apurada pela CPI da Braskem, o primeiro parecer técnico no processo 1.792/2005 é assinado pelo geólogo do IMA Ricardo José Queiroz dos Santos, que concluiu pela dispensa da apresentação de Estudo de Impacto Ambiental (EIA-RIMA) e pela aprovação da licença, a despeito de ele mesmo considerar o "índice de ocupação residencial elevadíssimo". Repito: o geólogo considerou desnecessária a elaboração de estudo de impacto para abertura de dez novos poços em área residencial!

A seguir, trechos do parecer em que ele recomenda a concessão da licença: "No espaço do sal-gema extraído, fica uma cavidade preenchida com salmoura, cujo processo é controlado por válvulas. Todo o processo de lavra é atualizado e o plano de lavra, entregue ao DNPM *(Departamento Nacional de Produção Mineral, atual Agência Nacional de Mineração)*. As cavidades mantêm uma distância mínima de 150 metros entre si. O processo é utilizado desde meados da década de 70 sem danos ambientais, o que rendeu à planta de mineração a certificação ISSO *(sic)* 14.000 e 9.001. (...) O procedimento deste tipo de lavra é usual e utilizado há bastante tempo em Maceió e no mundo, sem ter havido danos ao meio ambiente".

Impressiona a superficialidade com que o técnico avaliou a mineração. Na época, a literatura sobre acidentes no mundo era de amplo conhecimento no meio científico. O parecer tem como base informações do "memorial descritivo" fornecido pela própria empresa. A avaliação do geólogo é tão simplória que o representante da Procuradoria Geral do Estado junto ao IMA, Valdely Tenório de Albuquerque, pediu à diretoria técnica uma "declaração motivada sobre a exigência, ou não, de EIA-RIMA", antes que a questão fosse submetida ao Conselho Estadual de Proteção Ambiental de Alagoas (Cepram), que daria a palavra final sobre o caso.

O geólogo Ricardo José Queiroz dos Santos preparou um segundo parecer reafirmando o primeiro. Eis o que escreveu: "A perfuração dos poços da Braskem irá utilizar um recurso natural situado a cerca de 1.000 metros de profundidade. Este fato não deixa de se tratar de impacto ambiental. A perfuração de um poço é uma intervenção pontual. Depois de pronto, o poço ocupa um espaço de alguns metros quadrados. Durante a perfuração, há movimentação de veículos pesados, instalações de acompanhamento e geração de fluido de perfuração, normalmente bentonita, a qual se trata de uma argila natural. Após terminada a perfuração, a lama utilizada é descartada, podendo causar aumento na turbidez (turvação) de corpos d'água. Concluímos que o maior impacto ambiental causado com o empreendimento se dá na fase de implantação, durante um período de alguns dias e de caráter reversível. A Braskem mantém as cavernas que se formam com a extração de sal-gema sob controle e não existe registro de desmoronamento desde o início da atividade (cerca de três décadas). As dimensões das cavernas são ínfimas em relação à profundidade das mesmas e vale salientar que a costa brasileira faz parte de uma plataforma continental estável, não sujeita a terremotos. Desta maneira, não consideramos a atividade como causadora de 'significativa degradação do meio ambiente', não necessitando, portanto, de EIA/RIMA".

O parecer tramitou por várias instâncias do Instituto de Meio Ambiente, mas ninguém se preocupou em questionar a mineração em área urbana – como se a presença das pessoas fosse um mero detalhe – nem mesmo outros aspectos citados pelo geólogo que poderiam causar impactos ambientais diversos. O documento menciona: trânsito de veículos pesados, descarte de lama e possível turbidez nos corpos d'água. Onde a lama seria despejada? No mar? Na Lagoa Mundaú? Em algum rio? Ninguém pareceu preocupado com isso. O parecer foi respaldado pelo comando do órgão e pelo Cepram e a licença, concedida em 23 de fevereiro de 2006.

A única exigência feita à Braskem na concessão da licença para perfurar dez novos poços foi a entrega de um relatório anual de atividades mostrando o monitoramento da lavra com os perfis dos poços. Esta mesma licença foi renovada em 20 de agosto de 2013, cinco anos antes do desastre. Pelo que foi possível apurar, mesmo com tantas lacunas documentais, o IMA concedeu, pelo menos, duas licenças de abertura de poços, além de quatro licenças de operação do campo de mineração como um todo, desde 1986.

Quando houve o tremor em Maceió, em 2018, a empresa tinha 35 poços, entre ativos e inativos, e continuava abrindo novas cavidades. A perfuração só foi interrompida depois da divulgação do laudo do Serviço Geológico do Brasil, em maio de 2019, que apontou a responsabilidade da mineração pelo afundamento do solo. Por meio de Ação Civil Pública (ACP), o Ministério Público Federal requereu a paralisação imediata das obras dos poços 36 e 37 e que não fosse iniciada a perfuração dos poços 38 e 39.

A dispensa do EIA-RIMA na licença de 2006 foi mais uma oportunidade perdida de impedir a progressão do desastre no subsolo. Importante observar que a própria empresa informou – em documentos enviados ao órgão ambiental durante os processos de licenciamento – a ocorrência de situações que deveriam ter preocupado as autoridades. Em um documento, a Braskem admitiu a possibilidade de interligação de cavidades, mas disse que isso não comprometeria as condições de estabilidade. Indicou também problemas em manter o teto de algumas cavidades, um fator básico para a segurança da operação, conforme documentos relacionados no Relatório Final da CPI da Braskem.

A maneira displicente como a empresa tratava os riscos da mineração em documentos oficiais deveria ter sido suficiente para acender o sinal de alerta no órgão licenciador. Além disso, a documentação entregue ao IMA era incompleta, com vários itens deixados em branco por falta de dados disponíveis. O geólogo Ricardo José Queiroz dos Santos, contudo, pareceu confiar piamente nas informações prestadas pela empresa e foi categórico ao dispensar o EIA-RIMA e permitir a abertura de mais dez cavernas.

O episódio específico da dispensa de EIA-RIMA envolve pelo menos outra personagem, além do geólogo e do procurador: a presidente do IMA na época, Sandra do Carmo Menezes. Eu procurei os três para entender melhor as decisões tomadas. Comecei pelo geólogo, que assina os dois pareceres dispensando o EIA-RIMA. Ricardo José Queiroz dos Santos foi analista ambiental do IMA de 1999 a 2007. Em seguida, tornou-se diretor de recursos minerais da Secretaria de Desenvolvimento Econômico de Alagoas, de 2007 a 2016, período que alcança os dois governos de Teotônio Vilela Filho (PSDB) e parte do primeiro mandato de Renan Calheiros Filho (MDB). Depois dessas funções, Ricardo Queiroz passou a atuar como professor universitário e consultor em geologia e meio ambiente. Ele consta como consultor cadastrado no site da Agência Nacional de Mineração, em Pernambuco, bem como sua esposa, a geóloga e professora da UFAL Rochana Campos de Andrade Lima Santos.

Depois do tremor e do consequente afundamento do solo nos bairros, Ricardo Queiroz tornou-se presença frequente na mídia local, expondo teorias sobre o desastre. Poucos dias depois do tremor, ele deu entrevista ao telejornal "Bom Dia Alagoas", da TV Gazeta, pertencente à família Collor de Mello e afiliada da Rede Globo. Apresentado como professor, Queiroz explicou sua tese de que o abalo teria ocorrido, provavelmente, por acomodação de camadas em função de falhas geológicas e acrescentou que a intensidade das chuvas deve ter contribuído para o fenômeno.

A certa altura, a jornalista observa: "Houve uma especulação de que a retirada de sal-gema teria provocado o tremor". Ele responde: "Eu ouvi falar, mas de maneira nenhuma. O sal-gema não causaria porque a primeira camada de sal-gema se encontra a mil metros de profundidade. Ao fim da exploração, fica uma caverna, realmente, mas ela é preenchida com água e monitorada. A Braskem teria obrigação de relatar ao órgão ambiental que estaria havendo algum fenômeno ali, mas não relatou, e não há possibilidade de isso ter ocorrido. Além do mais, se tivesse sido o sal-gema, o reflexo não viria para a parte de cima dos bairros. Iria ficar na lagoa, por exemplo, onde é explorado o sal-gema, no bairro da Cambona, ali perto do campo do CSA, por ali". Ricardo Queiroz respondeu de forma peremptória e o assunto foi encerrado, sem maiores questionamentos por parte da jornalista. Dos 13 minutos de entrevista, falou-se em mineração por um minuto, e apenas para afastá-la como causa do desastre.

Um ano depois, em abril de 2019, em entrevista a outro veículo, Ricardo Queiroz foi apresentado como especialista contratado para estudar o caso pela Odebrecht, acionista majoritária da Braskem. Ele afirmou que a origem do desastre estaria numa falha na placa tectônica identificada cientificamente como Lineamento BR 01, entre os estados da Bahia, Sergipe e Alagoas. A falha provocaria uma "onda de energia" que causa tremores, intensificados a partir de 2016. O fenômeno, segundo o geólogo, "envergou" alguns poços da Braskem. Apesar dos envergamentos, ele ressaltou, os poços não cederam. "Isto comprova que não há colapso das cavernas afetadas", afirmou.

Dias depois dessa matéria, o Serviço Geológico do Brasil apresentaria o relatório que apontaria a responsabilidade definitiva da Braskem no afundamento do solo. Procurei Ricardo Queiroz por telefone e depois por WhatsApp, em janeiro de 2025. Ele me respondeu: "Estou como consultor da Braskem e só posso falar com autorização dela". Pedi, então, que consultasse a empresa. Dias depois, retornou, dizendo que a empresa não o autorizara a dar entrevista porque seu contrato tem regras de *compliance*. Ele deixou o seguinte comentário no WhatsApp: "A única coisa que posso dizer é que toda essa história da Braskem, o afundamento dos bairros, hoje, realmente, é consequência das cavidades dela. Mas houve, nessa história toda, muita... digamos assim... intromissão, de muita gente, indevida. Por exemplo, a mídia, que não sabe de nada, começou a falar... o povo leigo, que não sabe de nada, começou a falar, políticos querendo dinheiro e falsos técnicos que não sabem de nada, mas quiseram aparecer e começaram a falar. Só isso, tá certo? Desculpa aí, viu, Cristina? Um abraço".

Insisti que precisava ouvi-lo sobre o parecer favorável à licença dos dez poços da Braskem, em 2005. A princípio, ele disse não lembrar do parecer. Minutos depois, falou que verificara seus arquivos e, sim, me confirmou ter dado o parecer com a autorização para perfurar as dez cavidades. Perguntei sobre a dispensa do EIA-RIMA: "Não teria sido importante pedir o EIA-RIMA para os dez poços novos?". Ricardo Queiroz respondeu apenas: "Não". Quis aprofundar as razões para a dispensa, mas o geólogo nunca mais respondeu às minhas tentativas. A trajetória de Ricardo Queiroz é o exemplo clássico da chamada "porta giratória" entre os setores público e privado. Depois de trabalhar na máquina pública, o funcionário passa para o outro lado do balcão, onde ajuda a defender os interesses da empresa que, no passado, deveria ter fiscalizado.

Procurei Sandra do Carmo Menezes, diretora-presidente do Instituto do Meio Ambiente de Alagoas na época da dispensa do EIA-RIMA. Sandra é engenheira agrônoma, presidente do PV no estado e faz parte da comissão executiva nacional do partido. Ocupou o comando do IMA entre 2000 e 2006, no governo de Ronaldo Lessa (hoje no PDT), em Alagoas. Sandra considerou "estranho" o analista ter dispensado o EIA-RIMA para abertura dos poços em seu parecer.

Apesar da estranheza, ela admitiu que o parecer foi aprovado pelas instâncias hierárquicas superiores. Eis um resumo do que me disse: "Estou achando estranho ele *(Ricardo Queiroz)* não pedir o EIA-RIMA. Na época, talvez, não fosse uma exigência. De qualquer maneira, se foi aprovado, passou por mim e pelo conselho *(Cepram, Conselho de Proteção Ambiental)*, que tinha representação dos pescadores, da UFAL, do CREA, do governo... Se o conselho acatou, é porque Ricardo era uma pessoa qualificada. Ou verificou-se que o empreendimento já tinha sido licenciado como um todo. O básico do nosso trabalho era receber os relatórios pra ver se a empresa estava cumprindo as condicionantes. Quando o Cepram aprova uma licença, às vezes, bota condicionantes que vêm dos questionamentos feitos pelas pessoas no conselho".

O comentário de Sandra Menezes tem como base a mesma alegação do atual presidente do IMA, Gustavo Ressurreição Lopes, de que um novo estudo de impacto foi dispensado porque já havia o licenciamento de 1986. Lembrando: Ressurreição afirmou que as renovações das licenças, ao longo de décadas, abrangiam a "poligonal da lavra" como um todo, ou seja, toda a área da concessão mineral, e que os novos poços eram apenas "colocados", acrescentados nas renovações, sem necessidade de novos estudos. A conclusão, portanto, é que a referência de todos os licenciamentos foi o RIMA de 1986 (ou o desaparecido EIA), sobre o qual pesa, hoje, a suspeita de fraude, já que uma das supostas autoras, a geógrafa Jovesi de Almeida Costa, nega sua participação como autora.

Sandra Menezes tem uma carreira marcada pela versatilidade no serviço público. Além do cargo no IMA, foi superintendente regional do Ibama, diretora do

Laboratório Industrial e Farmacêutico de Alagoas no governo de Renan Calheiros Filho e, quando a procurei, era diretora-presidente da Diretoria de Teatros do Estado (Diteal), nomeada pelo governador Paulo Dantas, alinhado ao grupo político dos Calheiros, que inclui o vice de Dantas, Ronaldo Lessa. Em 2022, ela foi candidata a deputada federal, mas não se elegeu.

Por último, consultei o procurador autárquico aposentado Valdely Tenório de Albuquerque, que pedira uma “declaração motivada” sobre a exigência ou não de EIA-RIMA para a abertura dos poços. O procurador disse não ter a memória completa do caso e preferiu não dar entrevista.

Quando eu estava terminando de escrever este livro, o Congresso Nacional discutia a aprovação de uma nova lei de licenciamento que jogaria por terra as regras de proteção ambiental construídas ao longo de décadas para evitar os danos provocados por empresas de potencial poluidor. De tão agressivo, o projeto passou a ser chamado popularmente de “PL da devastação”. O projeto inclui medidas como a autorregulação ambiental pelas empresas, até mesmo com o preenchimento de formulários online, em nome da simplificação e da maior rapidez no processo. O cerne do projeto era o esvaziamento do papel regulador e fiscalizador do estado e dos mecanismos de consulta à sociedade sobre empreendimentos que podem causar poluição e riscos à saúde e à vida humana.

Licenciamentos apressados e com muitas suspeitas de irregularidades – para dizer o mínimo – tiveram papel crucial nos três maiores desastres de mineração do Brasil. Maceió, Mariana e Brumadinho, com quase 300 mortos e prejuízos ambientais, emocionais e materiais incalculáveis, não foram o bastante, porém, para sensibilizar suas excelências, que demonstraram estar bem mais preocupadas em atender às conveniências do poder econômico.

BANCADA DA BRASKEM

Desde 2002, quando foi criada, a Braskem tornou-se doadora assídua de recursos para campanhas eleitorais enquanto este tipo de financiamento foi permitido. De acordo com os registros do Tribunal Superior Eleitoral (TSE), em seu primeiro ano, a empresa fez duas doações para os comitês financeiros nacionais de dois partidos que disputavam as eleições gerais: PT (R$ 200 mil), que elegeu Luís Inácio Lula da Silva para seu primeiro mandato presidencial, e PPS (hoje Cidadania, doação de R$ 500 mil), que teve como candidato Ciro Gomes. A única doação individual foi para o deputado federal João Almeida Santos, do PSDB da Bahia, que recebeu R$ 300 mil e se reelegeu. A Braskem, tal como sua controladora Odebrecht (hoje Novonor), tem negócios na Bahia.

A Braskem abriu o caixa para fazer doações nas eleições seguintes, entre 2004 e 2014, o último pleito em que contribuições de empresas foram permitidas. No TSE, apenas as eleições municipais de 2012 não registram doações da Braskem. Em 2015, decisão do Supremo Tribunal Federal, tomada por 8 x 3, proibiu as doações empresariais. Em resumo, os ministros do Supremo consideraram que o dinheiro das empresas era uma forma de captura de autoridades, parlamentares e agentes públicos pelo poder econômico, o que comprometia a legitimidade das eleições e a democracia. Continuou permitida a doação de pessoas físicas e os partidos passaram a receber mais dinheiro público para custear as campanhas.

O levantamento apresentado aqui foi feito pelo jornalista Diogo de Castro, do Lei.A Observatório, na base de dados do TSE, especialmente para este livro. A pesquisa considera as doações oficiais direcionadas para políticos alagoanos e mostra um padrão apartidário de “investimento”, com contribuições a candidatos à esquerda e à direita, assim como para integrantes de grupos políticos que se engalfinham há décadas nas disputas alagoanas, como as famílias Calheiros, Collor e Lira. A Braskem doou dinheiro para candidatos a governador, senador, deputado federal, deputado estadual, prefeito e vereador. Em cinco ciclos eleitorais, ajudou na vitória de 22 das 41 candidaturas a que destinou recursos. Uma razoável taxa de sucesso.

A Braskem investiu em peixes graúdos da política alagoana, alguns com influência regional, outros com poder a nível nacional. Ronaldo Lessa (PDT), ex-prefeito de Maceió (1993-1996) e ex-governador de Alagoas (1999-2006), recebeu um total de R$ 350,5 mil em três eleições que disputou (2006 para o senado, 2010 para governador e 2014 para deputado federal, sendo vencedor nesta última). Ronaldo Lessa é um político com trânsito camaleônico entre clãs políticos adversários. Foi o vice na chapa de João Henrique Caldas (então no PSB e hoje no PL, ligado ao grupo de Arthur Lira, do PP), eleito prefeito de Maceió em 2020. Dois anos depois, Lessa rompeu com JHC e, em 2022, elegeu-se vice-governador na chapa com Paulo Dantas (MDB), ligado aos Calheiros.

As doações da Braskem irrigaram o caixa de outros dois governadores. Teotônio Vilela Filho (PSDB) recebeu R$ 100 mil na campanha de 2006. Ele é herdeiro político do senador Teotônio Vilela (1917-1983), apoiador da ditadura que se tornou dissidente e foi um dos líderes da campanha pela redemocratização do país. Renan Filho (MDB) foi aquinhoado com R$ 320 mil na sua campanha de 2014. É filho de Renan Calheiros, dono de uma das mais longevas carreiras parlamentares no Congresso Nacional. Está no quarto mandato consecutivo no Senado, tendo exercido a presidência da casa em três períodos. Foi também ministro da Justiça no governo Fernando Henrique. O filho segue os passos do pai. Elegeu-se senador em 2022 e licenciou-se do mandato para ser ministro dos Transportes do governo Lula.

Nas eleições de 2014, a Braskem "fez barba, cabelo e bigode". O dito popular se justifica: ajudou a eleger não só Renan Filho para governador, como também o ex-presidente Fernando Collor (PTB, doação de R$ 171 mil), que renovou seu mandato no Senado naquele ano. A empresa doou ainda R$ 299,5 mil para Benedito de Lira, então candidato a governador pelo PP, que foi derrotado por Renan Filho. É a velha estratégia de não colocar todos os ovos na mesma cesta. Benedito de Lira é pai de Arthur Lira, que, naquela época, deixara de ser um político de expressão local e iniciava a ascensão que o levaria à presidência da Câmara dos Deputados, em 2021.

Em 2014, a petroquímica injetou recursos nas campanhas de 12 candidatos a deputado estadual e elegeu cinco (das 27 cadeiras no legislativo estadual): Marcos Barbosa (PPS), Sérgio Toledo (PDT), Ronaldo Medeiros (PT), Galba Novaes de Castro Júnior (PRB) e Rodrigo Cunha (PSDB). A colheita para deputado federal foi ainda mais frutífera. A Braskem formou uma espécie de bancada particular. Das nove cadeiras que compõem a bancada federal alagoana, seis foram ocupadas por deputados eleitos com ajuda da empresa: Givaldo Carimbão (PROS), Paulão do PT,

Pedro Vilela (PSDB), o já mencionado Ronaldo Lessa (PDT), João Henrique Caldas (SD) e Marx Beltrão (PMDB), que deixaria o mandato para ser ministro do Turismo de Michel Temer. Foi substituído por Rosinha da Adefal (PTdoB), primeira suplente, que também recebeu doação da Braskem.

Dessa leva, merece destaque João Henrique Caldas, o JHC. Em 2018, reelegeu-se deputado federal, mandato que interrompeu para disputar, e vencer, a eleição para prefeito de Maceió, em 2020. Foi neste cargo que assinou um controverso acordo de indenização com a Braskem em 2023, estabelecendo que a empresa pague ao município R$ 1,7 bilhão, em várias parcelas. Em troca, a Prefeitura deu quitação completa pelos danos causados e transferiu para a empresa toda a infraestrutura pública municipal nos bairros atingidos: escolas, postos de saúde, ruas, avenidas, praças, largos e calçadas.

A lógica do trato com a Prefeitura foi a mesma do acordo de indenização aos moradores. O causador do dano tornou-se dono do território onde praticou o crime socioambiental. JHC, no PL, reelegeu-se em primeiro turno com 83,25% dos votos, tendo como vice Rodrigo Cunha (Podemos), que também assumiu a Secretaria de Infraestrutura do município.

Os números das doações oficiais mostram apenas uma parte da história sobre a relação da Braskem com políticos alagoanos. Há uma outra parte que só pode ser contada com a crônica dos bastidores do poder e com informações dos arquivos policiais. Tal como sua matriz, a Odebrecht, a Braskem sempre soube adubar suas relações com poderosos, um *modus operandi* iniciado pelo fundador da organização, Norberto Odebrecht, assimilado e potencializado por seus sucessores, o filho Emílio e o neto Marcelo. Segundo o livro de Malu Gaspar, “A Organização”, a ascensão da Odebrecht no clube das grandes empreiteiras começou no período Médici da ditadura, com a amizade entre Norberto e o general Ernesto Geisel, quando este era presidente da Petrobras e a empresa ganhara o contrato para a construção do edifício sede da estatal, no Rio de Janeiro.

É conhecida a história do encontro entre Norberto Odebrecht e o jornalista Juca Kfouri, então diretor da revista “Playboy”, em 1992. A revista havia publicado uma reportagem sobre a relação promíscua entre governantes, políticos e empreiteiras, com a Odebrecht incluída. A conversa, a convite do empresário, foi inesperadamente franca. O empreiteiro não só confirmou a veracidade da reportagem como abriu o jogo: “Você acha que eu gosto de ter que molhar a mão de um cafajeste para o governo me pagar o que deve? Você acha que gosto de dar dinheiro para campanha política? Você não acha que eu gostaria muito mais que o preço das minhas obras fosse o preço justo e não tivesse que pôr um valor a mais para pagar essas propinas todas?”. Kfouri objetou que o empresário poderia denunciar e, talvez, mudar tal estado de coisas. O empreiteiro respondeu que, se fizesse isso, seria destruído pelos concorrentes. Kfouri retrucou que o papel da imprensa era investigar e o assunto morreu ali.

A adulação a presidentes, parlamentares e agentes públicos continuou firme com o retorno à democracia. Emílio Odebrecht era o responsável pela "relação político-estratégica" com os presidentes da República: Sarney, Collor, Fernando Henrique e Lula. A proximidade de Emílio Odebrecht com FHC foi crucial para a montagem da composição societária que permitiu a criação da Braskem, uma obsessão do empresário, contada no livro de Malu Gaspar. Em 2001, Emílio articulou a formação da futura empresa com a integração das plantas petroquímicas da Odebrecht, da Petrobras e do grupo Mariani, numa operação complexa que provocou certa resistência da estatal. Emílio não hesitou em pedir ao presidente da República que defendesse os interesses da Odebrecht junto à direção da Petrobras. O empresário conseguiu o que queria e a Braskem já nasceu gigante, com faturamento de R$ 9 bilhões e 2.800 funcionários.

A relação com a Petrobras, contudo, seria bastante acidentada e Emílio, já no governo Lula, recorreu algumas vezes ao presidente para que arbitrasse conflitos entre a estatal e a Odebrecht. De fato, tratava-se de um arranjo complicado porque a Petrobras era, a um só tempo, sócia na Braskem, fornecedora de insumos ao sócio privado e competidora, na medida em que buscava fortalecer sua atuação na petroquímica, um setor em que o grupo Odebrecht queria reinar absoluto.

Marcelo Odebrecht assumiria a incumbência de cortejar o poder na era pós-Lula, mas seria atropelado pelas investigações da operação Lava Jato, que, a despeito das muitas ilegalidades e abusos cometidos pelos investigadores, levariam à descoberta de uma gigantesca máquina de corrupção mantida pelo conglomerado para obtenção de contratos, regalias fiscais, refinanciamento de dívidas e aprovação de normas e legislações sob medida para seus interesses.

A partir das delações de 78 executivos da companhia, descobriu-se uma extensa lista de autoridades e políticos beneficiados por uma dinheirama, no Brasil e no exterior, onde as duas empresas, Odebrecht e Braskem, tinham empreendimentos. A Odebrecht admitiu ter pago US$ 788 milhões em propinas, entre 2001 e 2016, nos 12 países onde atuava, incluindo o Brasil. A Braskem, por sua vez, admitiu ter desembolsado US$ 250 milhões entre 2006 e 2014. Somando o que as duas empresas pagaram, chega-se à fabulosa quantia de mais de US$ 1 bilhão em suborno, ou quase R$ 6 bilhões, segundo a cotação média do dólar em setembro de 2025.

Ao longo da investigação, foram divulgadas várias listas de políticos que teriam recebido propinas da organização no Brasil, a mais famosa delas no começo de 2016 com a apreensão, pela Polícia Federal, de planilhas encontradas em poder de Benedicto Barbosa da Silva Júnior, executivo da Odebrecht responsável pelo setor de "operações estruturadas", que contabilizava os pagamentos secretos. Da lista, constam 19 políticos de Alagoas, de todo o espectro partidário: PCdoB, PV, PDT, PT, PMDB, PSDB, PTB e DEM (que se fundiu ao PSL e virou União Brasil).

São nomes com a caneta na mão em várias escalas de poder, na época da descoberta da lista, como o prefeito de Maceió, Rui Palmeira (PSDB), e o de Marechal Deodoro (onde a Braskem tem uma unidade industrial), Cristiano Matheus (PMDB). Também aparece na lista o presidente da Câmara Municipal de Marechal Deodoro, Abelardo Leopoldino (PSC). Além deles, constam da relação nomes que receberam doações legais da Braskem, como Ronaldo Lessa, na época deputado federal pelo PDT, e o ex-governador Teotônio Vilela Filho (PSDB).

O nome mais reluzente da lista é o do senador Renan Calheiros (PMDB), que na época ocupava a presidência do Senado pela terceira vez. Segundo os investigadores, Calheiros teria recebido propina em troca da aprovação, no Senado, de uma medida provisória de interesse da Odebrecht e da Braskem. A investigação resultou em inquérito no STF, arquivado por insuficiência de provas, em 2024. Renan Calheiros e os demais políticos mencionados nas delações sempre negaram o recebimento de propina. Vários processos derivados da Lava Jato foram anulados ou arquivados, por falta de provas e/ou ilegalidades praticadas na operação.

A Lava Jato caiu em desgraça a partir de 2019, com a cobertura jornalística conhecida como Vaza Jato, do site Intercept Brasil. As conversas entre os membros da operação, no aplicativo Telegram, revelaram abuso de poder e ilegalidades do juiz Sérgio Moro, da 13ª Vara Criminal Federal de Curitiba, e da força-tarefa de procuradores federais chefiados por Deltan Dallagnol. Em 2019, Moro já havia deixado a magistratura para ser ministro da Justiça de Jair Bolsonaro. Posteriormente, saiu do governo e, em 2022, foi eleito senador (União Brasil-PR). Na mesma eleição, Dallagnol foi eleito deputado (Podemos-PR), mas perdeu o mandato por decisão unânime do TSE, em maio de 2023. O tribunal considerou que ele não poderia ter se candidatado enquanto estava sendo investigado por sua conduta na Lava Jato.

QUATRO GERAÇÕES MARCADAS PELA MINERAÇÃO

Numa manhã chuvosa de junho de 2024, encontrei o aposentado Gerson de Souza Leite, de 65 anos, nas proximidades do estádio Rei Pelé, o Trapichão, em Maceió, e de lá seguimos para o bairro do Trapiche, onde ele viveu até os anos 1980. Estávamos acompanhados de Alan Leite, 52 anos, sobrinho de Gerson, que havia me contado como quatro gerações da sua família foram afetadas pela mineração e pela fábrica de clorossoda. Alan disse que Gerson me ajudaria a entender o impacto tão duradouro. Combinamos de levá-lo ao antigo bairro.

Quando Gerson morou no Trapiche, com os pais, Francisco Martiniano, policial militar, e dona Nina, numa família de oito filhos, o bairro era um arrabalde praieiro, compreendido entre a Lagoa Mundaú e o Oceano Atlântico, com casas de taipa, coqueirais, dunas e restinga. A chegada da fábrica de clorossoda da Salgema mudaria o lugar para sempre. A empresa instalou-se no bairro vizinho do Pontal da Barra, vila de pescadores e bordadeiras de filé, artesanato alagoano declarado Patrimônio Cultural Imaterial do estado em 2014.

As duas comunidades foram profundamente afetadas. Não apenas a paisagem seria maculada com a presença dos tanques gigantescos de produtos tóxicos e inflamáveis, mas o medo de acidentes se infiltraria na rotina das famílias. Era impossível esquecer o risco porque o cheiro de cloro nas ruas, mesmo dentro das casas, era permanente. O barulho das sirenes convocando os trabalhadores para simulações de emergência representava um sobressalto a quem estava acostumado apenas ao sussurro do vento e ao rumor das marés.

Ao revisitar o Trapiche, tanto tempo depois, Gerson nos guiou pelas veredas de suas recordações. "Antes da Salgema chegar, foi uma história. Depois que ela chegou, nós perdemos o sossego. O vento trazia um cheiro bastante forte de cloro. Eu vivia com os olhos irritados. Toda quarta-feira tinha o treinamento de segurança deles. A gente ouvia a buzina. Tinha vazamento, pequenos vazamentos, mas tinha. A gente tinha amigos que trabalhavam lá e sabíamos dos acidentes. Até que aconteceu a explosão, no começo dos anos 1980, não lembro exatamente o ano. Lembro que era de manhã, antes das 8h. Estava chovendo, mas deu pra ouvir muito bem o estrondo. Foi uma coisa grande, labaredas subindo. Parecia cena de guerra que a gente vê na TV. O pessoal correndo na rua, trombando uns nos outros, os bombeiros chegando. Pelo que a gente estava vendo, achava que haveria morte. Graças a Deus, não teve. Mas encobriam muita coisa. Foi um susto tão grande que a minha mãe desmaiou. Foi um dia de terror".

O medo foi tão grande que a família passou uns dias na casa de Antônio, filho já casado e morando num bairro afastado, pai de Alan, que devia ter uns 10 anos e guardou na memória a chegada dos parentes: "Tenho a imagem dos meus avós paternos entrando na nossa casa, na Pajuçara, com os meus tios mais novos, todos muito assustados". Passado o medo, todos retornaram ao Trapiche.

Não demoraria para que a Salgema voltasse a interferir na vida dos Souza Leite. Desta vez, por causa do que ficou conhecido como Cinturão Verde. A frequência de vazamentos e outros acidentes na fábrica de clorossoda levou à implantação de uma zona de amortecimento com vegetação em torno da unidade, o tal cinturão. A zona de amortecimento separa a fábrica das ruas residenciais, para dissipar os impactos de eventuais vazamentos sobre a população.

Para plantar as árvores do Cinturão, foi necessário expandir a área ocupada pela empresa e desapropriar algumas dezenas de casas da Rua Manoel Corrêa de Siqueira, conhecida como Rua E, onde seria construído o muro que cercaria a vegetação. Era exatamente a rua onde Gerson morava e onde o pai, Francisco, dera início à realização de um sonho antigo. "A nossa casa era de taipa. Meu pai foi reformando e construindo de alvenaria. Aí veio a ordem para sair e ser indenizado. O muro passava justamente na nossa casa. Ele ficou muito triste. A gente levantou a casa com sacrifício. Ele queria ficar no Trapiche pro resto da vida porque era como uma cidade do interior. Não tinha confusão de vizinho. Tinha um palhoção, onde a gente fazia festa no São João. Tinha quadrilha, um sanfoneiro que era uma maravilha. Vinha gente de outros bairros. Pra minha mãe, não foi muito triste porque ela tinha medo e queria sair. Com o dinheiro da indenização, eles compraram uma casa, mas não se adaptaram, venderam e ficaram o resto da vida morando de aluguel, mudando de um bairro pra outro porque nunca estava bom. Eles eram do interior, meu pai não gostava de barulho. A casa não podia ser perto de bar, nem de oficina. O sonho deles era ficar no Trapiche. Nós moramos em muitos lugares, mas não era a mesma paz. Eles não se acostumaram fora daqui".

A memória afetiva de Gerson nos conduziu ao local exato onde o muro do Cinturão Verde engoliu a rua do seu passado. As árvores ficam em área pertencente à Braskem, toda murada e com um portão de ferro. Ao lado, há uma delegacia da Polícia Civil – o agente de plantão permitiu que subíssemos ao segundo andar para ver melhor o muro lateral, exatamente aquele que obrigou várias famílias a deixarem o bairro, nos anos 1980. Gerson mal pôde conter a perturbação daquela visita às suas memórias. "Era essa a nossa rua! Tá vendo ali o meio-fio? Tá vendo? Tinha uma igreja evangélica e, depois da igreja, a segunda casa era a nossa. A nossa rua saía aqui, já próximo da praia. Eu me emocionei agora porque passava por aqui quando ia pra praia. Era uma maravilha, uma outra vida. Não é o que a gente vê hoje em dia. O passado não volta de jeito nenhum, mas hoje deu saudade vendo o que era o meu percurso. Vou falar pros meus irmãos".

O destino de remoção involuntária alcançaria a terceira e a quarta gerações dos Souza Leite quatro décadas depois, quando a mineração de sal-gema feita pela Braskem causou estragos em cinco bairros de Maceió. Uma das filhas de Gerson, Joyce, e seu sobrinho, Alan, que estava conosco naquela visita, moravam com suas famílias no Pinheiro, o primeiro bairro afetado pelas rachaduras. Ambos tiveram que arrancar raízes, tal como seus pais e avós haviam feito.

Gerson me contou o que acontecera à filha. "Ela e o meu genro, Lucas, são professores e compraram um apartamento no Pinheiro. Fazia três anos que estavam morando, o apartamento novo ainda, e tiveram que sair. Eles já tinham o meu neto, Luca, e estavam se programando pra ter o segundo filho. Mas interromperam tudo porque não estava no projeto de vida deles vender o imóvel. Minha filha teve que fazer terapia. Foi a maior complicação para receber a indenização. Agora, graças a Deus, eles receberam e compraram outro apartamento. Dos meus pais até o meu neto, são quatro gerações afetadas. Isso não é coincidência. Você faz um plano pra subir e, de repente, tem que descer. Pelo amor de Deus... Isso desmantela a vida das pessoas. O que aconteceu no Pinheiro é macabro. Tem muito dinheiro envolvido nisso. Eu acho que os números falam mais alto. Muita gente ganhou o seu pão com a Braskem, o estado arrecadou, mas se a gente soubesse o que estava acontecendo, iria preferir que ela não tivesse se instalado. Eu ainda estaria no Trapiche, uma maravilha pra nós. Infelizmente, minha família ficou marcada pelo sal-gema".

O sobrinho Alan passou pela remoção forçada do Pinheiro. Ele vivia com a esposa, Kátia Cristina, de 50 anos, e os filhos, Lucas, de 22, e Jéssica, de 14, num apartamento do edifício San Francisco, na Rua Cônego Cavalcante de Oliveira, quando houve o tremor, em março de 2018. Havia acabado de almoçar e estava levando o prato para a cozinha quando ouviu um barulho e percebeu as janelas de vidro tremendo. Achou o ruído anormal. Bombeiro por profissão, soube de outros

Rachaduras nas casas eram uma ameaça constante: a instabilidade do solo e o medo obrigaram moradores a deixarem para trás móveis, roupas e utensílios domésticos

prédios que tremeram na vizinhança e se preocupou. O edifício em que moravam entrou na área mais crítica para o risco de afundamento e a família teve que sair em janeiro de 2019, antes até que ficasse comprovada a responsabilidade da Braskem no desastre.

Com o passar dos meses, Alan entendeu que problemas antigos no prédio, sem explicação aparente, deviam estar relacionados à mineração. "A conta de água do prédio era alta. A síndica vivia pedindo pros moradores verificarem se não tinha vazamento nos apartamentos. Uma vez, o rapaz que veio inspecionar a cisterna, no térreo, disse que encontrou uma rachadura grande. A gente notava portas emperradas e fissuras nas quinas de portas e janelas. Isso antes do tremor. Depois, apareceram rachaduras na garagem e no piso do térreo que seguia pra rua. Uma rachadura foi se alargando, ficou profunda e provocou um desnível na rua. As pessoas começaram a sair, com medo. Nós queríamos ficar, mas tivemos que sair porque estávamos em 'área crítica'. Saímos, mas a negociação com a empresa demorou dois anos e meio. Foram dois momentos de negociação. Enquanto o risco de afundamento era numa área menor, não foi tão difícil negociar. Mas quando a área foi ampliada, a negociação ficou mais dura, porque a empresa teria que indenizar mais casas. A empresa fazia terrorismo, dizia que se a gente não fizesse acordo, que fôssemos pra Justiça".

Quando entrevistei Alan e Kátia Cristina, a família tentava se adaptar ao novo endereço. A filha caçula, Jéssica, sentira bastante a mudança. No dia em que saíram do apartamento, ela escreveu a data na parede do quarto, 28 de janeiro de 2019, e a frase: "O dia que deixei a minha casa". A menina fez questão de continuar na Escola Cristo Rei, numa parte do Pinheiro fora da área de risco, mas distante do novo endereço, na Ponta Verde. Kátia Cristina, agente comunitária de saúde na Pitanguinha, bairro vizinho ao Pinheiro, deixou de ir a pé ao trabalho e passou a ter que enfrentar o trânsito de Maceió. "Todo dia, quando estou no engarrafamento, sinto raiva da Braskem", ela me disse.

Para Alan, a mudança a contragosto e o precedente de remoção dos avós transformaram a Braskem numa presença inconveniente na história da família. "Quando soube que teria que sair do Pinheiro, me veio à lembrança a mesma coisa que aconteceu com meus avós por causa da mesma empresa. O capitalismo é muito forte. A mesma empresa prejudicou quatro gerações da minha família, dos meus avós à minha filha. Começou lá atrás, com o vazamento de cloro, a explosão, e chegou na mineração que provocou a subsidência. Espero que os bairros desocupados se tornem uma área pública. Não concordo que a empresa faça um investimento naquela área. Nós poderíamos ter saído temporariamente para voltar depois que o solo estivesse estabilizado. A nossa vida estava toda ali. A Igreja Batista do Pinheiro, que agregava a nossa comunidade, também teve que sair. Kátia tocava teclado lá desde garota. Agora, a igreja alugou uma casa numa rua fora da área de risco e voltamos a fazer culto presencial duas vezes por semana. A gente resiste".

NA PAREDE DA MEMÓRIA

Quando cheguei ao apartamento da arquiteta e urbanista Gardênia Nascimento, de 52 anos, para entrevistá-la, ela me convidou a ir até uma pequena varanda e apontou a parede lateral, com um revestimento de pedra, simples e elegante: "Eu lhe apresento aqui a minha parede de pedra canjiquinha. Trouxe da minha casa no Pinheiro". Como milhares de outros moradores, Gardênia teve que deixar o bairro onde nasceu por causa do desastre da mineração. Se a realidade permitisse, teria transplantado a casa inteira da Rua Sargento Aldo Almeida, número 39, que ela mesma projetou pensando no crescimento de suas duas filhas, Betina, de 22 anos, e Lívia, de 21.

Na impossibilidade da reprodução da casa tal e qual a construíra, Gardênia trouxe um pedaço dela, símbolo de sua história e de suas memórias. "Cheguei ao Pinheiro na barriga da minha mãe. Todas as minhas referências de amizade, de escolaridade, de espiritualidade, de religiosidade, o que tiver de 'ade', são de lá. Eu trouxe a parede e procurei manter a essência do que era a minha casa. A cozinha era com a sala de jantar e perto tinha o meu espaço de trabalho, como você está vendo aqui. Fui para essa casa depois do meu divórcio. Era uma casa pequenininha, mas representava um recomeço, um renascimento com as minhas filhas. Ela foi feita com o meu cantinho de trabalho, o cantinho pra elas estudarem, o cantinho pra elas dormirem, o cantinho pra elas brincarem, entende? A gente tinha um apego muito grande. Chorei copiosamente quando fiz a mudança. A ficha só caiu quando saí. Olhei para trás e pensei: 'Não vou mais voltar para cá'. Cada casa tem uma história de vida. Não são apenas casas. São lares e lares são construções".

Ao perceber a angústia dos moradores, muitos deles idosos acostumados ao bairro havia décadas, a arquiteta se aproximou da organização SOS Pinheiro – criada para lutar pelos direitos das vítimas – e se ofereceu como voluntária para ajudá-los na dificílima travessia que teriam pela frente. Gardênia havia sido diretora de planejamento urbano de Maceió por quase dez anos e conhece bem a infraestrutura disponível nos bairros, vantagens e desvantagens em cada um. Com essas informações, poderia orientar as pessoas a encontrarem um novo lugar, já que todos teriam que deixar o Pinheiro.

Ela conta: "As reuniões que eu tinha no SOS Pinheiro deixavam muito claro o apego e o amor das pessoas por seu lar. A gente saiu obrigado. Como eu, muitas pessoas estavam desnorteadas: 'Eu vou pra onde?', 'O que é que eu faço?'. Eu explicava a elas como se escolhe um lugar para viver, o valor do metro quadrado em cada bairro. A partir desse contato, alguns me contrataram para tirar de suas casas algo de pertencimento, de afeto, que queriam levar, assim como eu quis trazer a parede. Uma moradora queria tirar as cerâmicas que comprou no Recife, na fábrica Brennand, feitas sob medida para a casa da família. Está tudo guardado porque ela foi morar num apartamento, mas, um dia, ela poderá reaproveitar. Faz parte da vida e da história dela. Outra moradora colecionava plantas e tinha orquídeas lindas. Coloquei todas em grandes vasos e ela levou o jardim dela. Lembro da dona Lídia, aposentada e viúva, que morava sozinha numa casa no Farol. Ela queria ir para um lugar bem estruturado, com acesso à saúde. Fui com ela a vários locais. Era um trabalho voltado para os anseios de quem estava saindo, como eu. Ela se sentiu à vontade de fazer isso comigo, e não contratar um corretor. Fiz um relatório completo para que tomasse sua decisão".

Não foi apenas o afeto, contudo, que conduziu a desmontagem das casas, mas necessidades muito concretas, diante das perdas que os moradores tiveram com a súbita desvalorização dos bairros e a obrigação de negociar com o único comprador interessado em seus imóveis, a Braskem. Gardênia passou por essa etapa angustiante. "O acordo sobre as indenizações, da maneira como foi feito, empobreceu as pessoas. Você sai da negociação com um valor menor do seu imóvel e não consegue outro do mesmo padrão. Quando a pessoa sai do seu bairro, ela tende a querer ficar próximo, porque tinha sua vida organizada por perto. Como os preços dos imóveis subiram assustadoramente, milhares de pessoas tiveram que se mudar para bairros distantes dos seus locais de trabalho, de estudo e de compras. Essas pessoas precisam acordar mais cedo, chegam em casa mais tarde, têm uma qualidade de vida menor. Quem morava no Farol, por exemplo, com uma condição de vida razoável, foi para lugares mais distantes e precários, como Tabuleiro, Benedito Bentes ou Jacintinho".

Gardênia conta que o problema fez surgir um mercado secundário: "Como as pessoas precisavam de dinheiro, surgiu um novo mercado, de gente que comprava o que tinha na sua casa de 'porteira fechada'. A pessoa ia na sua casa e dava o preço conforme o que tinha. Eu mesma vendi muita coisa a preço de banana. Mas era um dinheiro a mais, que ajudava a recomeçar. As pessoas passaram a vender tudo o que não tinham como aproveitar. E, se não vendessem, as casas seriam saqueadas. As primeiras pessoas que saíram, na pressa, passaram a chave na porta e se foram. Quando voltaram pra pegar suas coisas, encontraram as casas depenadas. Saqueavam tudo. Por que isso aconteceu? Porque a segurança contratada pela Braskem não se importava. Sabia que tudo seria demolido".

Gardênia se viu forçada a fazer o acordo com a empresa para ter condições de se reestruturar. O impacto emocional de deixar o ambiente acolhedor do Pinheiro provocou insônias e a fez procurar ajuda terapêutica. A mudança forçada foi um drama maior para o pai, George, de 87 anos, clínico geral que, mesmo aposentado, ainda era solicitado na vizinhança. "Meu pai saiu de uma casa com jardim para um apartamento, onde mora com minha irmã e meu sobrinho. Ele decaiu significativamente. Fala que quer morrer e não vê mais sentido na vida. No Pinheiro, ele ficava na porta de casa, as pessoas passavam e diziam 'Oh, doutor George, tudo bem?'. Ele era muito conhecido lá. Muita gente vinha e fazia uma consulta ali mesmo, quando era uma coisa simples. Ele foi um dos pioneiros no bairro, quando nem tinha asfalto. É muito difícil para um idoso recomeçar. Ele perde todas as referências e, no caso do meu pai, ele se sente condenado a viver num cubículo. Quem está fora desse processo não entende, não sabe o que a gente está passando".

Não havia como fugir do acordo: "Se não aceitasse, eu teria que sair de qualquer maneira porque é uma área de calamidade e a polícia iria me tirar", diz Gardênia. "Sem o acordo, eu teria que me mudar e alugar um local com o meu dinheiro, botar na Justiça e esperar que dissesse se tenho razão ou não. Eu não tenho fôlego financeiro pra isso. Com o acordo, tinha a certeza de que receberia algum dinheiro pra recomeçar a vida. Me mudei para uma realidade muito diferente da que eu tinha. No Pinheiro, quando minhas filhas eram pequenas, a vizinha ficava brincando com elas na minha casa, enquanto ia atender um cliente. Existia uma rede de apoio. A escola onde estudei, as casas dos amigos, a Igreja Nossa Senhora de Nazaré onde fiz minha primeira comunhão, onde me casei, onde foi a missa de sétimo dia da minha mãe, está tudo arruinado. É difícil ver sua história destruída".

O testemunho doloroso e a vivência pessoal da destruição transformaram-se em compromisso com a memória. Quando a entrevistei, Gardênia havia recém-concluído o mestrado no Instituto do Patrimônio Histórico e Artístico Nacional (Iphan), com a dissertação "Memória da destruição e a preservação da paisagem do desastre". A arquiteta, urbanista e restauradora, especializada em técnicas reconstrutivas, propõe que referências importantes para os moradores dos bairros esfacelados sejam preservadas com o que chama de lugares de memória sensível. "O lugar de memória simboliza o desastre. Não se trata de manter um monte de ruína. Não é bom para a cidade nem para as pessoas. Mas há elementos que precisam ser preservados em um museu do território, como patrimônio natural, cultural e os núcleos de sociabilidade. Alguns exemplos: os caminhos antigos criados pelas pessoas no processo de ocupação, o trilho do trem, a Ladeira do Calmon, as encostas, a borda de cima da encosta onde se tem a vista pra Lagoa Mundaú e que não pode ser privatizada. A vista é de todos. O campo do CSA, onde hoje está o maquinário para encher as minas. A encosta do Mutange era como uma arquibancada que dava para o CSA. As praças, como a Lucena Maranhão, a Menino Jesus de Praga e a Arnon de Mello, a Igreja Batista, a Igreja de Santo Antônio, o Colégio Bom Conselho, as Casas Gêmeas do Bebedouro, a Rua Belo Horizonte, o CEPA *(complexo de escolas públicas)*".

Ela enfatiza: "O equipamento das minas na superfície precisa ser preservado para mostrar que o desastre é fruto de uma prática minerária insustentável. Preservação é mostrar uma casa rachada de canto a canto. Em Auschwitz, foram mantidos os locais de tortura, a câmara de gás. As pessoas saem horrorizadas com a crueldade do nazismo. É uma conscientização de que aquilo não pode voltar nunca mais. É um lugar de consciência. A perspectiva de um lugar de memória sensível é o lugar da dor, é dissonante, para que o desastre não seja esquecido e para que não se repita".

EMPOBRECIMENTO

A associação do Movimento Unificado das Vítimas da Braskem (MUVB) fez um estudo que traduz em números o empobrecimento de quem foi atingido pelo desastre. O MUVB calculou a média de indenização por imóvel a partir de números publicados no site da Braskem e chegou ao valor de R$ 113.576,93 (com os dados do site até 31 de outubro de 2023). A maneira como o cálculo foi feito está explicada em documentos públicos do MUVB, endereçados a autoridades, entre elas o Conselho Nacional de Justiça e o Conselho Nacional do Ministério Público, e em carta aberta ao presidente da República, Luiz Inácio Lula da Silva (datada de 10 de maio de 2024).

O valor global divulgado pela empresa inclui outros itens, além do montante da indenização pelo imóvel. Os itens são, por exemplo, o dano moral de R$ 40 mil; honorários de 5% do valor da indenização pagos aos advogados que intermediaram os acordos; o pagamento de auxílio-aluguel temporário de R$ 1 mil mensais; entre outras despesas. O MUVB separou do total as despesas que não fossem a indenização principal e chegou ao valor médio de R$ 113.576,93 por imóvel.

Para efeito de comparação, cabe lembrar o caso da Favela do Moinho, no Centro da cidade de São Paulo, de onde os moradores teriam que sair para a transformação da área em um parque público. Em maio de 2025, um acordo entre os governos federal e estadual estabeleceu que cada uma das cerca de 800 famílias que seriam removidas teria direito a R$ 250 mil – valor bem acima da indenização média calculada pelo MUVB – para comprar uma casa nova em qualquer bairro da capital, por meio do programa Minha Casa, Minha Vida. Pelo acordo, R$ 180 mil seriam custeados pelo governo federal e R$ 70 mil pelo governo estadual.

O cálculo do MUVB corrobora a queixa das vítimas de que a lógica dos acordos de indenização permite à empresa fazer um investimento de longo prazo, ao tornar-se dona de um grande ativo imobiliário em Maceió – uma área de 2,74 quilômetros quadrados no Centro da cidade –, comprando os imóveis das vítimas por preços muito abaixo dos de mercado. Em um dos acordos com as autoridades, a Braskem comprometeu-se a não construir na área desabitada, mas com uma ressalva que pode jogar por terra o compromisso, caso haja a estabilização do solo e a permissão do Plano Diretor da cidade. O Plano Diretor em vigor é de 2005 e, em algum momento, terá que ser revisado pela Câmara de Vereadores e pela Prefeitura. São incertezas que reforçam as desconfianças e a indignação das vítimas.

Os números no site da Braskem são atualizados mês a mês, à medida que novos acordos são fechados com as famílias e, por isso, o cálculo da média será diferente a cada nova atualização. Pedi à Braskem que discriminasse quanto pagou em cada uma das despesas incluídas no programa de realocação e compensação às vítimas, para ter os números oficiais da empresa, mas a assessoria respondeu que não pode divulgar as informações detalhadas "por ser uma companhia de capital aberto". A empresa explicou ainda que precisa ter a posse dos imóveis para "o atendimento dos compromissos firmados nos acordos com as autoridades, como restrição de acesso, demolição, segurança, dentre outros". O estudo do MUVB, portanto, é o único a oferecer uma referência mais próxima do valor real das indenizações.

Ex-morador do Pinheiro e procurador do Ministério Público do Trabalho, Cássio Araújo, de 60 anos, é o coordenador-geral do MUVB e se baseia no estudo para argumentar que as indenizações pagas pela Braskem são injustas. Não só pelo baixo valor dos pagamentos, mas pela transferência obrigatória da propriedade dos imóveis das vítimas. "A atuação dos Ministérios Públicos Federal e Estadual foi decepcionante, deficiente e adesista nos acordos que fizeram com a empresa. Transferir a posse das nossas casas para a empresa causadora do dano é uma aberração jurídica. O causador do dano passou a ter o monopólio como comprador. Foi como entregar as vítimas às feras. Os termos do acordo são muito desfavoráveis às vítimas. O morador tem que sair de casa, dar a posse do imóvel à empresa e procurar onde morar temporariamente, com auxílio-aluguel de R$ 1 mil, até fechar o acordo definitivo. Isso nos deixou numa posição muito fragilizada. Até cheguei a passar dois meses procurando casa todo dia, mas não achei nada equivalente ao meu imóvel e que eu conseguisse alugar por R$ 1 mil. Visitei uma casa que tinha uma fila com mais três interessados. Assim, não há como barganhar um preço com o dono. E quando o dono sabia que eu era do Pinheiro, aumentava o aluguel porque as pessoas acham que vamos receber uma superindenização. Aí, desisti de procurar e não fiz acordo. Decidi ficar".

Cássio resistiu o quanto pôde no Pinheiro, mas sua casa, na Rua Belo Horizonte, foi lacrada pela Defesa Civil na época do colapso da mina 18, em dezembro de 2023, quando os últimos moradores foram despejados por ordem judicial. "Eu estava viajando e fui acordado por telefone, às 2h14 da madrugada, por alguém que seria oficial de justiça. Foi uma conversa sumária, dizendo que entrariam na casa. Pedi para aguardarem, porque estava fora e voltaria logo, mas a pessoa bateu o telefone. Quando voltei, a casa tinha sido arrombada por maloqueiros *(ladrões)*, já que o lacre é mais simbólico do que real, mas aparentemente não roubaram nada. Meses depois, foi incendiada e perdi uma biblioteca com 20 mil livros. Tudo leva a crer que o incêndio foi criminoso porque foi encontrada uma garrafa de álcool. A Braskem tinha o dever de garantir a segurança das casas evacuadas. Quando nos tiraram do Pinheiro, na época da mina 18, foi uma ação para tirar as 'pedras no caminho' da empresa. Nós fomos as últimas 'pedras' a resistir no bairro".

A explosão do preço dos imóveis em Maceió explica por que muitas famílias se mudaram para bairros afastados ou para outras cidades da região metropolitana. A Braskem informou que "entre as famílias com destino conhecido, 88% permaneceram em Maceió, e o bairro com maior número de famílias instaladas em definitivo é Cidade Universitária. Em seguida, aparecem como locais que receberam maior contingente de famílias Santa Lúcia, Tabuleiro do Martins, Serraria, Farol (na parte não afetada), Benedito Bentes, Gruta de Lourdes, Clima Bom, Jatiúca e Chã da Jaqueira".

Algumas famílias tiveram que contrair dívidas para conseguir comprar outro imóvel compatível com suas necessidades. Foi o caso das irmãs Lopes. Até o tremor de 2018, elas moravam no Pinheiro, com uma vida inteiramente dedicada ao bem-estar da irmã mais velha, Márcia, de 64 anos. Com problemas neurológicos de nascença e cadeirante, Márcia precisa de assistência 24 horas. Suas três irmãs, Marcirlene, 63, Marcirleide, 62, e Mércia, 61, não poupam esforços para auxiliá-la.

Marcirlene e Marcirleide moravam num apartamento totalmente adaptado para Márcia. A irmã mais nova, Mércia, que é casada, morava em outro apartamento, no mesmo condomínio. Elas estavam sempre próximas, compartilhando o dia a dia e os cuidados com Márcia. Logo após o tremor, apareceram rachaduras nos seis blocos do condomínio e houve uma corrida contra o tempo para sair dali. Em meio a tantas aflições, ainda tiveram que lidar com a perda do pai, Jorge Benedito, funcionário público municipal aposentado, que morreu de câncer, um ano depois do tremor.

É Marcirleide quem conta: "Era um terror. A gente vivia com medo e ninguém queria comprar nossos imóveis. Apareceram rachaduras por onde um braço podia passar. Tudo em volta estava condenado. Papai vivia preocupado com o que nos aconteceria. Ele era o porto seguro da gente, tinha orgulho de ser filho de lavadeira e de pedreiro e de ter conseguido estudar direito, já bem mais velho. Quando faleceu, perdemos o chão. Logo depois, nós saímos do nosso imóvel. Demos portas, janelas de vidro temperado, boxes, vasos sanitários, móveis feitos sob medida... A gente tinha uma vida estruturada e o dinheiro da Braskem não cobriu tudo. Para comprar o apartamento onde moramos hoje, tivemos que fazer um empréstimo no banco para complementar o valor. Nós não vendemos o nosso imóvel. Fomos expulsas do que era nosso. Fechamos o acordo injusto, mas fechamos para ter paz".

A compra de outro imóvel é apenas parte do recomeço. A adaptação a um novo lugar pode ser bastante sofrida. E foi, de fato, para as irmãs. Tantos transtornos na vida delas cobraram seu preço, principalmente de Márcia. Quem conta, emocionada, é Marcirlene: "Márcia não fala, mas consegue se expressar, e sempre foi tranquila. Depois de tudo o que aconteceu, ela passou a gritar muito. Nosso apartamento no Pinheiro era adaptado para facilitar o dia a dia dela. Foi difícil achar um imóvel porque a cadeira de rodas não passa em qualquer porta. Sempre moramos no térreo pra facilitar a vida dela. Tivemos que vir morar no terceiro andar porque a gente precisava resolver a nossa vida. Mas, se falta energia, não podemos sair com ela porque dependemos do elevador. No começo, fomos rejeitadas aqui. O síndico pediu que saíssemos porque os vizinhos estavam reclamando dos gritos da minha irmã. Isso as autoridades não veem, a Braskem não vê. Não há dinheiro que pague o que a gente passou. Não entendo como a empresa não responde na Justiça pelo que fez. Aqui, a gente é estranho no ninho. Só temos paz porque temos Deus. Temos paz, mas não sossego".

UMA FAMÍLIA NO BEBEDOURO

A história da família da bióloga e professora Neirevane Nunes de Souza, de 47 anos, no bairro do Bebedouro, começa três gerações antes, quando o avô materno, José Carlos, maquinista da linha de trem que passava pelo bairro, e a esposa, Maria José, estabeleceram-se no local, na década de 1960. A casa dos avós foi o porto seguro da família, onde, inclusive, os pais de Neire, como é conhecida, moraram durante um período de dificuldades financeiras. Depois que os avós morreram, a casa da mãe de Neire, Maria Graciete, mais velha de seis irmãos, passou a receber os encontros e festividades religiosas, já que a família é muito católica.

A religião foi também a fibra que teceu laços de amizade no bairro. Neire relembra: "No Bebedouro, as famílias eram muito próximas. As pessoas nasciam, cresciam e continuavam no bairro. Todos na nossa família moravam próximos. Bebedouro era um bairro vivo, havia uma convivência comunitária intensa por conta da Igreja Matriz de Santo Antônio. Tinha um ponto muito forte da vida social que era a campanha de Nossa Senhora de Fátima. Começava em maio e terminava em outubro. Éramos divididos em grupos e cada grupo visitava uma quantidade determinada de casas. A gente levava a imagem de Nossa Senhora de casa em casa. Ela passava pelo menos dois dias em cada uma. A gente tinha essa intimidade, essa convivência, rezávamos juntos. Os vizinhos eram como família. Esse vínculo foi quebrado de maneira brusca".

Neire nasceu e cresceu no Bebedouro, onde está – ou estava – tudo que alude a bem querer na sua vida: as escolas onde estudou, entre elas o centenário Colégio Nossa Senhora do Bom Conselho, o mercado público que frequentava aos sábados, a Igreja de Santo Antônio e o cemitério de mesmo nome, onde seus avós maternos foram sepultados. O adeus ao Bom Conselho é uma de suas recordações mais dolorosas: "Eu e várias pessoas da minha família estudamos no Bom Conselho. Era uma das maiores referências para nós, em Bebedouro, e parte da nossa história. Fui para a porta do colégio no dia em que chegaram os caminhões para levar o mobiliário, um acervo riquíssimo, porque o colégio é do século XIX, construído logo depois da Guerra do Paraguai. Tentei entrar no prédio, queria me despedir, mas não consegui. Fiquei assistindo à mudança, gravei um vídeo. Fiquei indignada, chorei e cantei o hino do centenário do colégio, sozinha, em frente ao portão... 'É qual espelho das coisas boas, o Bom Conselho, em Alagoas...' *(sua voz embarga)*. Desculpe, mas não tenho como não me emocionar... Por muita insistência minha, um funcionário permitiu que eu fosse até a gruta me despedir. Era um lugar especial, onde eu fazia minhas orações. Difícil falar sobre nossa expulsão. A minha casa, o meu lar, ainda é lá, em Bebedouro. Minhas referências estão ali".

A casa que os pais de Neire, Antônio e Maria Graciete, haviam conseguido construir foi uma grande conquista, depois de pagarem aluguel por tantos anos. A casa foi erguida em cima de outra, já existente, que pertencia a uma tia, Maria do Socorro. Neire contraiu dois empréstimos bancários para custear as obras. A casa ficou pronta em 2009 e tranquilizou a família, até começarem a aparecer fissuras na construção algum tempo depois. "A casa própria era o sonho do meu pai. Tinha dois quartos, varanda, cozinha, era bem ampla, iluminada. Infelizmente, ele teve um câncer e aproveitou pouco, mas foi um alento pra ele deixar minha mãe amparada. Por volta de 2014 ou 2015, começaram a aparecer rachaduras nas casas da minha mãe e da minha tia, mas a gente nunca relacionou com a mineração. Chamei um pedreiro e ele fez um reforço na estrutura em vários pontos da casa. Mas a gente notou que as rachaduras voltavam a aparecer um tempo depois. Quando houve o tremor, a gente achou que tinha sido um evento natural. Mas o professor Abel Galindo fez a ligação com a mineração da Braskem".

Segundo Neire, foi aí que "a ficha caiu". "O professor era uma voz no deserto, já que vários engenheiros diziam que o problema estaria relacionado à rede da Casal *(Companhia de Saneamento de Alagoas)*. A Braskem abraçou essa tese por muito tempo. Mas o laudo do Serviço Geológico do Brasil confirmou a relação com a mineração. Foi um impacto muito grande, minha mãe não queria acreditar que teria que sair dali. Ela e minha tia foram das últimas a ir embora. Relutaram, mas a rua foi se esvaziando e ficou perigoso deixar duas senhoras sozinhas ali. Minha mãe, que tem 72 anos e já tinha problema depressivo, piorou. A Braskem nos ofereceu um valor irrisório. Pleiteamos um valor justo, mas recebemos um valor bem abaixo do que valia o nosso imóvel. O pior foi ouvir da empresa que nós, vítimas, estávamos querendo levar vantagem".

A conclusão do laudo do SGB foi o divisor de águas na mobilização dos moradores. A partir do relatório, eles saberiam de quem cobrar responsabilidades e indenizações pelas perdas. Seria o começo de uma luta árdua para ter voz. "No auge da nossa mobilização, veio a pandemia. A gente estava lutando por nossos direitos e pela nossa sobrevivência. Mesmo assim, fomos pra rua, de máscara e tudo. Fizemos grandes protestos em frente aos Ministérios Públicos Federal e Estadual, e em frente à Braskem. Não concordamos com os acordos firmados pelas autoridades com a empresa sem que fôssemos ouvidos. Pedimos a revisão dos acordos, que têm massacrado a gente, mas nos foi negado. As autoridades diziam que fizeram o que poderia ser feito e que evitaram mortes. Mas ignoram os suicídios e o adoecimento da população, os casos de ansiedade, síndrome do pânico e de depressão. São os mortos-vivos, ou vivos-mortos, como a gente chama. Nossas perdas e danos não são só materiais, são existenciais. Eu mesma sinto isso. Passei a ter situações de ansiedade, a dormir menos e a acordar no meio da noite. Esse impacto vai se perpetuar sobre as nossas vidas anos afora".

Como bióloga e doutoranda em sociedade, tecnologias e políticas públicas, no Centro Universitário de Maceió, boa parte da atuação de Neire está voltada à identificação de impactos ambientais e sociais do desastre. São temas como o risco de salinização da Lagoa Mundaú e a retirada de areia de praias alagoanas para preenchimento das minas da Braskem, num desdobramento sem fim de efeitos negativos da mineração.

O engajamento subtrai de Neire um tempo precioso com a família, especialmente com a filha, Maria Clara, de 7 anos. Mas ela não consegue mais se ver fora do campo de batalha. "Somos poucos na linha de frente e é uma luta difícil contra uma multinacional poderosa. Muita gente desistiu pelo caminho, até porque houve uma pulverização da população, que foi morar em locais distantes. Todas as vezes que voltei aos bairros foi uma mistura de dor, revolta, indignação e saudade".

A sensação, segundo ela, é a de ter sido roubada. "A Braskem está se tornando proprietária de todos os imóveis. Nossas referências precisam ser restauradas e devolvidas. É um patrimônio nosso. Isso é um abuso completo, mostra que o crime compensa. É a velha história: os lucros são privados, mas os danos são coletivos. Mas acredito na força que a gente tem. Essa luta acaba afetando nossas vidas, nossas famílias, o trabalho... São reuniões, audiências, tem que produzir documentos etc., mas é uma questão de sobrevivência. Alguns amigos me disseram: 'Neire, para com isso, você vai adoecer'. Mas se eu parar de lutar, aí, sim, adoeço. Minha forma de lidar com a dor é transformar o luto em luta".

TEIA ECONÔMICA ROMPIDA

Conheci as ruas afetadas pelo desastre da mineração quando ainda era possível entender o desenho dos bairros, o mapeamento de seu comércio e de serviços variados. Muitos moradores tinham pequenos negócios em suas próprias casas, em residências de uso misto, com um comércio no térreo e moradia no andar de cima ou ao lado, no mesmo terreno; outros tantos funcionavam em imóveis alugados.

Segundo a Junta Comercial de Alagoas, em 2020, os bairros do Mutange e do Bebedouro tinham, respectivamente, 122 e 684 empreendimentos. Mais de 80% eram de microempreendedores individuais (MEIs). O Pinheiro tinha perfil diferente, com quase 2.700 empresas registradas. O bairro experimentava uma expansão imobiliária, que atraía investimentos com lojas e serviços mais sofisticados. No total, nos três primeiros bairros afetados, havia 3.474 empresas.

Em minhas idas a Maceió, muitas ruas e acessos já estavam bloqueados pelos tapumes da Braskem, mas nem todas as construções haviam sido demolidas. Fachadas e letreiros eram visíveis e revelavam a rede de negócios que conta a história de comunidades, suas formas de existência e de apropriação do território. Mas os vestígios daquele pedaço de Maceió desapareciam rapidamente.

Na parede de uma escolinha infantil, estão os desenhos desbotados da Turma da Mônica e do Mickey Mouse. Numa esquina, o delicado logotipo de uma floricultura vazia. Nos escombros de um salão de beleza, dava para ler o anúncio das promoções de corte de cabelo, tintura e manicure. Tudo ficara para trás, à mercê das máquinas de demolição. Por trás de cada fachada, a história de uma família, projetos e esperanças. Na medida em que a área de risco se ampliou para mais dois bairros, Farol e Bom Parto, os impactos econômicos se estenderam às chamadas "áreas de borda", as ruas vizinhas à região afetada, e às regiões que ficaram em situação de "ilhamento" socioeconômico, como os Flexais, Quebradas, Vila Saem e Marquês de Abrantes.

Muito do que se sabe sobre os impactos econômicos do desastre deve-se à Associação dos Empreendedores e Vítimas da Mineração em Maceió. Numa apresentação ao governo de Alagoas, em julho de 2020, chegou-se ao número de quatro mil empresas afetadas, que, somadas, faturavam cerca de R$ 1 bilhão por ano e geravam emprego e renda a 40 mil pessoas. Os bairros tinham um mosaico de atividades: açougue, padaria, peixaria, sorveteria, lanchonete, pizzaria, mercearia, supermercado, salão de beleza, barbearia, loja de roupa e cosméticos, armarinho, perfumaria, academia de ginástica, livraria, papelaria, escola, salão de festa, clínica, consultório, farmácia, laboratório, restaurante, bar, cervejaria. E mais: borracharia, posto de combustível, oficina mecânica, vidraçaria, imobiliária, gráfica, lojas de material de construção, de produtos de informática, de fogos, de telecomunicações e de energia solar, agência de turismo, distribuidora de bebidas, oficinas de refrigeração, escritórios de arquitetura e decoração e de engenharia.

Com a debandada de moradores e clientes, empresas sucumbiram diante da súbita avalanche de dificuldades, agravadas pela pandemia de covid-19: perda de faturamento, demissões de funcionários, incapacidade de pagar impostos, fornecedores e indenizações trabalhistas; perda de acesso ao crédito e de fiadores para alugar um novo local. Quem conseguiu sobreviver e se transferir para outro bairro teve que arcar com os custos de desmontagem e montagem do negócio, aluguel e reforma de um novo ponto, enquanto negociava a indenização com a empresa, em processos que podiam durar anos.

Alexandre Sampaio, presidente da Associação dos Empreendedores, avalia as condições de negociação com a Braskem como "uma sentença de morte". Primeiro, os donos tinham que deixar seu ponto, recebendo em seguida R$ 10 mil como antecipação da indenização. Só então começava a negociação. "Que empresa aguenta sair e recomeçar em outro bairro, tendo que investir, montar o negócio, fazer marketing e atrair uma clientela nova com esse valor?", questiona. Pesquisa da Federação do Comércio de Alagoas constatou que 41,9% dos estabelecimentos do Pinheiro funcionavam há mais de 11 anos no local; e 17,1%, entre 8 e 11 anos.

Diante de tal cenário, a associação pleiteou ao governo do estado – na época, governado por Renan Calheiros Filho – uma linha de crédito subsidiada e desburocratizada, com juros mais baixos do que os praticados no mercado, 12 meses de carência e mais 36 para pagamento, dispensa de garantias, de fiador, e subsídio inversamente proporcional ao faturamento. O valor total da linha de crédito seria de R$ 67 milhões para as várias categorias de empreendimento: informais (como feirantes e ambulantes), MEI, micro, pequeno porte, médio porte ou maior. A associação apresentou o pedido de secretaria em secretaria, num périplo que resultou em frustração. A linha de crédito não foi atendida.

Distopia em Maceió: o cemitério de casas vazias e destroçadas às margens da Lagoa Mundaú

Sem moradores e com imóveis em ruínas após saques e furtos, parte de Maceió se tornou uma cidade fantasma

A associação conseguiu, contudo, um alívio fiscal para os empreendedores. A Secretaria Estadual de Fazenda concedeu remissão, anistia e isenção do ICMS enquanto perdurasse o estado de calamidade pública nos cinco bairros. Também com o empenho da associação, foi aprovada uma lei municipal que concedeu perdão de dívidas tributárias e isenção fiscal para empreendedores e proprietários de imóveis nos bairros afetados.

As renúncias fiscais, no entanto, não foram suficientes para evitar a quebradeira dos negócios. A queda de braço com a Braskem foi pesada e, segundo Alexandre Sampaio, só a muito custo os empreendedores conseguiram mostrar que as indenizações deveriam ir além dos imóveis onde os negócios funcionavam. "Em muitos casos, os R$ 10 mil de adiantamento não pagavam sequer uma ou duas indenizações trabalhistas. Tivemos que lutar para que a Braskem pagasse de acordo com uma matriz de danos que formulamos e que incluía lucro cessante, fundo de comércio, dano material emergente e o pagamento das indenizações trabalhistas. Mas a Braskem não quis nos pagar dano moral. Os empreendedores caíram na inadimplência, com negativação na Serasa e no SPC. Planos de negócios e investimentos foram perdidos. Isso provocou danos psicológicos em muita gente. Por trás de um CNPJ, tem uma pessoa, famílias que dependiam única e exclusivamente da renda de seus negócios, e ainda tem os trabalhadores".

A perda total de empregos é de difícil dimensionamento por vários motivos. Havia um grau de informalidade grande e os postos de trabalho perdidos vão além dos empreendimentos. Prédios e conjuntos habitacionais demolidos empregavam porteiros, zeladores, jardineiros, faxineiros, vigilantes. Outro contingente de trabalhadores era o de cuidadores de idosos e empregadas domésticas. Por estarem próximos à Lagoa Mundaú, muitos moradores dos bairros eram pescadores e marisqueiras que perderam a freguesia.

Sem um levantamento preciso dos efeitos socioeconômicos, o desastre da mineração da Braskem não será compreendido no seu todo. Pedi a vários órgãos públicos estaduais e municipais um levantamento oficial sobre o número de empresas na região antes do desastre, quantas se mantiveram e quantas quebraram, além de quantos empregos foram perdidos. Não recebi retorno até a conclusão deste livro.

A Braskem informou que até o fim de janeiro de 2025 havia selado 4.506 imóveis comerciais ou de uso misto (moradia e comércio). Na discussão sobre as indenizações, os donos desses negócios poderiam optar por um valor único de compensação, de R$ 81.500, ou entrar na negociação para definir os valores caso a caso. A opção pelo valor único foi feita por 577 empreendedores. Dos que negociaram, 971 eram empresários formalizados, 1.670 tinham atividades informais e outros 56 eram trabalhadores autônomos.

Há uma outra categoria contemplada nas negociações, chamada de "grandes equipamentos", num total de 99, que incluíam: 24 estabelecimentos de saúde (públicos e privados); 25 de educação (públicos e privados); 13 templos religiosos, cinco concessionárias, 17 classificados na rubrica "outros" e 15 como "institucional". Números são importantes para dar uma ordem de grandeza às consequências de crimes e desastres socioambientais e para dimensionar indenizações justas às vítimas. Mas as estatísticas não contam tudo. Tragédias como a de Maceió têm rosto, identidade, sentimentos e histórias. Você conhecerá algumas delas nas páginas a seguir.

A PADARIA BELO HORIZONTE

É difícil para Dirceu Buarque de Freitas, de 59 anos, falar do último dia de funcionamento da padaria Belo Horizonte, no Pinheiro, sem os olhos marejarem e a voz falhar. O estabelecimento fora fundado por seu pai, também Dirceu, quando a família deixou União dos Palmares e tomou o rumo da capital para que os seis filhos tivessem melhores oportunidades de estudo.

A família se encantou com o bairro que começava a crescer, com casas em construção e ruas asfaltadas. O pai encontrou um ponto na Rua Belo Horizonte e assim o Pinheiro ganhou sua primeira padaria. Foram 40 anos de labuta entrelaçados a muitas alegrias, dificuldades e recomeços. A padaria era um grande orgulho, onde todos da família trabalharam ajudando o pai e a mãe, Dirlene, antes de trilharem outros caminhos.

O filho Dirceu estivera mais próximo porque construiu um andar em cima da padaria para ser o lar em seu primeiro casamento. Foi natural assumir o comando em substituição ao pai, alquebrado pela idade e pelo mal de Parkinson. Com a segunda esposa, Cláudia, investiu e modernizou o empreendimento que, um dia, sonhara em passar para a filha mais nova, Carol, nutricionista, criada entre as mesas e o balcão da padaria. Até que chegou a hora da despedida, a contragosto, em 31 de dezembro de 2021. Foi o último dia em que o cheiro de pão quentinho saindo do forno pôde ser sentido nos arredores.

É Dirceu quem relembra: "Foi um ano muito difícil, com o desastre, a pandemia, tudo junto. Resolvemos ficar até o fim do ano e, no dia 31, antes de fechar as portas, fizemos uma oração às 17h para agradecer a Deus pelos 42 anos que a padaria alimentou a minha família. Até hoje me emociono. Queriam até que a gente fizesse uma vaquinha na internet pra manter a padaria, mas não tinha mais condições. Tanto sacrifício e veio essa bomba. Tinha muito boato. Diziam que tudo iria afundar, que estavam trazendo sacos para armazenar os corpos, que ia morrer todo mundo. Fiquei muito desgostoso e só pensava: 'Vou ter que botar a última pá de cal?'".

Depois da morte do pai, Dirceu conseguiu comprar a parte dos irmãos e se empenhou em sanar dívidas e problemas acumulados desde o confisco da poupança, no governo Collor. Aos trancos e barrancos, a padaria sobrevivia, mas era preciso investir. "O pão é um alimento abençoado. Numa mesa pode faltar tudo, menos o pão. Mas tinha que dar uma melhorada, modernizar. Minha sogra, dona Nevinha, foi quem me socorreu, aliás, como em outras vezes. Gratidão eterna. Ela levantou um empréstimo para a reforma. Climatizamos, compramos equipamentos novos, ficou linda. Foi uma luta. A padaria funcionava durante o dia e à noite a gente tocava a obra. Quando reinauguramos, foi um sucesso! Sempre trabalhei duro. Férias, só nos dias de carnaval. Nas melhores épocas, cheguei a desmanchar oito sacos de farinha por dia. Dá 400 quilos. Não era só padaria: servia café da manhã e jantar. No jantar, eram sopas, comidas regionais, macaxeira, inhame, cuscuz, banana frita... Tinha pastelaria, lanchonete e confeitaria, com bolos, biscoitos, salgados. Íamos das 6h às 20h, de segunda a sábado. Quando fechei a padaria, tinha caído de 400 quilos de farinha pra 25 a 30 quilos por dia".

A clientela desapareceu, vieram as dívidas, credores bateram à porta. A ruína a conta-gotas corroía as esperanças da família e dos funcionários. Dos 16 que chegou a ter, restavam seis empregados e não havia saldo em caixa para indenizá-los. As lembranças desse período o assombram até hoje. "A padaria era o ponto de encontro do bairro. Eu ouvia histórias dramáticas, confidências, era como um divã de psiquiatra. Tinha laços com os clientes. Nosso São João era famoso. Eu montava uma barraca na rua e vendia comidas típicas, como pamonha e canjica. A clientela era da região. A gente quebrou quando começou o êxodo. Fiquei num mato sem cachorro. Não podia sair dali porque devia aos funcionários. Eu lembrava muito do meu pai. Sonho com ele e a padaria, lembro onde ficavam as coisas, a peneira, o coador do café, os talheres, o rolo da massa. O barulho do cilindro, da mexedeira, da modeladora de pão... Tudo isso não sai da minha cabeça".

Dirceu foi um dos primeiros a entrar na Associação dos Empreendedores. Era preciso se organizar para pleitear as indenizações pelos negócios aniquilados num efeito dominó. Em paralelo, a associação tentava buscar apoio de órgãos públicos. Uma tentativa que resultou em muitas decepções. Quem conta é a esposa, Cláudia: "Fomos nas secretarias municipais, estaduais, Ministério Público, Defensoria, governador... Tudo fita! Me sentia enxugando gelo. Era como ligar pro telemarketing, que vai passando de um pro outro e você tem que recontar a história mil vezes. Teve uma reunião com o secretário de Infraestrutura, Maurício Quintella, em que perguntei por que todos os secretários municipais e estaduais não se juntavam pra fazer algo por nós? Ficaram mudos. Só faziam reunião pra tirar foto. E tinha que repetir a mesma história, a mesma lamúria, como se a gente estivesse se vitimizando, de pires na mão".

A autoridade mencionada por Cláudia, Maurício Quintella, foi secretário estadual de Infraestrutura no governo de Renan Filho. Antes, havia sido ministro dos Transportes no governo de Michel Temer. De acordo com levantamento de dados junto ao Tribunal Superior Eleitoral, em sua campanha para deputado federal, em 2006, Quintella recebeu R$ 40 mil de doação da Braskem.

Cláudia prossegue: "A gente bate muito na Braskem, mas, pra mim, pior foram as autoridades que deixaram isso acontecer. A empresa minerava aqui havia 40 anos. Começou com a Salgema, passou por todos os governos e continuou minerando em área urbana, com autorização do Instituto de Meio Ambiente! Eu estava presente numa reunião e alguém perguntou: 'Como era feita essa fiscalização?'. Responderam: 'A Braskem faz um relatório e manda pro IMA'. Isso não existe, minha gente. É tão absurdo... Eu me sentia dentro de um filme de ficção científica. Era para o país todo saber! Até hoje tem gente, aqui em Maceió, que não sabe o que aconteceu, ou acha que está tudo certo e que ficamos ricos *(com as indenizações)*".

O embate com a Braskem sobre os critérios e valores das compensações seria exasperante. Antes de fechar, Dirceu vendeu o que pôde e entregou equipamentos a fornecedores como pagamento de dívidas. O que não foi vendido ou doado ficou guardado, à espera de interessados, mas a falta de segurança no bairro deu outro destino aos utensílios. "Num dos furtos, levaram mais de cem assadeiras pra vender no ferro-velho. Passaram dois dias dentro do prédio. Levaram fiação, panelas, tudo que era de inox. Fui avisado por um vizinho, chamei a polícia, mas eles correram. A indenização não cobriu esse prejuízo. Mandei um informe pra Braskem e nunca me deram satisfação. Nem um 'desculpa aí'. Nunca!".

As indenizações dos funcionários, segundo Dirceu, também não foram cobertas. "Tive que arcar com uma parte. Não recebi dano moral como empresário. Disseram que comércio não é pessoa física. Mas e os constrangimentos que passei? A empresa de energia cortou o fornecimento na frente dos clientes por falta de pagamento. Fornecedores exigiam levar equipamentos. Eu devia até mesmo ao meu fornecedor de pamonha. E foi um absurdo transferir a propriedade do imóvel para a Braskem. Não havia negociação. Foi como brigar contra um leão. Depois de um tempo, minha filha, Lili, me disse: 'Pai, você não vai brigar mais. Fecha o acordo'. Fui vencido pelo cansaço".

O patrimônio, a ruptura abrupta de perspectiva profissional, as relações afetivas construídas entre goles de café, tudo se esfacelava ao mesmo tempo, sem dar pausa para a retomada de fôlego. Dirceu chegou ao limiar do esgotamento mental. “Sempre me senti um cara forte, nunca fui de baixar a cabeça. Mas um dia disse ao meu amigo Alexandre: ‘Não tenho muito mais tempo de vida. Vou embora logo’. Era o começo da depressão. Hoje, estou bem psicologicamente. Mas, depois de viver uma coisa dessas, é como ser atropelado numa avenida. Você fica receoso de ser atropelado de novo e evita passar na mesma avenida. Profissionalmente, minha vida perdeu sentido. Padaria não dá mais. É muito cansativo. Minha vida hoje é simples. Tenho apartamento próprio e estou investindo em compra e venda de carros usados. Dá pra viver”.

Da varanda do apartamento do casal, tem-se uma visão completa do cenário do desastre: os bairros atingidos, a Lagoa Mundaú e, mais ao longe, a fábrica de clorossoda da Braskem. Num canto da sala, Cláudia acomodou uma cristaleira que veio da padaria. Quando os entrevistei, as emoções ainda estavam à flor da pele. Perguntei se não era doloroso contemplar todos os dias o panorama associado a traumas tão recentes. Dirceu respondeu: “Quero guardar na memória tudo o que construí na vida, seja essa conquista destruída ou não. A padaria foi demolida e o terreno é da Braskem. Mas a importância da padaria é o valor afetivo. Gosto de ver o local onde a minha vida profissional começou. Daí a necessidade de estar aqui. E tem uma questão prática. Esse prédio onde moro fica muito perto da área afetada. A desvalorização dos imóveis é da ordem de 40%. Se eu vendesse esse apartamento, não conseguiria comprar outro do mesmo padrão num bairro bom. Estamos a cem metros da área atingida. Logo que aconteceu tudo, tivemos muito receio. Hoje, não sinto mais medo de viver aqui”.

RECONSTRUÇÃO DE UMA ESCOLA

Logo após o tremor de março de 2018, as salas do Colégio Santa Amélia, no Pinheiro, começaram a ficar vazias. Pais apavorados com as rachaduras e crateras no bairro decidiram tirar os filhos da escola. O prédio estava intacto, mas o desastre se alastrava dia após dia, minando a confiança de famílias, professores, funcionários e alunos de que a escola poderia manter-se ali.

O fundador e diretor do colégio, Falone Tenório, conta que entre 2018 e 2019 assinou 400 transferências, perdendo metade dos alunos. "As famílias estavam indo embora e me perguntavam: 'Professor, para onde o senhor vai?'. Eu pensava: 'Meu Deus, não vou a canto nenhum'. O prédio não tinha fissura e eu achava que não iria cair, como, de fato, até hoje não caiu. Mas não me achava no direito de dizer para ficarem porque não sabia o que podia acontecer. A gente foi se planejando pra emergência. Cheguei a estocar alimentos. Caso acontecesse algo e a gente ficasse preso com as crianças, tinha que ter comida até vir o socorro. Era uma pressão psicológica muito grande. A gente ouvia que o bairro podia afundar de uma vez. Conforme o tempo ia passando, mais gente desistia de manter as crianças na escola. No começo de 2019, tive que devolver o dinheiro de matrículas. No meio do ano, eu já estava numa situação difícil e tinha que procurar outro local ou a escola ia acabar. Decidi que salvaria a escola".

O efeito do desastre nas famílias invadiu as salas de aula com a força de um tsunami de transtornos emocionais: medo do desemprego e da perda das moradias, a falência de empreendimentos, as desavenças entre casais sobre como enfrentar as negociações com a empresa, projetos adiados, perguntas sem respostas. O rendimento dos alunos desabou. "A possibilidade de fechar uma escola de 38 anos era real. Tenho funcionários antigos, que já se aposentaram e continuam trabalhando porque gostam da escola. Muitos professores moravam naquelas redondezas e percebi que estavam psicologicamente arrasados. Dei a eles a garantia de que ninguém seria demitido. Mas o abalo emocional foi grande e interferiu nas aulas. Os alunos estavam irritados. Eles passaram a levar quatro horas para fazer provas que antes faziam em uma hora. Criamos um laboratório de apoio pedagógico para ajudá-los, mas foi difícil. Como eu conversava muito com as famílias, sei de casamentos que se dissiparam. E, como se não bastasse tudo isso, em 2020 veio a pandemia".

Para sair do sufoco financeiro e conseguir reerguer a escola em outro bairro, o professor tentou financiamento bancário, sem sucesso, até que ofereceu como garantia a casa onde morava, fora da área de risco. O banco, finalmente, concordou. Foi a salvação em meio a tanta turbulência. Com o dinheiro, Falone comprou uma casa no bairro da Gruta. Derrubou o imóvel, cuja planta não se adequava às necessidades de uma escola, e construiu outro. Por um desses acasos do destino, quando o vírus da covid chegou, o colégio Santa Amélia já tinha sua plataforma de ensino online instalada, o que ajudou a dar fôlego para a escola que ressurgia.

Falone tinha feito uma viagem ao Rio de Janeiro e conhecido o sistema de aula online. "Fiquei encantado e quis trazer para os meus alunos. Contratei um educador e técnico em computação, que começou a trabalhar em 2019. Quando veio a pandemia, fui a primeira escola no estado a entrar com o ensino à distância e com plataforma própria. Os alunos acompanhavam a aula do lugar onde estivessem. Isso me trouxe mais estudantes. E eu ia tocando a obra. Cheguei a fazer reunião virtual com os alunos daqui de dentro da obra. Eu queria *(emociona-se)* que eles vissem que eu estava fazendo outro prédio e que a escola são eles. A gente conseguiu tudo com muito aperto, precisei vender algumas coisas, inclusive meu carro. Só sei que inaugurei a escola em 27 de janeiro de 2021, sem procurar a Braskem e sem que ninguém me procurasse para oferecer ajudar: Prefeitura, Estado, Ministério Público, ninguém me procurou. Quatro meses depois, a Braskem enfim me procurou e começamos a negociar".

Com o novo colégio em funcionamento, Falone pôde tratar com a Braskem sem a faca no pescoço. As mensalidades escolares voltaram a entrar no caixa regularmente, ele começou a quitar impostos atrasados e manteve os 140 empregados. Mas, na Associação dos Empreendedores, onde foi tesoureiro, acompanhou o drama de quem não conseguiu preservar seu negócio. "As reuniões da associação eram na escola do Pinheiro, que ficou vazia, mas eu mantive tudo lá, limpo e arrumado, com um zelador de dia e um segurança à noite. Nas reuniões da associação, via pessoas definhando, entrando no alcoolismo, porque não estavam conseguindo segurar suas empresas. Diante dos problemas dos outros, eu pensava: 'Não tenho problema algum'. As pessoas estavam quebrando, muitas tinham seus negócios na informalidade sem os documentos necessários. A Braskem exigia que tudo fosse feito em cartório. Se você tinha IPTU atrasado, tinha que pagar, porque eles diziam: 'Eu quero seu imóvel com IPTU em dia'. Muita gente não conseguia".

Depois de oito meses de negociação, Falone fechou o acordo de indenização com a Braskem. No balanço de perdas e danos, considera que não foi devidamente compensado, mas conseguiu o essencial: salvar a escola. "O dinheiro não foi tanto, mas precisava acreditar que era o suficiente pra levantar a escola. Na verdade, o suficiente seria eu continuar na minha escola, com os meus alunos, pagando os salários que pagava, que ainda não voltaram aos valores antigos. Suficiente seria eu continuar sendo uma referência no Pinheiro, onde montei a maior escola particular. Estou num bairro que tem outras escolas, bem vinculadas à comunidade. Eu ainda estou mostrando que a escola tem competência, um bom ensino e profissionais de excelência".

Reerguer um prédio, segundo ele, não é o mais difícil. "Mais difícil é reerguer a escola, que é muito mais que um prédio. Em quanto tempo vou recuperar tudo isso? Estou com 63 anos e já vinha planejando reduzir o ritmo de trabalho e passar para os meus filhos. Mas agora já sei que vou trabalhar, pelo menos, até os 70. Consegui sobreviver porque fui muito insistente. Hoje, tenho aqui 400 alunos, do infantil ao ensino médio, a metade do que tínhamos no Pinheiro. Em alguns momentos achei que não conseguiria salvar a escola. Peguei covid quando estava fazendo a obra e passei oito dias internado. Foi tudo muito difícil. Hoje, 30% dos meus alunos que já eram da escola do Pinheiro estão na escola porque os pais vieram morar perto daqui, pra mantê-los na nossa escola. E é isso o que importa. A escola está viva".

FLORES E LÁGRIMAS

As flores fazem parte da vida de Ana Paula Ayres, de 49 anos, desde que ela se entende por gente. Os avós maternos tiveram uma pequena venda de plantas, que a mãe ampliou e transformou em floricultura. Ana Paula cresceu naquele universo de delicadeza, aprendeu a lidar com os clientes e decidiu seguir no ramo. Aos 20 anos, já casada e com dois filhos, criou a Flora Brasilis e manteve a vocação familiar.

No mesmo terreno, Ana tinha a casa e a floricultura, um arranjo que, depois da separação, lhe permitiu cuidar das crianças e tocar o negócio. Em 2018, a loja completou 22 anos e se firmou como referência no Pinheiro. Os filhos, Victor e Poliana, ajudavam com os planos de expansão e uma reforma tinha sido encomendada. A tormenta abrupta provocada pelo desastre interrompeu os projetos. Ana Paula lembra a vida virada pelo avesso: "Foi um processo doloroso. Trabalhar com flores é puro amor porque a flor está ligada às emoções. As pessoas dão flores nos aniversários, casamentos, quando nasce uma criança, quando alguém morre. Quando aconteceu o tremor, eu já tinha clientes de fora do bairro porque o acesso era fácil. De repente, as pessoas foram parando de vir, com medo de entrar no Pinheiro, e quem morava lá foi saindo. Todo dia tinha casa rachando. Apareceram trincas na nossa casa. Até a publicação do laudo que responsabilizou a Braskem, tive que ouvir da Defesa Civil que era por falta de manutenção da casa".

Era o começo de uma espinhosa negociação com a empresa, até que Ana Paula obtivesse um valor que lhe permitiria se reerguer. Ela e os filhos só deixaram o bairro quatro anos e meio depois do tremor. Nesse período, viram a transformação do Pinheiro em zona fantasma. Sentiram medo de permanecer, mas acharam que era a única maneira de não perder por completo o patrimônio duramente conquistado. Paralelamente às discussões, a floricultura continuou funcionando.

A pandemia provocou um efeito inesperado que ajudou o negócio a sobreviver. Poliana, a filha de 28 anos, é quem conta: "É triste, mas, por conta da pandemia, a gente vendeu bastante. As pessoas mandavam flores para os parentes que não conseguiam ver. Infelizmente, também teve um crescimento na venda de coroas de flores pra enviar ao cemitério. Pra dar conta, a gente investiu no atendimento online e mantivemos as duas funcionárias. Mas vivíamos o medo de muita coisa ao mesmo tempo: da pandemia, do desastre e de não saber o que ia acontecer. Sabíamos que muita gente estava saindo das negociações com pouco e não conseguia recomeçar. Tive pesadelos de que voltava pra casa e ela estava afundando com a minha família dentro".

Ana Paula se tornou a fortaleza da família, conduzindo ela mesma as negociações, com o suporte emocional do filho, Victor, e a assistência de um advogado. Ela considera que isso a ajudou a conseguir um acordo menos injusto. "Toda vez que tinha reunião com a empresa, eu falava pra mim: 'Você precisa ser forte, segura, entender o que vão dizer e não cometer erro'. Contratei um advogado para lutar por mim, pela minha família e pelo imóvel. A negociação foi dura, a empresa avaliava tudo por baixo. Eu tinha a minha casa e a floricultura no mesmo terreno, mas eram imóveis distintos. Um imóvel era residencial, o outro, comercial. São avaliações diferentes. No comercial, não é só avaliar a metragem construída, mas as perdas do negócio. Eles não consideraram toda a área do terreno, jardim etc. Só aceitei depois da quarta análise, e mesmo assim porque o meu emocional estava muito abalado e o da minha família também. Não tinha mais saúde pra brigar e pensei: 'Chega! Dá pra recomeçar'".

A família deixou o Pinheiro em setembro de 2022. Ana Paula alugou um novo ponto para a floricultura. Com o valor dos aluguéis nas alturas, conseguiu achar um lugar degradado, mas numa avenida movimentada. Pensou que uma boa reforma renovaria o lugar. Alugou um apartamento provisório até receber o dinheiro da indenização, o que só aconteceu em abril de 2023.

A mudança, porém, foi traumática em muitos sentidos. Até para os dois cachorros de Poliana. Nina, uma lhasa de idade avançada e cega, não se adaptou ao apartamento. Morreu meses depois e suas cinzas foram enterradas no jardim da casa do Pinheiro, no lugar onde ela costumava tomar sol. O beagle Jake estranhou a redução de espaço. Chegou a tomar antidepressivos. Foi acolhido no sítio da avó de Poliana, mas não viveu por muito tempo.

O estresse acumulado abalou a saúde de Poliana. Eis seu relato: "Recebi o diagnóstico de ansiedade generalizada e pânico. Quando eu estava no Pinheiro, tive crises de pânico. Sentia como se fosse desmaiar, a pressão subia e os meus pensamentos eram 'eu vou morrer, eu vou morrer'. Uma vez, cheguei ao hospital certa de que estava enfartando. Foram muitas crises. Sentia medo de alguém invadir a nossa casa porque o bairro estava deserto, da minha mãe não conseguir se reconstruir financeiramente, da casa cair, de não ter onde morar... Eu e meu irmão tínhamos um acordo não falado de que só sairíamos de casa com a certeza de que nossa mãe teria um chão pra pisar. Ainda tomo remédio, mas numa dose menor que antes, e faz tempo que não tenho crises. Mas sempre existe o medo".

Ana Paula também sofreu o impacto psicológico e precisou buscar ajuda médica. A insônia não lhe deu trégua por meses seguidos e, em janeiro de 2025, ela ainda estava na terapia. "Eu não sabia o que era dormir. Tomei remédio, mas me fazia mais mal do que bem. Fiquei mais quieta e calada. Vivia com medo de que alguma coisa acontecesse com um de nós três. Tinha medo de deixar alguém sozinho em casa quando saía e medo de não reconstruir o meu negócio. De forma alguma, a nossa reparação foi justa. O valor do dano moral foi vergonhoso. A gente recomeça, porque a vida é perde e ganha. Mas as perdas me causaram danos emocionais, geraram ansiedade e estresse".

Quando, finalmente, recebeu o dinheiro da indenização, Ana Paula pôde comprar o apartamento onde mora. A loja prosperou, ganhou clientes no novo bairro e ampliou a oferta de serviços, como decoração de eventos e festas. Mesmo dispersos por outros bairros, clientes antigos do Pinheiro se mantêm fiéis e continuam a fazer encomendas.

Com a intenção de impedir que as memórias do bairro se perdessem no esquecimento, o artista visual Paulo Accioly idealizou o projeto "A gente foi feliz aqui". São retratos em branco e preto e em tamanho natural dos moradores, colados nas casas onde viveram, com cenas do cotidiano. Uma criança e seu cachorro, outra na bicicleta, um casal que dança forró. Não eram apenas fotografias nas paredes ou muros. Eram uma forma de "repovoar" o bairro por meio das imagens.

Ana Paula, Poliana e Victor participaram do projeto. Na entrada da floricultura, mãe e filhos apareciam na foto cercados de arranjos florais. Ana e Poliana ajudaram na colagem como se fosse um ritual de despedida. A fotografia na parede pôde ser vista da rua durante muitos meses, mas não escapou da marcha implacável das demolições. "Foi como um presente pra nós, uma maneira de mostrar que somos seres humanos e que temos uma história. A foto foi sendo coberta pela vegetação, até a casa e a loja serem demolidas. Hoje, só tem lá as palmeiras que eu mesma plantei e as cinzas da nossa cachorrinha, a Nina. Realmente, fomos muito felizes ali", conclui Ana Paula.

A ESCOLA DE BALÉ

Abrir uma escola de balé clássico em Maceió era o maior desejo da bailarina Eliana Cavalcanti, de 75 anos, nascida na capital alagoana, mas criada entre Olinda e Recife, em Pernambuco – e, por isso, autodefinida como uma "alabucana". As aulas começaram em espaços alugados, até que ela e o marido, Carlinhos, decidiram investir na construção da sede própria. Fizeram dois empréstimos com prazo de dez anos para quitação. No meio da obra faltou dinheiro. Os dois não titubearam e venderam o que tinham: a casa onde moravam, um terreno e o carro.

O rearranjo econômico permitiu construir a sede do Ballet Eliana Cavalcanti, na Avenida Comendador Francisco Amorim Leão, número 526, no Pinheiro. Com talento reconhecido Brasil afora, Eliana recusou convites do Ballet Stagium, de São Paulo, e da companhia de Dalal Ashcar, do Rio de Janeiro. Quis ficar em Maceió para dedicar-se à família e ao que considera sua verdadeira vocação. "Sou mais professora do que bailarina. Sempre soube que queria ficar velhinha dando aula. Tenho prazer em passar adiante o que eu sei. A construção da sede própria começou em 1979 e a inauguração foi em 1981, quando o Pinheiro era basicamente residencial. Em volta da escola, era quase deserto e silencioso, um bairro interessante, com gente de todas as classes sociais, casas maravilhosas e outras simples, tudo misturado".

O prédio tinha três salas de aula, duas delas com cem metros quadrados cada, três vestiários, um apartamento para hospedar professores, banheiros, copa e secretaria. Ter uma escola preparada para montar espetáculos todos os anos, participar de festivais nacionais, contratar professores e promover cursos especiais foram iniciativas pioneiras de Eliana em Maceió. Ela era diretora, professora e coreógrafa ao mesmo tempo. Criava os temas, desenhava figurinos, escolhia a trilha sonora e escrevia os libretos das apresentações. Também batia nas portas em busca de patrocínio, público ou particular, sempre a conta-gotas. E, se preciso fosse, colava cartazes nos muros para divulgar os espetáculos.

Eliana foi inovadora ao receber meninos e rapazes em sua escola e ao criar uma companhia, o Ballet Íris de Alagoas, com os melhores alunos e ela mesma no elenco. Apresentava o repertório clássico do balé, como "Quebra-Nozes" e "Cisne Negro", e criava coreografias inspiradas na obra de escritores alagoanos e nas manifestações da cultura popular: literatura de cordel, forró e maracatu. Valorizava os compositores brasileiros, entre eles Villa-Lobos, Pixinguinha, Guerra Peixe, Luís Gonzaga, Egberto Gismonti e Antônio Nóbrega. Seu trabalho marcadamente autoral alcançou reconhecimento nacional e está registrado em três livros, com um extenso acervo fotográfico que mostra a evolução de sua trajetória até a maturidade.

Nos primeiros anos, Eliana se desdobrava na escola, sem descuidar da família que crescia. "Em 1988, estava grávida do meu terceiro filho e sonhei que fomos morar em cima da escola. Eu aparecia fazendo uma reforma, falando com os pedreiros para quebrar isso e aquilo. Interpretei como um aviso de que precisava de mais tempo para cuidar dos meus filhos. Então, fizemos algumas adaptações e fomos morar na parte de cima, com a escola toda no térreo. A infância e a adolescência dos meus filhos foram lá. Saímos do aluguel e pude organizar a vida num só lugar: família, escola e o Ballet Íris. Muito tempo depois, fizemos outra grande reforma, saímos de lá e a escola voltou a ocupar tudo".

A vida seguiu com altos e baixos, conquistas e algumas decepções, comuns na vida de quem teima em cultivar a arte e buscar apoio em gabinetes mais secos que a terra do sertão. Os filhos cresceram, os netos chegaram. Até a tarde em que a terra tremeu. Eliana estava no Hospital Arthur Ramos, acompanhando a irmã, Viviana, que havia feito uma cirurgia no fêmur. "Estava na poltrona, cochilando, e acordei com o tremor. Minha irmã, deitada e cheia de pinos, sentiu. Ela achou que eu tinha sacudido a cama. Chamamos as enfermeiras. O povo descia dos prédios vizinhos gritando. Aí começaram as dificuldades. O prédio da escola não tinha nenhuma rachadura, mas nas ruas ao redor estava cheio de fissuras e buracos. Os pais ficaram com medo de mandar as crianças para as aulas. Eles me diziam: 'Se houver outro tremor, como é que uma professora vai controlar tantas crianças?'. Mesmo assim, consegui ficar até dezembro de 2018".

Até então, não se cogitava que fosse efeito da mineração. "Tínhamos a impressão de que o solo havia estabilizado. Aí, um restaurante self-service teve o piso rebaixado e apareceram mais rachaduras. Decidi me antecipar e saí no começo de 2019. Tive que demitir cinco empregados. Passei a pagar aluguel para usar as salas de um colégio, mas eram inadequadas. Em 2020, aluguei uma casa e fiz uma reforma. Gastei R$ 60 mil. Como tinha o nome limpo, consegui empréstimo, mas foi um sufoco. De repente, comecei a dever a muita gente e dava aquela sensação de insegurança quanto ao futuro. Veio a pandemia e passei a dar aula online no terraço da minha casa. Mas não funcionou. Na aula de balé, você tem que pegar no aluno, ver os movimentos. Eu estava sem dinheiro, com medo de que os alunos abandonassem a escola. Acabei fazendo o acordo com a Braskem".

Quando fala do acordo, Eliana expressa a sensação de uma rendição diante do poder da empresa, a inércia das autoridades e o acúmulo de dificuldades. Ela já não conseguia dormir e adoeceu. "Foi um processo muito cansativo, muitas reuniões. Numa delas, o advogado da Braskem perguntou se eu era 'destemperada'. Eu não conseguia abrir a boca, estava fragilizada com tanta injustiça. Era a minha escola e foi minha casa. A minha história, a da minha família, a do Ballet Íris de Alagoas, estava tudo ali. Comecei a protestar em rede social. Lembro de ter escrito um texto com o título 'Senhores, arregacem as mangas', para cobrar das autoridades atitude. Estava revoltada com o silêncio. Renan Filho, o governador, não dava uma palavra. Era como se o desastre fosse no Afeganistão. Acabei aceitando o acordo porque estava adoecendo e na Justiça demoraria muito. Meus cabelos começaram a cair, tive insônia, úlcera, emagreci. Envelheci. Assinei para ter paz".

Eliana guardou os recibos das despesas de aluguel e reforma dos espaços onde deu aulas, depois de sair do Pinheiro, mas a empresa não a ressarciu. Ela me contou sua história numa manhã de sábado, na semana em que a Braskem dera o alerta sobre a iminência do colapso da mina 18, na Lagoa Mundaú. Eliana teve um pico de pressão e taquicardia e pensou em cancelar a entrevista. Nosso encontro foi num estúdio que ela montou, no bairro Gruta de Lourdes, com apenas uma sala de aula ampla e espelhada. Não pude deixar de notar o lindo piso de madeira. Eliana explicou que eram tábuas de ipê-roxo de uma das salas da escola do Pinheiro, que trouxera como lembrança.

Com o porte elegante de bailarina, Eliana recomeçava mais uma vez. "Amo o balé, dou aula com prazer. Desde os 5 anos, sabia que seria bailarina. Meu pai me levou a um espetáculo de balé em Recife e me encantei. O balé ensina postura, autoestima, sociabilidade e é rico em valores, como solidariedade e respeito ao próximo. Ex-alunas me dizem que o balé foi muito importante para elas, mesmo as que seguiram outras carreiras, porque o palco dá muita segurança. Formei professores e dei aulas para gerações diferentes de uma mesma família: mãe, filha e neta. Tive aluna que começou a fazer balé aos 65 anos! A cicatriz de tudo isso que aconteceu está fechada? Eu evito falar. É uma lembrança nefasta e procuro não pensar, mas a ferida está lá".

A MINA 18

No fim de novembro de 2023, quase seis anos depois do tremor que mudara para sempre a vida de milhares de pessoas em Maceió, uma sequência de pequenos abalos voltou a tirar o sossego dos moradores remanescentes. Os "microssismos" foram sentidos no condomínio Morada das Árvores, na Rua Professor José da Silveira Camerino, a parte do Pinheiro não incluída no mapa de risco, apesar de alguns apartamentos apresentarem fissuras.

Desde o tremor de 2018, os moradores que permaneceram nos bairros nunca tiveram total tranquilidade. Abalos menores eram sentidos aqui e ali, como resultado de movimentações no solo. Isso aconteceu em novembro de 2021, no mesmo conjunto Morada das Árvores. Os abalos de 2023, porém, semearam pânico. Foram sentidos nos 11 blocos, cada um com cinco andares. Moradores viram lustres balançarem, móveis tremerem, portas de armário baterem. Em dois dias, houve cinco tremores, alguns de madrugada, num prenúncio do colapso da mina 18, que aconteceria em 10 de dezembro de 2023.

A Braskem emitiu um comunicado para a Defesa Civil de Maceió, em 29 de novembro de 2023, alertando para o risco de colapso da cavidade 18, localizada a cerca de mil metros de profundidade abaixo do leito da Lagoa Mundaú, no Mutange, perto do antigo campo de futebol do clube CSA. O documento informava que o sistema de monitoramento identificara "microssismos e movimentações de solo atípicas" e que a análise da velocidade desses movimentos indicava que poderia haver "deslocamento abrupto do solo com possível sinkhole *(cratera)*".

Inicialmente, o colapso havia sido previsto para 13h, mas uma nova avaliação mudara o horário para 16h48. De acordo com o comunicado, a empresa recomendava a "retirada imediata dos moradores que ainda ocupam imóveis dentro da área de risco" e o "isolamento do acesso à lagoa nessa região". A nota era assinada por Maria Isabel Costa Kenny e Álvaro Cezar de O. Almeida, ambos representando a Braskem.

Assim que recebeu o aviso, a Defesa Civil alertou oito órgãos estaduais e federais e as concessionárias de energia e gás sobre o risco "iminente" de dolinamento da mina 18 (dolinamento acontece quando o teto de uma caverna desaba, formando uma grande cratera). O comunicado era assinado pelo coordenador da Defesa Civil, Abelardo Pedro Nobre Junior. Aos moradores que estavam na área de risco, o órgão enviou mensagem de SMS: "Alerta para risco de colapso na região desocupada próximo ao antigo campo do CSA. Se estiver na área, procure um local seguro". Mas quem recebeu a mensagem se perguntava qual seria o lugar seguro. Não havia essa orientação.

A alardeada emergência criou uma oportunidade conveniente para a retirada dos últimos moradores, aqueles que não haviam fechado acordo com a Braskem por discordarem dos valores oferecidos por seus imóveis. Eles resistiam, apesar das condições insalubres dos bairros fantasmas. Eram 23 famílias e mais a Igreja Batista do Pinheiro, o único templo religioso que permaneceu no bairro, funcionando como centro da mobilização dos moradores contra a empresa.

No mesmo dia do alerta da Defesa Civil, a Braskem pediu à Justiça Federal a remoção das famílias com "uso da força policial na hipótese em que haja resistência". O pedido, assinado pelos advogados da empresa, foi encaminhado à 3ª Vara da Justiça Federal em Alagoas, com o reforço do procurador geral do município, João Luís Lobo Silva, que assinou o documento digitalmente, ratificando a demanda da empresa.

O despacho do juiz Ângelo Cavalcanti Alves de Miranda era esclarecedor sobre o emaranhado de personagens do poder e suas conexões. O juiz afirmava que, diante do risco, era "imperativo o acatamento das medidas de segurança propostas pela Braskem e pela Defesa Civil" e acrescentava: "Registro, ainda, ter recebido duas ligações, da dra. Roberta Bomfim, procuradora da República, e do dr. Felipe Lins, chefe do Gabinete Civil da Prefeitura de Maceió, endossando o pleito apresentado nos autos".

Roberta Lima Barbosa Bomfim, a quem o juiz se referia, é procuradora-chefe da República em Alagoas e participou dos acordos do MPF com a Braskem. Ela é casada com o advogado Thiago Bomfim, ex-presidente da OAB-Alagoas (2013-2015), e um dos donos do escritório de advocacia BJLL, que tem entre os sócios dois personagens que reforçaram o pedido da Braskem ao juiz na condição de agentes públicos: os já mencionados Felipe Lins, secretário-chefe do Gabinete Civil da Prefeitura, e João Luís Lobo Silva, procurador geral do município. Lobo Silva representou a Prefeitura no acordo de R$ 1,7 bilhões, fechado com a Braskem em 2023, por meio do qual a empresa tornou-se dona do patrimônio público municipal nos bairros afetados.

Cabe aqui explicar que os nomes de Lins e Lobo não aparecem no site do escritório de advocacia. Liguei para o número indicado no site para entender melhor a sociedade. A secretária que atendeu disse que ambos trabalham no escritório, mas não estavam presentes nas diversas vezes que liguei. Já a assessoria de imprensa da Prefeitura de Maceió disse não ver problemas na simultaneidade do vínculo com um escritório particular de advocacia e a ocupação de cargos no poder municipal, desde que os agentes públicos não exerçam a advocacia em paralelo.

Voltando à mina 18, o juiz expediu a ordem exatamente nos termos requeridos pela Braskem, "autorizando o uso de força policial na hipótese em que haja resistência quanto à desocupação da área de criticidade". A decisão é de 29 de novembro de 2023, às 16h44. Poucas horas depois, o aparato policial chegaria às portas das famílias no Pinheiro e no Bom Parto. Seria mais uma violação de direitos de uma espiral que parecia não ter fim.

Andréa Karla Amaral, de 54 anos, estava no grupo que ficara no Pinheiro. Como advogada, ela havia orientado cerca de 30 famílias nos acordos com a Braskem, enquanto ela mesma tentava uma indenização que considerasse justa. Estava acostumada com a falta de paridade de armas entre as vítimas e a empresa. Mas nada a preparou para deixar sua casa sob coação policial. Na sua rua, mais três casas permaneciam ocupadas. Todos tiveram que sair na noite do dia 29 e madrugada de 30 de novembro.

"Saí à força, com oficial de justiça na porta me dizendo que se não saísse seria presa", conta a advogada. "Tinha PM, ambulância, médicos, Braskem, Defesa Civil, um monte de gente. Disseram pra mim: 'Faça a mudança agora'. Deviam, pelo menos, ter me dado um prazo para tirar algumas coisas. Queria pegar ventiladores, aparelho da Sky, algumas roupas e documentos meus e dos clientes. Acabei saindo com a roupa do corpo. Tiraram um cliente meu da casa dele, um senhor de 72 anos, seu José Fernando, com a esposa e dois filhos. Me vesti e fui ajudá-lo. Saí de casa com meus filhos às 3h10 da madrugada. O oficial de justiça estava com arma na cintura. Foi uma humilhação, baterem na nossa porta, eu de camisola diante daquele monte de gente. Sou resistente, mas sou uma pessoa de bem. Nem na morte da minha mãe fiquei tão perdida".

Andréa Karla chegou com a família no Pinheiro aos 10 anos de idade. Já adulta, conseguiu comprar uma casa antiga, na Rua Pedro Suruagy, ao lado da residência da mãe, Renilde. Reformou o imóvel onde moraria com os filhos, Carlos Rafael, de 18 anos, e Renata Karine, de 15, e o "salsicha" Dudu, até a noite da expulsão. A advogada me disse que resistiu a sair porque sua casa não tinha fissura. Ela argumentou que o risco não devia ser tão grande, já que muitas ruas continuavam abertas ao trânsito, inclusive de caminhões e equipamentos da Braskem. "Se apresentasse fissuras, eu teria saído imediatamente. Não iria botar em risco a minha vida e a dos meus filhos. Logo depois do tremor, tive medo de ficar aqui. Passava noites acordada pra ver se surgia algum problema. Montamos um esquema de plantão. Eu tomava conta de noite e meus filhos, de manhã. O carro ficava na rua pra qualquer eventualidade. Fui ficando e me fortalecendo. O problema é que passou a ter muito mosquito, rato, escorpião, cassaco *(gambá)*... Não tinha segurança, houve muito arrombamento. À noite, não ficava sozinha em casa. Cortavam água, energia, demoravam a religar. O mato estava alto, tinha lixo. Mas fomos resistentes. Muita gente não sabia como eu aguentava. Era a minha casa, o meu lugar".

Andréa chegou a tentar um acordo com a Braskem, mas considerou o valor oferecido insuficiente para comprar outra casa no mesmo padrão da sua, que tinha 196 metros quadrados num terreno de 250. "Até achava bons imóveis, mas todos acima do valor que a Braskem queria pagar. Eles avaliam o imóvel por baixo e só o laudo deles tem valor. Foi criado um pânico para que os moradores aceitassem. As pessoas choravam, algumas entraram em depressão. Todos que conheço fizeram acordo por desespero ou por cansaço. Foram propostas irrisórias, em torno de 30% a 40% inferiores ao valor real do imóvel. Isso foi matando as pessoas. Alguns conseguiram casa boa, mas em lugares distantes e até em outras cidades. Uma desumanidade. Os culpados por essa situação são os MPs estadual e federal. Não nos ouviram, não foram às nossas casas saber o que estávamos passando. O MP é quem deveria defender a gente, mas fez acordos que beneficiam a empresa".

Andréa recusou a oferta para se hospedar com os filhos em um hotel. Preferiu ficar na casa de uma irmã, em Barra de São Miguel, município vizinho a Maceió. Pouco tempo depois, alugou por conta própria um apartamento e voltou para a capital, passando a morar numa região do Bom Parto fora do mapa de risco.

Um mês e meio depois de ter sido expulsa do Pinheiro, a advogada voltou à antiga casa para buscar pertences. Encontrou sua residência arrombada, depredada e constatou o furto de dezenas de utensílios. Os armários dos três quartos e da cozinha estavam abertos, com gavetas e objetos espalhados e misturados à sujeira. Esquadrias, louças sanitárias e grades haviam sido arrancadas. Seu escritório fora revirado e os documentos de processos e de clientes estavam jogados no chão. A cena derrubou a fortaleza emocional de Andréa, sempre tão resoluta. "Saí chorando. Foi como uma punhalada nas costas. Roubaram até os santos que a minha mãe me deixou. Fiquei abaladíssima, mas sempre rezo e me recupero".

Ao mesmo tempo em que via seu patrimônio se esvair, a advogada enfrentava a empresa na Justiça. "Já antes do episódio da mina 18, a Braskem tinha entrado na Justiça contra os moradores que não saíam do Pinheiro. Ela queria pagar os imóveis e nos tirar de lá pra continuar a demolir tudo. No meu caso, a perícia judicial estipulou um valor que aceitei, em torno de R$ 900 mil pelo imóvel, pelo dano moral e pelo que a empresa devia ter me pagado de auxílio-aluguel. Atualizado, hoje daria cerca de R$ 1,1 milhão. Mas a Braskem não quis pagar, achou muito alto. Ela recorreu e o caso está no Tribunal Federal de Recursos da 5ª Região, em Recife".

Andréa passou a documentar em vídeo tudo que acontecia na casa do Pinheiro e postava o material nas redes sociais. Ela conta que, enquanto acompanhava o andamento do caso na Justiça, começou a ser assediada pela empresa para retirar tudo o que havia na casa. "Isso começou em novembro de 2024. Eram e-mails e telefonemas para eu tirar todas as coisas porque a casa seria demolida em caráter de urgência. Se não tirasse, eles iam derrubar com tudo dentro. Me recusei. Afinal, o caso está na Justiça, a casa é minha e não recebi pagamento por ela. A Braskem fez um depósito judicial, mas não aceito. Quero a decisão da Justiça. Fui à polícia e fiz boletim de ocorrência pelas ameaças psicológicas que estava recebendo".

As ameaças se confirmaram em dezembro de 2024. Andréa foi avisada por um repórter que a casa do Pinheiro havia sido demolida. Quando ela chegou ao bairro, não havia pedra sobre pedra. Apenas o terreno vazio. A última casa da rua havia virado pó. Andréa localizou a posição exata em que ela ficava no quarteirão pelas duas árvores na calçada, dois oitizeiros plantados por ela anos atrás. "Foi como se tivessem me matado. Sabe quando matam alguma coisa dentro de você? Foi assim que me senti. Mas eu sou boa de briga. Entrei com uma queixa-crime contra a Braskem e a Defesa Civil junto ao Ministério Público. Quero o documento que autorizou a demolição da casa. O que sei é que a Defesa Civil autorizou. Derrubar o imóvel sem o conhecimento do proprietário e sem eu ter sido intimada é abuso de poder do agente público. Vou lutar por indenização justa. Não quero nada da empresa. Só quero uma casa igual à minha. Eu digo a eles: 'Me paguem o certo e se livrem de mim'".

A IGREJA BATISTA DO PINHEIRO

Quatro dias depois do alerta sobre o risco de colapso da mina 18, a Defesa Civil de Maceió bateu à porta da Igreja Batista do Pinheiro (IBP) para avisar que aquele seria o último culto com a presença dos fiéis no templo. Até então, a igreja, com cerca de 400 membros, conseguira permanecer na Rua Miguel Palmeira, número 1.300, como um movimento de resistência. O templo não tinha trinca ou rachadura. Com sua torre esguia e triangular e dois pinheiros plantados no jardim, cercada de casas que pareciam lápides abandonadas, a igreja tornara-se um símbolo da luta dos moradores contra o desaparecimento do bairro.

A IBP tinha suspendido os cultos presenciais apenas durante a pandemia. Assim que houve condições, voltou a receber os fiéis, como naquele domingo, 3 de dezembro de 2023. Manteve, porém, os cultos virtuais no seu canal no YouTube, já que a maior parte dos moradores havia se dispersado por força do afundamento. Os encontros semanais no templo eram muito mais do que uma oportunidade de congregar-se e obter conforto espiritual. A igreja tornara-se um centro irradiador da mobilização das vítimas, que não se conformavam com a falta de responsabilização criminal da Braskem.

Pastor da IBP desde 1993, Wellington Santos acompanhou o esvaziamento do bairro e o sofrimento dos que tiveram de deixar tudo para trás. “O medo de que uma cratera se abriria e de que os bairros seriam sugados foi corroendo a alma das pessoas. Mas tem casas sem rachaduras. Não houve arrasto de terra, casas não desabaram. A área realmente crítica é de 30% da região, em que não se recomenda ficar. No restante, as pessoas deveriam ter sido retiradas provisoriamente. Quem quisesse sair definitivamente, que saísse. Mas quem quisesse, poderia voltar depois que a área fosse estabilizada e reestruturada. No meio da pressão, veio a pandemia. Essa combinação deixou as pessoas mentalmente destruídas. A covid-19 foi fatal para a luta. O Pinheiro foi sendo esvaziado e apagado. Mas nós decidimos ficar. Foi quando ouvi de um advogado da Braskem: 'O senhor será o responsável se a igreja cair e suas ovelhas morrerem. O senhor vai preso!'. Ficamos, e de portas abertas".

A história da Igreja Batista do Pinheiro remonta aos anos 1930, quando chegou ao bairro. Segundo o livro "Vocação para a igualdade", organizado por Odja Barros e Paulo Nascimento (Editora Novos Diálogos, 2019), a IBP inseriu nas suas reflexões teológicas a realidade política e social do país a partir dos anos 1980. Chegou a ser rotulada pejorativamente por seus críticos de "igreja vermelha" por ter se incorporado ao movimento das Diretas Já e apoiado a formação do Partido dos Trabalhadores. Ao longo dos anos, comprometeu-se com a defesa dos direitos humanos e de setores marginalizados na sociedade, criando grupos de combate ao racismo, de defesa das mulheres e de debate sobre gênero e identidade.

Foi a primeira igreja batista no Brasil a receber pessoas LGBTQIAP+ como membros plenos da sua comunidade de fé, o que lhe valeu a exclusão da Convenção Batista Brasileira. Foi também a primeira igreja cristã de Alagoas a realizar um casamento homoafetivo. Acolher as vítimas do desastre da mineração e ajudá-las no embate com a Braskem foi um caminho natural. A decisão de ficar no bairro apoiou-se também no fato de que o trânsito continuou liberado e grandes infraestruturas urbanas permaneceram ali por muito tempo, como um batalhão da Polícia Militar, a subestação de energia do Pinheiro, escolas públicas estaduais e alguns hospitais.

Por precaução, a igreja encomendou um laudo técnico ao engenheiro Abel Galindo. A edificação não tinha trinca e o laudo atestou sua estabilidade. Em 2021, a IBP conseguiu seu tombamento como Patrimônio Material e Imaterial de Alagoas, concedido pela Assembleia Legislativa do estado pelos serviços sociais prestados, de acordo com a Lei 8.515/2021. Era uma garantia de que o templo não poderia ser demolido. Fincada no Pinheiro como um bastião na defesa contra o invasor, a igreja sediou vários encontros e eventos das vítimas da mineração. Um deles foi o lançamento do documentário "A Braskem passou por aqui", do cineasta Carlos Pronzato, argentino radicado no Brasil, sobre as consequências da catástrofe.

O pastor Wellington relata um aspecto pouco discutido do desastre: o impacto nos espaços de manifestação da religiosidade dos moradores. "Nós ficamos para disputar a nossa memória e o nosso território. Dezenas de templos, de várias religiões, fecharam. Igrejas evangélicas, católicas, como a Matriz do Menino Jesus de Praga, as Assembleias de Deus, a Igreja dos Mórmons, os terreiros do Mutange e do Bebedouro, centros espíritas, todos foram saindo. O sagrado desse território foi triturado. Maceió vive um torpor, uma anestesia. O tecido social foi rasgado. O dia que tirarem os tapumes da Braskem haverá um vazio generalizado".

Mas, naquele domingo de dezembro de 2023, chegou o dia da remoção forçada. Caía o último baluarte no caminho da Braskem e da encampação total do território que ela ajudara a destruir. A igreja saiu, mas não baixou as armas. Por três meses, realizou os cultos no auditório do Sindicato dos Urbanitários. Posteriormente, alugou uma casa, a 350 metros do templo original, fora da área considerada de risco. No espaço, que se chama Casa IBP, foram instaladas cerca de cem cadeiras de plástico e uma grande tenda sobre a área externa para acomodar as pessoas. A comunidade da igreja decidiu não negociar com a Braskem. Entrou na Justiça para reconquistar o direito de frequentar o templo e o caso está no Tribunal Federal de Recursos da 5ª Região, em Recife.

O pastor Wellington conta que também pediu a reconsideração da interdição à Defesa Civil, sem sucesso. "Lamentavelmente, a Defesa Civil do município tem sido um braço a serviço da Braskem. Enviamos vários ofícios argumentando que poderíamos ficar ali. Até hoje, não temos fissura nem rachadura. O mais grave é que o trânsito continua fluindo no entorno, nas ruas por trás e na frente da igreja. No fim de 2024, pedimos para realizar nosso culto natalino na igreja e a resposta da Defesa Civil foi que transitar na área não é perigoso, mas ficar parado, sim. Inclusive, nós temos permissão para limpar e arrumar a igreja, mas não podemos ficar lá. Nada justifica a interdição. Mesmo assim, fizemos um ato em frente ao templo, quando completou um ano da interdição, para reivindicar o direito ao nosso território. A Igreja Batista do Pinheiro é o único espaço religioso que não pertence à Braskem. Mas a Defesa Civil se mostra irredutível. A Braskem pagou R$ 1,7 bilhão para a Prefeitura e o papel da Defesa Civil, em nome da Prefeitura, é entregar o território todo sem nenhum tipo de dificuldade para a Braskem. Aguardamos os desdobramentos na Justiça e, por ora, nos reunimos na Casa IBP, a nossa casa-refúgio".

Na fachada da "casa-refúgio" está pintado em grandes letras o lema da Igreja Batista do Pinheiro desde o começo do enfrentamento com a Braskem: "Pinheiro vivo e de pé".

O COLAPSO

O alerta de colapso da mina 18, em novembro de 2023, pôs em evidência a situação de injustiça a que estão submetidos moradores do Bom Parto e dos Flexais (um setor do Bebedouro), duas comunidades de baixa renda e alta vulnerabilidade social. Com a desocupação dos bairros maiores, as duas comunidades – que margeiam a Lagoa Mundaú – passaram a viver num limbo urbano, sem infraestrutura, como postos de saúde e escolas públicas, dificuldade de transporte e falta de segurança. Muitas casas começaram a apresentar fissuras. A vida ali se deteriorou de forma abrupta.

As comunidades pediram inúmeras vezes para serem incluídas no mapa de risco da Defesa Civil Municipal. A inclusão lhes daria o direito à indenização e à realocação. Nunca foram atendidas. Mas eis que, na emergência de esvaziar a região nos arredores da mina 18, os moradores do Bom Parto e dos Flexais foram alvo de uma operação de retirada em condições humilhantes. Às famílias da área de "criticidade" do Pinheiro foi oferecido hotel até que começassem as tratativas para um acordo com a Braskem. Para os moradores do Bom Parto e dos Flexais, a oferta eram abrigos improvisados em escolas públicas.

A explicação das autoridades municipais foi de que para os Flexais e o Bom Parto a saída era "voluntária" e "preventiva", enquanto durasse a incerteza sobre as consequências do colapso da mina 18. A única autoridade a se manifestar contra as condições de retirada das famílias de lá foi o defensor público estadual Ricardo Melro. "Essas pessoas precisam sair com dignidade. Elas não estão indo contra a vontade. Elas estão lutando para sair, direito que lhes tem sido sonegado há mais de um ano", declarou à época.

A Prefeitura preparou seis escolas públicas e a Casa de Passagem Familiar para receber os desabrigados, mas apenas cerca de cem pessoas aceitaram a oferta. Poucos dias depois, deixaram os abrigos e preferiram ir para a casa de parentes ou de amigos. Com justa razão, muitos outros moradores, temendo o arrombamento de suas casas e o furto de seus pertences, decidiram ficar. Suas vidas continuam à deriva.

O colapso da mina 18 só ocorreria 11 dias depois do alerta, às 13h15 de 10 de dezembro de 2023. Nesse período, boatos nas redes sociais fomentavam o pânico entre moradores. Um dos rumores mais frequentes dava conta de que o rompimento provocaria um efeito cascata que arrastaria outras cavidades e formaria uma cratera do tamanho do Maracanã. Tal especulação não se confirmou, mas a cratera formada é de grande magnitude, suficiente para comportar o volume de água de 11 piscinas olímpicas.

Câmeras de monitoramento registraram a ruptura. Como parte da mina fora escavada sob o leito da lagoa, o que se vê na imagem é a turbulência da água na superfície, efeito do colapso do teto da cavidade e do deslocamento das camadas de solo. Quando a água invadiu a cratera, formou-se um redemoinho. Na imagem, garças sobrevoam o local como se estivessem perturbadas pelo acontecimento. A mina 18 já estava em região isolada e desocupada, no Mutange, e a navegação em parte da lagoa havia sido interditada. Portanto, ninguém ficou ferido neste episódio. As remoções forçadas, contudo, provocaram dores emocionais e morais.

O colapso da mina 18 não era o começo nem o fim da tragédia social e ambiental que se abatia sobre uma capital nordestina há quase seis anos, desde o tremor de março de 2018. Mas foi capaz de atrair a atenção da imprensa nacional para o desastre que levara ao êxodo urbano de cerca de 60 mil pessoas, algo inédito na história recente do país. Com raríssimas exceções, a imprensa brasileira ignorou até então os acontecimentos em Maceió e não fez uma cobertura à altura da sua gravidade.

No mesmo contexto de retirada emergencial, foi desativado o Hospital Geral Sanatório, no Pinheiro, com capacidade para 140 leitos e que atendia pelo SUS, com emergência e UTI. Pacientes internados tiveram que ser transferidos às pressas para outras unidades ou receberam alta antecipada. Outros 260 pacientes de doenças crônicas, atendidos regularmente, foram redistribuídos. A transferência atabalhoada resultou na interrupção de tratamentos. Dois meses depois, doentes com procedimentos e cirurgias marcadas no Sanatório, antes da remoção, não haviam conseguido vagas em outros hospitais, segundo reportagem do site UOL. Nos meses seguintes, o Hospital Sanatório funcionou em unidades dispersas, enquanto aguardava a construção de um novo hospital pela Braskem.

Na mesma época, os servidores do Hospital Escola Portugal Ramalho, no Farol, pediram a transferência da unidade, que já vinha enfrentando uma situação dramática, com o surgimento de rachaduras nas paredes e no piso. Apesar disso, o hospital não foi incluído na área de maior risco. No entanto, enfrentava o esvaziamento no seu entorno, o que trazia medo e insegurança para pacientes, suas famílias e a cerca de 400 funcionários. O Portugal Ramalho é o único hospital público psiquiátrico e de tratamento de dependência química em Maceió. Nele também funcionam dois CAPs (Centro de Atenção Psicossocial), um ambulatório de especialidades em saúde mental e emergência psiquiátrica, aberta 24 horas. É uma estrutura essencial para o atendimento aos pacientes da capital e de outros municípios.

Quando houve o colapso da mina 18, contava com 160 leitos ocupados, sendo que 19 eram de pacientes que moravam no hospital, já sem vínculos familiares. Com quase 70 anos, é subordinado à Universidade Estadual de Ciências da Saúde. Meses depois, foi anunciada a construção de um novo hospital, como resultado de um acordo entre o governo do estado e a Braskem, que arcaria com o custo estimado em R$ 75 milhões. Falhas processuais, porém, atrasavam a implementação do acordo e o início das obras.

Até a conclusão deste livro, o Portugal Ramalho continuava no mesmo endereço. Como já se tornara tradição no carnaval maceioense, funcionários e pacientes saíram no bloco Maluco Beleza, no dia 20 de fevereiro de 2025. O bloco ficou em frente ao hospital, na Rua Oldemburgo da Silva Paranhos. Não desfilou pelo bairro, como em outros anos, para não se deparar com a tristeza das ruas desertas. O enredo, “Ainda estamos aqui” – em alusão ao longa-metragem de Walter Moreira Salles, vencedor do Oscar de filme internacional em 2025 –, soou como um pedido de socorro. Os mais vulneráveis entre os grupos sociais atingidos pela catástrofe amargavam o fim da fila à espera de uma solução justa e digna.

OS FLEXAIS

Na rua de acesso aos Flexais, a pichação num tapume da Braskem avisa: "Ainda há moradores aqui". A frase foi escrita muito antes do filme "Ainda estou aqui", mas incorpora o mesmo espírito de resistência. Os Flexais tornaram-se um emblema da luta dos moradores mais pobres afetados pela mineração. Todo o esforço e mobilização deles é contra a tentativa de confiná-los a uma situação de isolamento social e econômico chamada de "ilhamento".

Com o esvaziamento dos bairros maiores ao redor, os Flexais e as comunidades das Quebradas, da Rua Marquês de Abrantes e da Vila Saem perderam escolas públicas, unidades de saúde, comércio e mercados. Cerca de três mil pessoas passaram a enfrentar dificuldade para fazer compras básicas e ter acesso a serviços. Pequenos negócios da região também perderam seus clientes. É como se esses moradores estivessem vivendo numa cápsula impermeável, que até táxis e motoristas de aplicativo se recusam a transpor. Daí a pichação no tapume. Eu mesma experimentei a hesitação de taxistas quando precisei ir aos Flexais. Expliquei que havia pessoas ali e que elas precisavam ser vistas e ouvidas, e os convenci a me levarem até lá.

As consequências do ilhamento são visíveis nos Flexais, com grande presença de pescadores e marisqueiras. Às margens da Mundaú, os Flexais são formados basicamente por duas ruas principais: a Faustino da Silveira e a Tobias Barreto, mais conhecidas por seus nomes populares, respectivamente, Flexal de Cima e Flexal de Baixo, cortadas por pequenas transversais.

As casas são simples, resultado de uma vida de sacrifícios para escapar do aluguel. Muitas dividem espaço com uma miríade de pequenos negócios, quase todos quebrados, tais como lavador de carro e de sofá, manicure, venda de cosméticos, barbearia, aulas de reforço escolar, loja de material de construção, chaveiro, costureira, hortifruti e venda de sururu. Há muitos ambulantes, como pipoqueiros e vendedores de churros, de salgados e de picolés.

O Flexal de Baixo é atravessado pelo Veículo Leve sobre Trilhos (VLT) da Companhia Brasileira de Trens Urbanos (CBTU), cuja rota original vinha de Rio Largo, na região metropolitana, até a Estação Central – um meio de transporte essencial para milhares de trabalhadores e estudantes. Antes do desastre, o VLT chegava a transportar 11 mil passageiros por dia. Em 2020, o trecho que cruza a área de risco foi interditado e a movimentação caiu para 1.600 passageiros por dia. Eles têm que fazer baldeação para completar o trajeto de ônibus e gastam mais com as passagens.

Quem depende unicamente de ônibus também reclama. Segundo moradores, a frequência das linhas para a região foi reduzida ou as rotas, alteradas. Eles têm que andar vários quarteirões a pé para tomar a condução. À noite, a volta para casa é pior, porque atravessam os bairros vazios e às escuras, sem qualquer segurança. Esses são alguns efeitos materiais do isolamento social, mas há outros, de caráter cultural, afetivo e religioso, em decorrência do fechamento de igrejas e pontos de encontro comunitários. Apesar de tudo isso, as comunidades ilhadas não foram incluídas no mapa de risco crítico do desastre. Como se não bastasse, dezenas de casas passaram a apresentar rachaduras ou fissuras, como pude constatar em várias idas aos Flexais.

A casa de Gorete Pereira, de 67 anos, é uma delas. Tem fissuras na sala e na cozinha. "As rachaduras começaram a aparecer de 2022 para cá. A Defesa Civil disse que devia ser por causa do trem. Mas moro aqui há mais de 35 anos e nunca apareceu rachadura, mesmo quando passava trem de carga. Seria bom ficar aqui se voltasse a ser como antes, com padaria, farmácia, supermercado, e não tivesse a criminalidade atual. Mas, pra ficar ilhada, prefiro sair. Sair com o dinheiro justo pra comprar outra casa. Lutei muito pra fazer essa aqui, mas as autoridades parecem mais preocupadas com os turistas do que com os moradores isolados. Eu queria sair daqui porque estou ficando doida. Aqui quem manda é a Braskem".

Dona Edna Chaves, de 73 anos, me recebeu para explicar que, antes do desastre, uma vendinha de verduras e legumes na frente de casa completava sua aposentadoria de um salário mínimo. Com o esvaziamento ao redor, a renda se resume à aposentadoria, que mal dá para despesas essenciais e remédios. "Eu tenho problema nos rins e fazia hemodiálise no Hospital Sanatório três vezes por semana, mas o hospital foi evacuado por causa da mina e não sei como vai ser. Tenho labirintite e compro alguns remédios. Outros eu recebo, mas a despesa é grande. Fui feirante, vivia de feira em feira. Depois, a venda aqui em casa inteirava o meu ganha-pão. Agora, quando recebo a aposentadoria, fico regrando. Meu filho me ajuda, mas está desempregado. A gente não vive, vegeta. Mal dá pra pagar as contas e comprar um chinelo pros pés. Nunca tive vida boa".

No Flexal de Cima, Silvia Rosana Pinheiro, de 46 anos, me recebeu com café e bolo de chocolate na casa que fora de seus pais e onde agora vive com sua família: o marido, Márcio Greick, 48, e os filhos Ícaro Cauê, 12, e Maria Luísa, 10. Antes do desastre, Silvia tinha uma mercearia na frente de casa que complementava o salário do marido, motorista de ônibus. Como a casa é própria, os dois tinham o suficiente para criar os filhos sem muito aperto. Até o desastre da mineração entrar de súbito na vida deles. O ápice do sobressalto acontecera dias antes do nosso encontro, quando a Defesa Civil deu o alerta sobre a possibilidade de rompimento da mina 18.

Ela contou como enfrentaram dias e noites de pavor: "Subíamos pra praça da Chã de Bebedouro e dormíamos lá, dentro do nosso carro, até umas cinco da manhã. Se acontecesse alguma coisa durante o dia, dava tempo de correr. À noite, é mais difícil. Gerou-se um medo enorme por causa da mina 18. Qualquer barulho mais forte que a gente ouvia, já pensava: 'Será que é a mina? Será que começou?'. Quando anunciaram que a mina 18 estava estabilizando, nós voltamos. Mas agora tenho sempre uma sacola com roupas e nossos documentos pronta pra pegar e correr. A gente se sente abandonado pela Justiça e pelo poder público. Eu penso que, se na democracia tenho o direito de votar e escolher, por que não posso escolher se quero ficar ou sair? Nunca quis sair daqui, mas agora quero porque vivo com medo. É muita tristeza e revolta. Acho que a Justiça vai nos deixar aqui".

Silvia se referia à reivindicação de moradores dos Flexais para que fossem incluídos no mapa de risco, com direito à mudança e indenização pelos imóveis, como aconteceu com os outros bairros. Ou seja, eles querem sua realocação. Mas a Braskem e autoridades fizeram um acordo para a "revitalização" dos Flexais. Como parte desse plano, a Braskem anunciou a construção de uma creche-escola para 120 crianças e de uma UBS (Unidade Básica de Saúde). A revitalização incluiu uma indenização de R$ 25 mil para cada família nos Flexais.

O servidor público municipal Maurício Sarmento, 46 anos, nasceu e se criou nos Flexais. Morou com os pais no Flexal de Baixo e, quando se casou, mudou-se para o Flexal de Cima com a esposa, Lucélia, e a filha, Mirelle. Conhece quase todos os moradores do lugar pelos nomes e apelidos. O desastre da mineração o lançou às mobilizações por indenizações e pela responsabilização criminal da petroquímica.

Ele é um dos dirigentes do Movimento Unificado das Vítimas da Braskem (MUVB) e sintetiza em uma expressão a dificuldade dos moradores dos Flexais e comunidades adjacentes em serem atendidos: "Somos vítimas de racismo ambiental. É a população mais pobre e negra que vive nessas regiões vulneráveis. Estamos vivendo em condições indignas. Só há um acesso aos Flexais, que nos obriga a passar pelas ruínas dos outros bairros. É uma região de risco e os moradores de lá foram indenizados e saíram, mesmo as indenizações sendo injustas. Mas nós não

O recado pichado na entrada dos Flexais é um pedido de socorro dos moradores que ficaram isolados e esquecidos no bairro, sem acesso a comércio e serviços básicos

somos reconhecidos como afetados e temos que passar por lá. É uma crueldade. Até quando vamos conviver com isso? Não temos mais condições de vida saudável, por isso, pedimos a realocação. O plano de revitalização não trará de volta as condições que tínhamos. Muita gente foi embora com medo. Pescadores foram embora. O bairro está descaracterizado. As pessoas entram em desespero. O suicídio da dona Pureza foi desespero".

Dona Maria de Jesus Souza, de 63 anos, era conhecida como Dona Pureza. Ela morava no Flexal de Cima com a filha, Elenilma, 42 anos, que sofria de deficiência intelectual, e com um gato de estimação. Em 31 de outubro de 2024, dona Pureza deu veneno à filha e ao gato. Em seguida, sentou-se no sofá e tomou o veneno. Deixou ao seu lado, num pequeno caderno de anotações, uma mensagem escrita à mão expressando sua amargura: "Cada vez que vejo os benefícios da Braskem, a minha desilusão aumenta. Estou cada vez mais depressiva em saber que vou ficar nesse isolamento pra sempre. Pureza".

Dona Pureza foi encontrada já morta. A filha foi socorrida, mas faleceu no hospital, 21 dias depois. O gatinho não resistiu. Cinco dias antes do suicídio, o defensor Ricardo Melro, coordenador do Núcleo de Proteção Coletiva da Defensoria Pública de Alagoas, fizera uma visita aos Flexais para ouvir os moradores sobre as obras de revitalização da Braskem no bairro. A Defensoria Pública de Alagoas entrou com uma Ação Civil Pública para que os moradores dos Flexais possam optar entre ficar no bairro ou serem realocados com direito à indenização. Por decisão judicial, a ação ficaria suspensa até o término das obras de revitalização, quando uma nova análise sobre as condições do bairro seria feita pelas autoridades.

Dona Pureza foi uma das pessoas ouvidas na visita do defensor. Num vídeo da conversa entre ambos, ela desabafa: “Em vez de ficar contente, satisfeita, feliz, me dá uma desilusão. Tudo isso aí que a Braskem está fazendo me desilude mais ainda, enfim, como se eu ficasse sem chão. Vou ficar enterrada aqui pra sempre”.

A MUNDAÚ E OS PESCADORES

Uma brisa agradável sopra nos Flexais e ameniza o calor nos dias mais quentes na capital alagoana. O frescor vem da Lagoa Mundaú, presença imponente na paisagem, com seus 27 quilômetros quadrados de extensão, quase do tamanho do município de Santa Luzia do Norte, na região metropolitana. Batidas pelo vento, as águas murmuram suavemente naquela paragem de Maceió com ar de esquecimento. Dos Flexais, o olhar se perde no horizonte, tal a imensidão do manto de água que se estende até o encontro com o Oceano Atlântico.

No fim do Flexal de Baixo, há um pequeno ancoradouro com dezenas de barcos e redes de pesca ao sol. É dali que partem diariamente os pescadores artesanais em busca do ganha-pão, ofício que atravessa gerações. Foi lá que encontrei o pescador Valmir Honorato da Silva, de 43 anos, quando já estavam em vigor as restrições de tráfego de embarcações e de pesca na lagoa, determinadas pela Capitania dos Portos, em decorrência do alerta e posterior colapso da mina 18. Valmir conhece a lagoa como a palma da mão.

Ele contou que aprendeu a catar sururu com a mãe, aos 5 anos. “Meu pai trabalhava de pedreiro e minha mãe ajudava no dinheirinho do pão, catando sururu e caranguejo. Fazia o meio de vida dela para ajudar a sustentar eu e meus dois irmãos. A gente tirava aqui na beirinha mesmo. Você afunda a mão na lama e pega. Vem aquele tapete de sururu, igual a um cacho de uva, tudo juntinho. Depois, é só esfregar e tirar bem a lama. Às vezes, tem que pisar porque a lama é rígida. Peneira bem, despinica *(tira a casca)* e cozinha. Mas, hoje, o sururu está desaparecendo da lagoa já tem uns anos. Pra pegar sururu, tem que se deslocar 30 minutos de barco ou pegar um carro e ir pra Roteiro e tirar da lagoa de lá. Mas fica caro, não compensa. Aqui apareceu um sururu branco que está matando o nosso sururu amarelinho, de casca preta. A gente não sabe o que aconteceu, mas é como se tivesse um veneno”.

O sururu branco a que Valmir se referiu é uma espécie invasora, que especialistas acreditam ter chegado ao Brasil na água de lastro de navios. A espécie é apontada como a responsável pela decadência do molusco nativo, tão apreciado na culinária alagoana e reconhecido como Patrimônio Imaterial de Alagoas pelo Conselho Estadual de Cultura, em 2014. O invasor, que não tem valor comercial, adaptou-se ao habitat lagunar e passou a disputar espaço e alimento com o sururu de casca preta.

Ao saber que eu estava escrevendo um livro sobre o desastre da mineração, Valmir se dispôs a me levar em seu pequeno barco para mostrar como os pescadores vinham sendo afetados pelas restrições de navegação. A interdição abrangia a distância de até um quilômetro da mina 18 e os afastava do manguezal lagunar, ecossistema rico para a pesca. A área nas imediações da mina 18 (e de outras minas escavadas sob o leito da lagoa) estava cercada por boias. Durante o tempo em que ficamos ali, um barco com trabalhadores a serviço da Braskem passou próximo, mas sem nos abordar, já que estávamos fora da área delimitada e sem violar a interdição.

A navegação nos permitiu constatar mais um dos tantos impactos do desastre da mineração: o manguezal na área da mina 18 "afundou" em consequência da subsidência do solo na região. Durante o percurso, observamos um trecho extenso em que apenas as copas das árvores permaneciam acima d'água. Garças pousavam em alguns galhos expostos. O corpo das árvores estava submerso, e estudiosos estimam que a submersão será permanente.

Valmir desabafou: "É muito triste. Isso não podia acontecer, mas a mão do homem pesou. Os governantes não fazem nada. Eles só olham pra nós quando estão precisando do voto. Mas, agora, parece que somos invisíveis na face da Terra. E nós somos os pequenos produtores da lagoa, né? Cadê os órgãos competentes? O certo é dizer incompetentes. Essa é a palavra de um trabalhador, que está batalhando todos os dias na lagoa. Não quero auxílio, não quero migalha deles, não. Só quero que eles ajam pelo que houve com a nossa lagoa e com o nosso bairro. A Braskem consumiu muito sal, mais do que devia, e rompeu o equilíbrio da natureza. Essa desordem podia ser evitada".

Como medida de compensação ambiental, por força de acordo com os Ministérios Públicos Federal e Estadual, a Braskem comprometeu-se a fazer o plantio de 47 hectares de manguezal, em diferentes áreas, conforme determina o projeto Aflora Mangue. Até a conclusão deste livro, haviam sido plantados três hectares às margens da lagoa, na região dos Flexais, e 1,41 hectare no Bom Parto, num total de 10.325 mudas.

Do barco, pude ver uma paisagem insólita ao passar pelo Mutange. A mansão conhecida como Vila Lilota, do começo do século XX, permanece bem no meio do canteiro de operações da Braskem, cercada de caminhões, máquinas e equipamentos usados no preenchimento das minas de sal desativadas. O belo palacete não pode ser demolido por seu valor histórico e é a única construção de pé na terra arrasada que sobrou no Mutange. Valmir me levou até a região de palafitas, no bairro do Bom Parto, que mal se equilibram sobre a água. A proximidade com a área do desastre e a precariedade das moradias deveriam ser razões mais do que suficientes para realocar as famílias que ali vivem em situação de extrema pobreza.

Valmir não se conformava com o desastre e com os prejuízos dos pescadores. “Durante a vida inteira, nós tiramos nosso sustento aqui da lagoa. Eu pescava tainha, mororó, tilápia, carapeba, camurim... Pegava muito a curimã, de fartura! Hoje, trabalhamos o dia todinho pra pegar um quilo e meio, dois quilos de pescado. Quatro, cinco anos atrás, era até 20 quilos. E a maior dificuldade é vender. Muita gente foi embora e o comércio daqui acabou. Pra vender o peixe, tem que pagar transporte e levar para o mercado bem longe daqui. A quantidade de peixe que tiramos não dá para pagar um frete. Antes, era só entregar nas balanças, no comércio daqui, pras pessoas revenderem. Foi assim que botei comida na mesa pros meus três filhos. Se eu for pra outro trabalho, não sei como fazer”.

A sede da Colônia de Pesca Santo Antônio Z-4, fundada em 1925, é uma casa pintada de azul e branco, ponto de referência na entrada do Flexal de Baixo. Mauro Pedro dos Santos, de 53 anos, é presidente da entidade há 18. Nos Flexais, todos o conhecem como Vem Cá, pela semelhança com o ator Sidney Marques, que interpretou um personagem que tinha o mesmo apelido na novela “Maria Maria”, da TV Globo, em 1978. Ele foi duplamente afetado pelo desastre da mineração: como pescador e porque teve que deixar sua casa, que ficava na área de maior risco. Mauro foi indenizado pela Braskem e se mudou para outro bairro, mas, no comando da colônia, vê as consequências da interdição parcial da lagoa, que provocou redução drástica na renda dos pescadores e marisqueiras.

Nos meses que se seguiram à interdição, as soluções apresentadas para compensar as perdas foram de caráter temporário, entre elas, a entrega de cestas básicas pela Prefeitura. Um acordo na Justiça resultou no pagamento de um auxílio de três salários-mínimos pela Braskem (valor de R$ 4.236). Nem todos receberam: era necessário registro profissional no Regime Geral de Pesca ou o protocolo de solicitação. Mauro calcula que cerca de dois mil pescadores receberam o auxílio, num universo de seis mil, quando se leva em conta as outras colônias no entorno da lagoa. A Santo Antônio tem cerca de 400 filiados, os mais prejudicados por trabalharem na região mais próxima das minas.

Na labuta desde os 9 anos, quando começou a tirar sururu e aprendeu a pegar camarão, Mauro relatou as agruras dos pescadores e marisqueiras dos Flexais e arredores: "Os dias têm sido difíceis, porque não podemos pescar e levar o sustento pra casa. Cesta básica não resolve. A gente não vive só de comida. Temos contas pra pagar: água, luz... O manguezal afundou por causa da mineração. Isso afetou todo mundo que pesca na lagoa. Antigamente, a gente andava em cima dos talos dos mangues e era fácil pegar caranguejo. Tinha tudo aqui: uçá, guaiamum, aratu, chié... O causador do impacto foi a Braskem. Na bandeira de Alagoas, tem o desenho de três tainhas. Isso mostra como a pesca é importante e nós, os pescadores, também. Mas as autoridades se preocupam mais com a Braskem do que com os pescadores e moradores".

CPI DA BRASKEM

Passaram-se seis anos do tremor de 2018 e do começo da migração forçada de 60 mil pessoas até que fosse instalada uma comissão parlamentar de inquérito, no Senado, que ficou conhecida como a CPI da Braskem. A comissão foi criada por requisição do senador Renan Calheiros (MDB-AL), em setembro de 2023, e os trabalhos começaram, de fato, em fevereiro de 2024. Calheiros queria ser o relator, mas sua pretensão não era bem vista por alguns colegas por suas ligações pregressas com a empresa quando ainda se chamava Salgema.

No começo dos anos 1990, depois de ter rompido com o então presidente Fernando Collor, Calheiros passou um período afastado da atividade política. No fim de 1992, Collor sofreu o impeachment e foi substituído por seu vice, Itamar Franco. No novo arranjo de poder, Calheiros não ficou na chuva. Itamar o nomeou para a presidência da Salgema, cargo que ocupou entre 1993 e 1994, quando já eram mais do que conhecidos os riscos e a polêmica sobre a localização da fábrica de clorossoda no Pontal da Barra. Na época, depois de mudanças societárias desde a sua origem, a Salgema estava subordinada ao controle estatal exercido pela Petroquisa, subsidiária da Petrobras.

A escolha de Renan Calheiros para relator embutia o risco de que a CPI se tornasse um ringue de luta livre entre os dois grupos políticos mais poderosos de Alagoas, personificados nos seus parlamentares de maior destaque na atualidade: o próprio Calheiros e o ex-presidente da Câmara dos Deputados, Arthur Lira (PP-AL). O prefeito de Maceió, João Henrique Caldas (PL), é ligado a Lira. Do mesmo campo político faz parte Rodrigo Cunha (Podemos), senador quando a CPI foi criada e bastante ativo na comissão. No fim de 2024, já depois da CPI, Cunha foi eleito vice-prefeito de Maceió, na chapa com JHC, que se reelegeu. Cunha renunciou ao mandato de senador e foi substituído pela suplente, Eudócia Caldas (PL), mãe de João Henrique.

Em torno de Calheiros orbitam o atual governador de Alagoas, Paulo Dantas (MDB), que teve como seu secretário de infraestrutura Rui Palmeira (PSD), ex-prefeito de Maceió. Palmeira esteve no comando da Prefeitura na época do tremor e de uma fase muito aguda da remoção dos moradores. Em outubro de 2024, elegeu-se vereador. Renan Filho (MDB) foi governador por oito anos, entre 2015 e 2022. Ocupou o cargo, portanto, antes, durante e depois do tremor que revelou o desastre. Eleito senador em 2022, tornou-se ministro dos Transportes do governo Lula. Renan Filho recebeu a quantia de R$ 4,2 milhões, muito acima da média das indenizações, como compensação pelo imóvel onde funcionava o Sistema Costa Dourada de Radiodifusão, na área afetada. O grupo reúne vários veículos de comunicação do ex-governador, entre eles uma afiliada da Rádio CBN, do grupo Globo. Os "telhados de vidro" eram generalizados.

Depois de muitos atritos, públicos e velados, a presidência da CPI ficou com o senador Omar Aziz (PSD-AM) e a relatoria com o senador Rogério Carvalho (PT-SE). Criada com enorme expectativa entre as vítimas, a CPI não deu "ibope" entre os senadores e não foi além dos três meses regimentais, que podem ser prorrogados quando há interesse em ir fundo nas investigações. As audiências eram esvaziadas e não contavam com mais de dois ou três senadores no plenário. Alguns faziam pronunciamentos aleatórios e interrompiam os depoimentos em momentos importantes. Fios da meada se perdiam. Outros faziam discursos pretensamente indignados, imediatamente reproduzidos em suas redes sociais. E havia aqueles que, pelo tipo de intervenção, mostravam estar ali para zelar pelos interesses da mineração no Brasil.

O relator Rogério Carvalho traçou um plano de trabalho ancorado no laudo dos 52 pesquisadores do Serviço Geológico do Brasil (SGB), divulgado em 2019, e na investigação da Polícia Federal, já bem mais adiantada que a da CPI e que seria concluída no fim de 2024. O relatório do SGB demonstrara de forma cabal que a causa do afundamento e das rachaduras havia sido a mineração predatória. Carvalho convocou à CPI a figura-chave da investigação do SGB, o geólogo Thales de Queiroz Sampaio, coordenador da equipe. Ele deu dois depoimentos, um logo no começo e o outro ao fim dos trabalhos, e expôs as entranhas da relação da Braskem com os pesquisadores.

De perfil discreto e reservado, o geólogo se permitiu, nas duas ocasiões, dar um tom mais pessoal às suas declarações, pois já estava aposentado do serviço público. Ele contou que decidira largar a carreira em 2022, em meio a um drama na família. Uma de suas duas filhas sofria de uma doença grave, ele mesmo esteve à beira de um enfarte e sua esposa enfrentou um câncer em 2020. Thales deixou claro que o trabalho de investigação geológica em Maceió teve relação direta com seu problema de saúde: "Não enfartei logo após esse trabalho porque meu médico se antecipou. Ele me levou para a emergência e colocou dois stents no meu coração. Durante esse trabalho, vários pesquisadores adoeceram".

Thales deu detalhes na CPI sobre a tensa relação com a Braskem nos bastidores. Segundo ele, a empresa não aceitava que a lavra subterrânea de sal era responsável pelo afundamento dos bairros. O geólogo contou que, entre tantos problemas encontrados na investigação, a empresa sequer tinha outorga do poder público para exploração de água subterrânea e seu uso na operação minerária: "Não era fácil a convivência nas reuniões. A Braskem dizia 'não' a tudo, ficou difícil a convivência. *(Havia)* alguma coisa grosseira nas reuniões... Eu pedi as outorgas no órgão ambiental. Não tinha. A outorga foi feita depois que a gente estava trabalhando. Era difícil a relação... Isso não está nas minhas palestras, me pediram para não falar sobre isso. A minha equipe tinha medo. A minha equipe tinha medo! A gente estava falando da Braskem. De quem é a Braskem? Da Odebrecht, gente! E quem é o outro grande acionista da Braskem? A Petrobras".

O geólogo disse que o embate aumentou quando surgiram os primeiros resultados do levantamento de interferometria que revelou a correspondência entre a área de mineração e a de afundamento nos bairros. "A Braskem, definitivamente, não queria colaborar com o levantamento que o SGB estava fazendo. Tanto que, em fevereiro de 2019, depois dos resultados preliminares do levantamento interferométrico, chamei dois engenheiros da Braskem, mostrei os resultados e, a partir dali, a agressividade ficou tão grande que afastei a equipe do contato com a Braskem e ninguém mais deu declaração".

Thales relembrou para os senadores que o laudo do SGB foi apresentado a vítimas e autoridades em maio de 2019. O estudo apontou que a mineração não respeitara parâmetros de segurança sobre o tamanho das cavernas e a distância entre elas, o que levou algumas cavidades a se juntarem e formarem imensos vazios subterrâneos. A Braskem passou a levantar dúvidas sobre a qualidade do trabalho. Thales recordou para os senadores: "A Braskem fez uma série de questionamentos. Nós respondemos a todos. Fomos convocados pelo Ministério Público Federal em Alagoas. Houve uma confrontação entre a empresa e o SGB. Eu estava com 12 pessoas da minha equipe contra muitos advogados e dois consultores *(da Braskem)*. Eu estava com o consultor jurídico do SGB. Num determinado momento, eles foram grosseiros. A procuradora chamou a atenção e apaziguou. (...) Eles não aceitavam que a mineração era a causadora. Mineração que pertence a uma empresa gigante, que, num determinado momento, entrou com ação contra o SGB pedindo R$ 1 bilhão por danos morais pelo que tínhamos publicado. A equipe ficou realmente assustada. Esse é o dado concreto. A ação ficou por seis meses. O consultor jurídico do SGB me chamou pra conversar e disse: 'Dr. Thales, tome muito cuidado com as suas palavras'. Ele queria me proteger. Minha resposta foi: 'Minha consciência está absolutamente tranquila, minha equipe é muito bem-preparada e vamos continuar o trabalho'".

Thales Sampaio deu mais detalhes sobre esse episódio, que ele considerou uma intimidação feita pela Braskem contra o órgão público: "Houve um abalo na equipe quando a gente teve uma reunião difícil no Rio de Janeiro. Tive que puxar as rédeas, porque a Braskem chegou quase querendo conduzir a reunião. Quando terminou, um advogado da Braskem subiu para a consultoria jurídica do SGB e disse que tinha entrado com uma causa pedindo R$ 1 bilhão de indenização. A equipe ficou assustada e, a partir daí, só eu dei declaração. Aquilo era uma forma de intimidação. Mas a equipe do SGB não se intimidou".

Durante a CPI, a suposta causa de R$ 1 bilhão da Braskem contra o SGB não ficou esclarecida. Quando esteve na comissão, um dos vice-presidentes da empresa, Marcelo de Oliveira Cerqueira, disse que tal ação não existia. Perguntei sobre o tema à assessoria de imprensa da Braskem, que respondeu: "A Braskem não entrou com processo por danos morais contra o Serviço Geológico do Brasil ou seus servidores. O que ocorreu é que o relatório síntese *(do SGB)*, de 2019, foi divulgado sem os anexos e documentos citados. A Braskem entrou com uma ação para ter acesso a esses conteúdos e pediu a extinção da ação assim que o acesso foi concedido". Por sua vez, a consultoria jurídica do SGB informou que a Braskem "não moveu qualquer demanda por danos morais em face do SGB". A contradição entre essas respostas e o que o geólogo declarou na CPI ficou no ar. Procurei o geólogo Thales Sampaio para tentar esclarecer o episódio, mas ele nunca respondeu às minhas tentativas.

Diante das perguntas do relator Rogério Carvalho sobre o que aconteceu na mineração de sal-gema, em Maceió, o geólogo respondeu que houve "negligência e imprudência" e que a empresa tinha condições de ter percebido que alguma coisa estava errada, até porque havia um histórico de problemas graves relatados à Agência Nacional de Mineração, num acervo de 12 mil páginas, lidas uma a uma pelos pesquisadores do SGB. Nesse ponto, Thales Sampaio deixou escapar uma crítica ao tipo de fiscalização feita pela ANM: "Nos relatórios da Braskem para a Agência Nacional de Mineração, há páginas que falam sobre a desestabilização das cavidades. Não é uma coisa nova, sabem disso há bastante tempo. Quem mostrou isso foi o SGB. Os relatórios estavam na ANM. (...) Deveriam ter percebido muito antes. (...) A Braskem tinha consultores que faziam relatórios, e os técnicos da Braskem assinavam e mandavam pra ANM. (...) A ANM deveria fiscalizar *in loco*, exigir relatórios etc.".

O geólogo avaliou que talvez a área afetada pelo desastre possa ser habitada novamente, porém, não antes de 20 anos, tempo mínimo necessário, segundo ele, para cessar o processo de afundamento do solo e o terreno estabilizar. Como já fizera em outras audiências públicas, Thales comentou sobre o efeito que o trabalho teve sobre os pesquisadores do Serviço Geológico do Brasil: "A equipe estava psicologicamente impactada. A gente tinha que entrar nas casas, era um trabalho invasivo. Entrava nos banheiros, nas cozinhas, nos quartos das crianças... Em algumas casas eu não conseguia sair, precisava ouvir. Esse trabalho foi uma lição para o resto da vida dos 52 pesquisadores. (...) A equipe, por se sentir pressionada e com medo, queria terminar logo. Eu perguntava: 'Se não somos nós, qual a empresa que tem idoneidade moral, que pertence ao Estado, à nação brasileira, que pode fazer isso?'".

Outra parte importante do trabalho da CPI foi mostrar o que o relator Rogério Carvalho chamou de "carteiradas acadêmicas". As "carteiradas", segundo o senador, são relatórios produzidos por pesquisadores vinculados a instituições e universidades de renome, contratados pela Braskem, para elaborar e assinar documentos que contestassem o laudo do SGB, apontassem imprecisões de metodologia ou erros de interpretação.

Um dos relatórios mais conhecidos foi feito em 2019 por um grupo de quatro especialistas em geologia, geofísica e engenharia civil da Universidade de São Paulo, e um do Imperial College, de Londres. São eles: John Cosgrove, Georg Sadowski, Tarcísio Celestino, Luiz G. de Mello e Marcelo Sousa de Assumpção. Este último foi convocado à CPI. Assumpção, professor de sismologia e geofísica da USP, já aposentado, disse que a Braskem os contratou para "fazer uma análise crítica" do trabalho do SGB, saber quais argumentos "eram válidos" e se existia "interpretação alternativa". O professor disse considerar a crítica válida, como "parte do método científico", e ressaltou que a equipe não havia sido "direcionada para uma conclusão". Disse que os especialistas foram contratados como pessoas físicas, independentemente de seus vínculos com a universidade.

Assumpção afirmou que o grupo fez dois relatórios. O primeiro foi preparado a partir de dados de sondagens fornecidos pela própria Braskem. "Tenho que partir do princípio de que a empresa está sendo honesta comigo. Não posso suspeitar que está sendo parcial", explicou. Ao fim da análise, o grupo da USP concluiu, segundo Assumpção, que o laudo do SGB tinha "algumas falhas", "interpretações possíveis", e algumas de suas afirmações "eram apenas hipóteses possíveis, mas não comprovações". Assumpção contou que, um ano depois do primeiro trabalho, o mesmo grupo produziu outro relatório em que reconheceu que "as minas estavam envolvidas nos problemas" e que esse segundo estudo desagradou a Braskem.

O fato é que a primeira análise foi amplamente divulgada pela Braskem na mídia, além de ter sido comunicada ao mercado. Qualquer dúvida levantada sobre a qualidade do laudo do SGB era suficiente para dar fôlego à empresa, conter a queda do seu valor de mercado, contornar a crise de imagem e adiar suas responsabilidades perante as vítimas. O relator Rogério Carvalho cunhou uma segunda expressão para os laudos alternativos ao do SGB: "Venda de trajetória acadêmica".

No afã de afastar a responsabilidade da empresa pelo desastre, outro laudo apelou para uma infame inversão de papéis. O engenheiro civil Roberto Fernando dos Santos Farias, sócio da empresa Concrete, atribuiu as rachaduras e fissuras nos imóveis ao "desleixo" dos seus proprietários, apontando as vítimas como culpadas pela sua própria desgraça. Farias admitiu diante dos senadores ter feito uma "inspeção superficial" e "externa" nas casas localizadas a 50 metros dos poços de mineração. Ele não entrou nas casas, não fez estudo de solo e não analisou sondagens. Ainda assim, insistiu que "a maioria dos problemas era decorrente de construções mal executadas".

AUSÊNCIAS NA CPI

Em outra frente de investigação, sobre o papel do extinto Departamento Nacional de Produção Mineral (DNPM) e sua sucessora, a Agência Nacional de Mineração (ANM), a CPI usou muito do que fora apurado no inquérito da Polícia Federal. A ANM tem a atribuição de regular e fiscalizar a atividade mineral no Brasil. Mas o histórico de sua relação com a Braskem, desde os tempos da Salgema, revela uma atuação leniente e servil à empresa.

A investigação mostra que as fiscalizações *in loco* eram raras. Na maioria das vezes, o órgão fiscalizador se contentava em receber relatórios da empresa sem a preocupação de checar a correspondência entre o papelório e o que acontecia, de fato, no campo de mineração. Muitos dos documentos exigidos eram entregues com atrasos de até três anos e chegavam com dados incompletos, parciais e seletivos, de acordo com a conveniência da empresa. Houve laudo entregue sem a Anotação de Responsável Técnico (ART), ou seja, sem o nome do responsável pelo documento. Foi o caso de um laudo de estabilidade das cavernas, feito pela empresa francesa Flodim, que só um ano depois providenciou a assinatura de um profissional. Nada disso provocou uma atitude mais enérgica do órgão fiscalizador, que poderia ter adotado medidas punitivas, de multa a interdição da extração de sal-gema.

Ainda segundo a apuração da PF, não havia rotina na medição da pressurização dos poços desativados e os exames de sonar nas cavidades não eram feitos com frequência. A mina 27, por exemplo, ficou 15 anos sem sonar. Os técnicos e consultores sempre atestavam a estabilidade das cavas, afirmavam que não havia riscos e que a operação se revelava segura, apesar de alguns documentos relatarem interligação de quatro pares de cavidades, o que não era visto como problema. Na prática, a Braskem se autofiscalizava e isso era aceito com benevolência pelo órgão fiscalizador.

Com esse histórico, não foi surpresa a atitude do presidente da ANM, Victor Hugo Froner Bicca, quando o tremor aconteceu e revelou o desastre que se desenrolava há décadas no subsolo. Victor Bicca, geólogo formado na Universidade do Vale do Rio dos Sinos, no Rio Grande do Sul, ocupara cargos de direção no DNPM desde 2011 e fora nomeado para a direção-geral do órgão em junho de 2016, quando Michel Temer ainda era presidente interino (enquanto aguardava o desfecho do processo de impeachment de Dilma Rousseff, que seria confirmado em agosto de 2016 pelo Senado). Temer transformou o DNPM em ANM e indicou Bicca para comandar a agência. O geólogo teve seu nome aprovado pelo Senado em outubro de 2018 e conduziu a transição. Ocupou o cargo até o fim de 2022.

Em algumas audiências públicas sobre o caso Braskem, Bicca procurou manifestar dúvidas sobre a relação da mineração com o desastre. Aliás, ele se referia ao desastre como "evento" ou "fenômeno" geológico. Numa dessas ocasiões, no Senado, ele afirmou que "a mineração é um dos componentes desse complexo quadro formado, associado a questões da composição do solo em subsuperfície, a questões dos falhamentos, da falta de saneamento básico, do não disciplinamento de drenagem pluvial, uma série de outros fatores que concorrem para esse fenômeno". Mesmo depois da divulgação do laudo conclusivo do Serviço Geológico do Brasil, Bicca acentuou, durante audiência na Câmara, ser necessário aguardar até que se soubesse "se, efetivamente, a causa foi a mineração".

A mesma postura pode ser encontrada em documentos oficiais, conforme revelou a CPI. Em março de 2020, a Procuradoria Federal Especializada junto à ANM argumentou que os estudos do SGB apenas "sinalizaram possíveis causas dos eventos ocorridos em Maceió", que "os estudos continuam e ainda não se tem conclusões técnicas sobre as causas", que a ANM acompanha os estudos "para tentar elucidar o ocorrido, por isso, ainda não se pode afirmar se a atividade de lavra da Braskem foi protagonista ou coadjuvante dos eventos". Em outro trecho, diz: "A associação direta da lavra de sal-gema por dissolução ou a culpa da Braskem na totalidade das movimentações do terreno ainda não são totalmente conclusivas, permanecendo em caráter opinativo". Um documento desses era música para os ouvidos da Braskem.

Nas oportunidades em que falou sobre o caso, Bicca praticamente ignorou a relação do DNPM/ANM com a empresa antes do desastre. Ao contrário, apresentou em detalhes apenas as providências tomadas depois do afundamento, ou seja, falou do cadeado depois do arrombamento. A CPI aprovou a quebra do sigilo bancário de Victor Bicca e o de seu sucessor, Mauro Henrique Vieira Sousa, que prestou um depoimento sem qualquer relevância. O relator justificou o pedido dizendo que este último estava agindo "com o objetivo de tumultuar os trabalhos da comissão, repassando informações incompletas ou dificultando o acesso a elas", além de demonstrar "má vontade" em colaborar com a CPI. O relator Rogério

Carvalho destacou que a ANM assumira uma postura de "negação do desastre" e que a "omissão histórica" do órgão na fiscalização "acarretou tragédias como as de Maceió, Brumadinho e Mariana".

Apesar de ser um personagem com muitas explicações a dar, Victor Bicca não prestou depoimento à CPI. Questionei a assessoria de Rogério Carvalho sobre a ausência de Bicca. Na resposta, a assessoria explicou que é "inviável ouvir todos aqueles cuja presença foi aprovada em requerimento" e que outros dirigentes da ANM foram ouvidos.

Tentei ouvir Victor Bicca sobre sua experiência no comando da fiscalização federal da atividade minerária, sobre as três grandes catástrofes da mineração no Brasil, duas das quais ocorreram quando ele já ocupava cargo de chefia e que estão entre as maiores do mundo no setor – e, especificamente, queria perguntar sobre o caso Braskem. Ele não quis dar entrevista. Em fevereiro de 2025, Victor Bicca tomou posse como presidente-executivo da Associação Nacional das Entidades de Produtores de Agregados para Construção (Anepac).

* * *

A tentativa da CPI de conseguir algum aceno da Braskem no sentido de rever os acordos de compra dos imóveis danificados dos ex-moradores resultou em grande frustração para as vítimas. O presidente da Braskem durante a vigência da CPI, Roberto Bischoff, foi um dos primeiros nomes a ser aprovado pelos senadores para prestar depoimento. Ele era o terceiro presidente seguido da empresa desde que ocorrera o tremor de 2018. Vinha de uma longa carreira na antiga Odebrecht, atual Novonor (controladora da Braskem), e sabia cultivar excelentes conexões em Brasília.

Bischoff fora nomeado, em março de 2023, para integrar o "Conselhão" do governo Lula, como é conhecido o Conselho de Desenvolvimento Econômico Social Sustentável. O "Conselhão" é um colegiado heterogêneo, com 246 integrantes, do qual fazem parte artistas, representantes da sociedade civil, sindicalistas, ONGs e empresários, com mandatos temporários. Da Novonor, fora nomeado com Bischoff para o "Conselhão" Cláudio Medeiros Netto Ribeiro, diretor de relações institucionais da organização.

Bischoff não foi ouvido pela CPI, bem como os dois dirigentes que o antecederam e que tiveram que lidar com o desastre e suas consequências. São eles: Fernando Musa e Roberto Simões. A assessoria da CPI me explicou a ausência de Bischoff, dizendo que outras testemunhas convocadas em nome da Braskem prestaram esclarecimentos "até mais aprofundados que os que poderiam ser realizados pelo senhor Roberto Bischoff".

Pela Braskem, compareceram dois representantes: Marcelo Arantes, diretor global de pessoas, e Marcelo de Oliveira Cerqueira, vice-presidente executivo de manufatura. Ambos tinham garantia de habeas corpus concedidos por ministros do Supremo Tribunal Federal e poderiam permanecer em silêncio. Marcelo Arantes foi acompanhado pelo advogado Marco Aurélio de Carvalho, coordenador do grupo Prerrogativas, conhecido por se contrapor aos abusos da Operação Lava Jato e por suas ligações com o governo petista. Arantes não ficou em silêncio, mas respondeu 52 vezes dizendo não ter conhecimento técnico para responder, não lembrar, não ter domínio do assunto ou coisa parecida.

Mas Arantes detalhou os acordos fechados com as autoridades, destacando que 95% das pessoas atingidas já tinham recebido seus pagamentos e que a participação delas era voluntária. No que pareceu uma declaração bem ensaiada para os holofotes da CPI, ele reconheceu a responsabilidade da empresa no desastre, algo que até então nenhum dirigente havia feito: "A Braskem tem a sua culpa nesse processo e nós assumimos a responsabilidade por isso. (...) A Braskem tem, sim, a contribuição, e é responsável pelo evento acontecido em Maceió. Isso já ficou claro. Não é à toa que todos os esforços da companhia têm sido colocados para reparar, mitigar e compensar o dano causado pela subsidência na região". Reconhecimento tardio e, de resto, inevitável diante de tantas evidências. E sem um pedido de desculpas às vítimas.

O outro executivo, Marcelo Cerqueira, foi questionado sobre a possibilidade de revisão dos acordos, visto que representantes das vítimas haviam relatado à CPI sua insatisfação e angústia. Ele foi taxativo ao dizer que os acordos não seriam alterados. Sobre a transferência de propriedade dos imóveis para a Braskem, tornando-a dona da área atingida, Marcelo Cerqueira disse que esse foi "o melhor arcabouço jurídico" definido com as autoridades para que a Braskem fizesse os serviços de demolição dos imóveis e a estabilização do terreno. Tal como Marcelo Arantes, Cerqueira não soube responder algumas questões, alegando falta de conhecimento técnico. Ele também admitiu a responsabilidade da empresa: "A subsidência tem entre suas causas a extração de sal como fator preponderante, razão pela qual assumimos nossa responsabilidade civil e ambiental". Novamente, sem um pedido de desculpas às milhares de vítimas do desastre.

Quem tem o pleno domínio sobre o que aconteceu desde os primórdios da exploração de sal-gema em Maceió ficou menos de uma hora na sala da CPI e saiu sem dizer nada além da frase: "Por orientação da minha advogada, vou permanecer em silêncio". O engenheiro de minas Paulo Roberto Cabral de Melo foi o responsável técnico pela mineração da Salgema, Trikem e Braskem de 1976 a 2007. Sob sua supervisão, foram perfurados 26 dos 35 poços de extração de sal. Ele se recusou até mesmo a confirmar dados em posse da CPI, como, por exemplo, que toda a operação de mineração contava com cerca de dez funcionários e que não havia geólogo fixo na equipe.

O relator chegou a ler trechos do depoimento de Cabral à Polícia Federal, em que admitiu que os exames de sonar não eram feitos na frequência recomendada para a segurança das cavidades. Num trecho do depoimento à PF, ao falar sobre o controle dos parâmetros de uma mina desativada, ele respondeu assim: "Ela está desativada, fechada, não vou gastar dinheiro com sonar mais, não". Cabral disse à PF que os parâmetros relativos ao diâmetro das cavernas e ao distanciamento entre elas foram flexibilizados ao longo do tempo porque eram muito "conservadores" originalmente. Ele insistiu que a mineração nada teve a ver com o afundamento do solo e acrescentou que se reportava a seus superiores, em Maceió. Como Cabral não quis comentar nada na CPI, aos 53 minutos de sessão, o relator encerrou a oitiva sem conseguir arrancar uma única informação do engenheiro.

Para embasar uma posição formal da CPI em relação aos acordos firmados entre a empresa e as vítimas, o instituto DataSenado fez uma pesquisa de opinião ouvindo pessoas atingidas. Foram 1.727 entrevistas por telefone. Destaco algumas das conclusões. Sobre o valor das indenizações: 38% se declararam muito insatisfeitos; 38% insatisfeitos, 10% satisfeitos, 10% nem satisfeitos nem insatisfeitos e 1% muito satisfeito. Em resposta à pergunta se consideravam o valor recebido justo, 85% disseram que não.

Sobre o fato de a Braskem ter se tornado dona dos imóveis privados e de bens públicos na região, 86% responderam considerar tal medida injusta. Uma maioria de 82% declarou-se insatisfeita e muito insatisfeita com a ação dos poderes públicos em resposta ao desastre. A pesquisa apurou que 62% consideraram que a qualidade de vida pós-afundamento piorou, 56% que sua condição econômica piorou, 56% disseram ter contraído dívidas em função do desastre e 24% informaram que haviam se mudado para outro município.

A insatisfação revelada pela pesquisa levou o relator Rogério Carvalho a fazer várias recomendações para os órgãos públicos, entre elas, a revisão dos acordos por considerar que "não garantem a justiça nem oferecem às vítimas compensação legítima e eficaz pelos danos sofridos". O relator pediu que, numa eventual revisão, fique claro que a Braskem não pode fazer uso comercial da área adquirida dos moradores e de entes públicos da qual se apropriou. Atendendo a uma antiga reivindicação do movimento ambientalista, o relator recomendou que a fábrica de clorossoda saia do Pontal da Barra, já que não poderá mais se beneficiar da proximidade do campo de mineração urbano, agora inativo.

Rogério Carvalho fez propostas de alteração da legislação no sentido de aumentar a eficiência do licenciamento, da fiscalização e da responsabilização penal de empresas de consultoria ambiental. São as empresas de consultoria que, em geral, fornecem laudos de segurança e de estabilidade que as grandes empresas apresentam aos órgãos de fiscalização. Isso aconteceu no caso Braskem e nos desastres de Mariana e de Brumadinho.

Por fim, o relator passou a tratar o desastre de Maceió pelo que ele é, de fato: um crime. Ou melhor, vários crimes somados. Carvalho identificou a prática de crimes ambientais, usurpação do patrimônio da União, lavra em desacordo com a autorização obtida, e apresentação de estudo, laudo ou relatório falso ou enganoso. E recomendou o indiciamento da Braskem, de quatro empresas de consultoria (STOP Serviços Topográficos, Flodim do Brasil, Consalt e Modecom) e de 11 pessoas. As pessoas físicas que tiveram seu indiciamento recomendado são:

• Braskem – Marcelo de Oliveira Cerqueira (o único do primeiro escalão da empresa), Álvaro César Oliveira de Almeida, Marco Aurélio Cabral Campelo, Paulo Márcio Tibana, Galileu Moraes Henrique, Paulo Roberto Cabral de Melo, Alex Cardoso Silva e Adolfo Sponquiado (todos ocuparam cargos de comando, gerência ou de responsabilidade técnica na operação em Maceió).

• De empresas consultoras da Braskem – Paulo Raimundo Morais da Cruz, Hugo Martins de Souza e Mônica Ballus.

O relator causou surpresa às vítimas ao não incluir nos pedidos de indiciamento dirigentes ou funcionários do Instituto de Meio Ambiente (IMA) e da Agência Nacional de Mineração (ANM). Nas sessões da CPI, Rogério Carvalho e até mesmo outros senadores haviam apontado omissão, negligência e violação dos deveres institucionais por parte de agentes públicos. Em discursos inflamados, Carvalho falou de "captura" e "domesticação" dos órgãos que deixaram a empresa se "autorregular". No entanto, no relatório final, ele afirma que "não foi possível reunir elementos materiais suficientes para imputar responsabilizações penais" e que seriam necessárias mais diligências.

A ausência de agentes públicos do IMA e da ANM na lista de indiciamentos foi mais uma decepção para as vítimas do desastre, conforme externaram por meio de notas e entrevistas. Elas esperavam que a CPI convocasse representantes dos Ministérios Públicos Federal e Estadual em Alagoas para questionamento a respeito dos acordos fechados com a Braskem sem ouvir as vítimas e que estabeleceram compensações consideradas injustas. A procuradora-chefe da República em Alagoas, Roberta Lima Barbosa Bomfim, chegou a ter sua convocação aprovada, mas não compareceu à CPI. Cópias do relatório final foram enviadas a diversas autoridades, tais como PF, MPF, STF, Advocacia Geral da União e Controladoria

Geral da União. São elas que poderão encaminhar ações nos âmbitos penal, cível e administrativo.

Cinco meses depois da CPI, a Polícia Federal anunciou a conclusão de um inquérito que vinha se arrastando por cinco anos. A investigação fora aberta em 2019 e pouco se sabia sobre seu andamento. É uma das investigações mais longas de que se tem notícia na PF. Aqui, é pertinente trazer uma comparação. O colapso da barragem das mineradoras Samarco, Vale e BHP, em Mariana, em novembro de 2015, provocou a morte de 19 pessoas e despejou a lama de rejeitos de minério de ferro ao longo de 660 quilômetros no Rio Doce, atravessando os estados de Minas Gerais e do Espírito Santo. O inquérito da Polícia Federal sobre este crime complexo e o oferecimento da denúncia pelo Ministério Público Federal levaram um ano. Em outro caso intrincado, o rompimento da barragem da Vale, em Brumadinho, em janeiro de 2019, que matou 272 pessoas e poluiu o Rio Paraopeba, o inquérito da PF e o oferecimento da denúncia pelo MPF foram concluídos quatro anos após o crime. Os respectivos processos criminais tramitam na Justiça.

O colapso da mina 18 despertou a PF da paralisia. Em dezembro de 2023, a polícia deflagrou a operação Lágrimas de Sal, que teve uma segunda etapa em maio de 2024. Em ambas, os agentes apreenderam documentos, bens e aparelhos eletrônicos nos endereços de pessoas e empresas. Ao concluir a investigação, a PF apontou vários crimes: tornar área urbana imprópria para ocupação humana; dano qualificado, destruição, inutilidade ou deterioração de patrimônio público; produção e exploração de bem pertencente à União em desacordo com a autorização concedida; apresentação de estudo ambiental falso, incompleto ou enganoso; concessão de licença, autorização ou permissão por funcionário público em desacordo com normas ambientais.

A Polícia Federal indiciou a Braskem como pessoa jurídica e mais 19 pessoas físicas, numa relação quase coincidente com a lista da CPI, mas com um acréscimo importante. A PF encontrou indícios suficientes para a responsabilização de quatro funcionários do Instituto de Meio Ambiente de Alagoas: o presidente, Gustavo Ressurreição Lopes; o vice-presidente, Leonardo Lopes de Azevedo Vieira; o geólogo Jean Paul Pereira Melo; e a ex-gerente de fiscalização Pollyana Christiana Gomes dos Santos. Assim como na CPI, funcionários e dirigentes da Agência Nacional de Mineração não fazem parte da relação de indiciados.

Os autos do inquérito da Polícia Federal foram enviados à 2ª Vara da Justiça Federal de Alagoas em novembro de 2024. A prerrogativa de oferecimento da denúncia a partir das conclusões do inquérito é do Ministério Público Federal. Em maio de 2025, respondendo ao meu questionamento sobre o andamento do caso, a assessoria de imprensa do MPF em Alagoas informou que o órgão estava "analisando cuidadosamente as provas já colhidas" e que havia solicitado "novas diligências para melhor subsidiar uma possível denúncia". A assessoria acrescentou que "o caso tem recebido prioridade e tem sido conduzido com o máximo de zelo e diligência" e que a atuação do MPF "segue comprometida com a apuração dos fatos e com a responsabilização de quem eventualmente tiver cometido ilícitos, sempre dentro dos limites legais e com base em provas robustas".

Sete anos depois do tremor de 3 de março de 2018, que revelou a mineração predatória, ninguém respondia pelo maior desastre socioambiental em área urbana do Brasil. O afundamento e danos generalizados em cinco bairros e a remoção forçada de 60 mil pessoas eram um crime sem castigo. Mas, numa deturpação da ordem natural das coisas, uma das vítimas passou a sofrer um assédio judicial digno de figurar num livro de Franz Kafka.

CERCO À VÍTIMA

Nos idos de 2018, Alexandre Sampaio, de 57 anos, e sua esposa Kátia, de 58, não poderiam estar mais felizes. Suas carreiras profissionais estavam no auge, os filhos Larissa, Alec e Erick, criados, e a primeira netinha, Liz, chegara para se tornar o xodó da família. Jornalista por formação, Alexandre cedo mudara o curso de sua trajetória, orientando-a para o marketing e o setor imobiliário. Atento à expansão de Maceió, identificou uma tendência de verticalização do Pinheiro e direcionou seus investimentos ao bairro onde passara parte da sua vida e onde seus avós maternos haviam sido pioneiros. "Minha relação com o Pinheiro começa na infância. Lembro de ir à casa do meu avô, Hamilton, e correr com minha irmã pra ver quem chegava primeiro no quintal pra colher as pitangas maduras. Ele tinha uma oficinazinha no fundo da casa, onde ficava com as traquitanas dele, parecia o Professor Pardal. Era muito curioso, estudioso, um autodidata em muitas áreas. É dele o projeto da Igreja Batista do Pinheiro, embora não fosse arquiteto. Meu avô foi vereador e presidente da Câmara de Maceió, mas teve seu mandato cassado na ditadura militar".

Kátia também frequentava a Igreja Batista do Pinheiro e o bairro. Era natural que ambos procurassem se estabelecer no espaço mapeado de seus afetos. Ambos compartilhavam um conjunto de salas que acomodava com conforto os três empreendimentos do casal: a imobiliária e uma agência de marketing de Alexandre e a clínica de psicologia de Kátia. Ela, aliás, aproveitou outra peculiaridade do Pinheiro naquele momento: o bairro estava se transformando num polo de saúde, com a presença de hospitais, clínicas de diagnóstico, fisioterapia etc. A família morava no vizinho Farol. O terreno semeado estava dando frutos.

Veio o dia 3 de março de 2018. Alexandre recorda: "Eu estava num evento, em Feliz Deserto, e o Ricardo, corretor que trabalhava na nossa imobiliária, ligou assustado. O tremor tinha acabado de acontecer. Ele estava com um cliente, apresentando um apartamento no edifício Tibério Rocha, quando o prédio foi sacudido. Ele até machucou a cabeça e me disse: 'Alexandre, teve um terremoto aqui no Pinheiro, tinha mulher saindo de calcinha e sutiã de casa, uma confusão, eu não sei bem o que aconteceu, mas perdi a venda'. Foi assim que as coisas começaram a complicar. Nos últimos anos, a gente tinha vendido mais de 60 imóveis na região. De repente, as vendas diminuíram, perdi corretores. Achei que estava fazendo algo errado. O terremoto aconteceu, mas a gente não entendeu logo o tamanho do desastre, não sabia que tinha ligação com a mineração, falavam de problema de drenagem no bairro. Kátia também estava perdendo pacientes. Conversando com o dono da padaria, do colégio, do mercadinho, entendi que era um problema geral. Só as lojas de material de construção iam bem porque muita gente fez reformas achando que o problema era da sua casa".

Alexandre decidiu mobilizar os empresários e comerciantes do bairro. No começo de 2019, criaram uma entidade para representá-los, registrada como Associação dos Empreendedores e Vítimas da Mineração em Maceió. Conseguiram mapear milhares de negócios prejudicados, num universo cheio de disparidades, entre formais e informais, pequenos e grandes, com vida contábil e fiscal organizada ou não. Até então, ninguém havia pensado que os bairros abrigavam uma trama socioeconômica complexa que estava se esgarçando e que precisaria de reparação. Era um tema sobre o qual a empresa e as autoridades, convenientemente, silenciavam, mas que a Associação dos Empreendedores botou na mesa. O esvaziamento dos bairros foi implacável com o casal. Seus três negócios quebraram ao mesmo tempo e eles foram os primeiros empreendedores a deixar o Pinheiro.

Kátia relembra os dias em que tudo ao redor parecia desmoronar: "Numa sexta-feira, caí no choro quando vi o que estava acontecendo com a clínica. Eu pensei: 'Tenho que sair daqui'. Comecei a chorar e fui pro computador procurar uma sala. Me doeu muito desmanchar a clínica. Passei o carnaval desmontando tudo. Me doía o corpo e adoeci. Procurava um diagnóstico, fui a médicos e ninguém conseguia me dizer o que eu tinha. Fiquei naquele inferno, fiz exames, tomava medicação pra dor e não passava. Logo depois do carnaval de 2019, comecei a atender na nova sala. Saímos de um espaço de 250 metros quadrados para um de 49. As dores continuaram, fui me tratando e melhorei. Os antigos pacientes voltaram, inclusive os do Pinheiro, e vi que tinha gente sofrendo mais do que eu com processos depressivos profundos. Pessoas que nunca tinham tomado remédio tiveram que buscar ajuda psiquiátrica. Não conseguiam trabalhar direito, não dormiam ou tinham pesadelos. Tenho pacientes desestabilizados até hoje".

Enquanto Kátia tentava amenizar o dano emocional quase invisível de muitas vítimas, Alexandre se jogou na luta pela reparação dos danos materiais e morais dos moradores e empreendedores. Um ponto de virada na estratégia das vítimas foi quando perceberam que estavam excluídas das discussões sobre as medidas a serem tomadas no caso de uma evacuação emergencial.

Alexandre lembra de uma reunião, a portas fechadas, no começo de 2019, convocada pelo então procurador geral de Justiça de Alagoas, Alfredo Gaspar de Mendonça (ex-secretário de segurança no governo de Renan Filho). "Foi um workshop sobre o Pinheiro, no Hotel Jatiúca, fechado à imprensa. Tínhamos acabado de fundar a Associação dos Empreendedores e entrei quase de penetra. Na época, o problema estava concentrado no Pinheiro. Órgãos dos governos municipal, estadual e federal estavam presentes e queriam divulgar uma nota no fim do encontro dizendo que, se chovesse 30mm, teriam que retirar 21 mil pessoas, mas nenhum dos presentes pensou em coisas básicas no caso de uma remoção dessa amplitude. Fiz algumas perguntas: quem pagaria a remoção? Quem se responsabilizaria pelo patrimônio das pessoas? Como as empresas sobreviveriam? Quem pagaria a conta? Ninguém soube responder e a reunião terminou sem decisão. Desde o começo, a nossa luta foi por indenizações justas. Não queríamos migalhas. Mas naquele momento não imaginávamos o quanto seria difícil. Dali pra frente, seríamos excluídos de qualquer discussão e de tudo o que as autoridades faziam ficava sob sigilo".

Nos meses seguintes, o desastre se ampliou para os outros bairros e o Serviço Geológico do Brasil divulgou o estudo apontando a responsabilidade da Braskem. No começo de 2020, seria anunciado o acordo entre a Braskem, os Ministérios Públicos Federal e Estadual e as Defensorias Públicas da União e do Estado de Alagoas sobre o pagamento das compensações financeiras aos moradores. As vítimas e suas associações tiveram que engolir o prato feito. No dia do anúncio do acordo, em uma audiência pública, os moradores foram avisados de que a mesa do evento só teria integrantes das instituições e que a plateia só poderia se manifestar por escrito.

Como vimos em capítulos anteriores, o acordo obrigava os moradores a transferir a propriedade dos seus imóveis à Braskem, a empresa fixou o pagamento por dano moral em R$ 40 mil por imóvel, os empreendedores não tiveram direito à indenização por dano moral e as negociações sobre o valor de cada imóvel deveriam ser feitas entre empresa e vítima. A chegada da pandemia da covid-19, em 2020, jogou mais pressão sobre os moradores, que se renderam às condições desfavoráveis e deram início à remoção em massa, num processo avassalador e sem volta. A Associação dos Empreendedores e o Movimento Unificado das Vítimas da Braskem iniciaram uma campanha para a revisão do acordo. Pediram uma "autocomposição" (instrumento de resolução de conflitos por consenso) para ter assento em negociação direta com a Braskem, mas o pedido foi negado pelo MPF e pelo MPE.

Moradores e empreendedores foram às ruas, em protestos que interditaram avenidas e fecharam provisoriamente o acesso ao MPF e ao MPE. Procuraram o

Conselho Nacional de Justiça e o Conselho Nacional do Ministério Público, participaram de audiências em Maceió e no Congresso, em Brasília, tentaram chamar a atenção da imprensa nacional. Suas vozes não reverberavam. Dissipavam-se num abismo de indiferença.

A Associação dos Empreendedores percebeu que seria importante abrir uma frente de atuação jurídica para provocar algo que nenhuma autoridade parecia interessada em buscar: a responsabilização criminal da Braskem. Os Ministérios Públicos e as Defensorias estavam satisfeitos com os acordos na área cível e o MPF alegava ser necessário aguardar o inquérito da Polícia Federal, que permanecia um mistério. A associação procurou advogados em Maceió, mas não conseguiu nenhum disposto a comprar a briga. Em Natal, encontrou o escritório Gabriel Bulhões Advocacia Criminal, que alertou sobre a necessidade de ação urgente diante do risco de prescrição de crimes ambientais.

O primeiro passo foi pedir acesso aos autos do inquérito da PF, em meados de 2023, sem conclusão até aquele momento, passados quatro anos. O pedido foi negado, sucessivamente, pela própria PF, pelo Ministério Público Federal, pela 13ª Vara Federal de Alagoas e pelo Tribunal Regional Federal da 5ª Região, em Recife. A investigação foi classificada como sigilosa. A associação acabaria conseguindo acesso ao inquérito apenas em julho de 2024, por decisão do Superior Tribunal de Justiça.

Enquanto esperava, a associação decidiu dar sua cartada mais ousada: apresentou duas medidas legais permitidas às vítimas de um crime para poderem ajuizar ação penal se a autoridade responsável não tomar a iniciativa. A primeira foi uma notícia-crime dirigida ao MPF, que a ignorou. A segunda foi uma queixa-crime subsidiária contra a Braskem, o Instituto de Meio Ambiente de Alagoas, a Agência Nacional de Mineração e o BNDES.

Contra a empresa, a queixa apontou o crime de poluição qualificada, com dolo eventual (quando se assume o risco de produzir o resultado criminoso), e o crime de estudo ambiental fraudulento. Os órgãos de licenciamento (IMA) e fiscalização (ANM) figuravam como responsáveis indiretos pelo crime de poluição por suas condutas omissas. Contra o IMA também pesava o crime de concessão de licença em desacordo com as normas ambientais. E o BNDES foi apontado como responsável indireto pelo crime de poluição por conceder financiamentos à Braskem, no valor total de R$ 7.893.077.938,18, no período de 2004 a 2018, sem as devidas análises de risco ambiental do empreendimento.

A queixa-crime jogava luz sobre os protagonistas de um enredo já claramente delineado, mas que só teria novos desdobramentos institucionais depois da repercussão nacional do colapso da mina 18, no fim de 2023. A partir deste episódio, a instalação da CPI ganharia impulso no Senado e a Polícia Federal daria andamento mais célere às investigações, como vimos no capítulo anterior. Mas a queixa-crime foi negada depois de tramitar por várias instâncias, até chegar ao Tribunal Regional Federal da 5ª Região, que também a negou. No curso da tramitação, o MPF alegou que a Associação dos Empreendedores não tinha legitimidade para representar as vítimas. Até a conclusão deste livro, a associação pretendia apelar ao Superior Tribunal de Justiça e ao Supremo Tribunal Federal. Alexandre Sampaio esteve à frente de todas as iniciativas das vítimas por justiça, apontando as responsabilidades da Braskem e a omissão ou atuação insuficiente das autoridades.

A luta incansável contra a impunidade cobrou seu preço de várias maneiras. Alexandre conta: "No começo da nossa mobilização, um vereador de Maceió foi ao meu escritório perguntar quanto eu queria pra 'esquecer a Braskem'. Disse a ele que minha luta é por verdade e justiça e que não havia entendimento possível entre nós. O pior veio depois. Fui ameaçado numa reunião no gabinete do prefeito João Henrique Caldas, por um sujeito que supostamente falava em nome de moradores. A ameaça foi na frente do prefeito, numa reunião em que ele não permitiu a presença da imprensa. Diante da ameaça, ele não fez nada. Teve outro momento difícil na época do lançamento do documentário "A Braskem passou por aqui", do cineasta Carlos Pronzato, em 2021. Contratei oito seguranças particulares, tamanho era o estado de tensão e de preocupação da minha família com a minha segurança e a de outras lideranças".

E não parou por aí: "Na época da mina 18, postaram numa rede social a seguinte mensagem: 'Alexandre Sampaio foi encontrado morto no meio do canavial a caminho de São Miguel dos Campos. Aguardem'. São Miguel é um caminho que eu fazia com frequência. As pessoas que me conhecem ficaram em pânico, até conseguirem me localizar. Registrei boletim de ocorrência na polícia, mas o caso foi arquivado. Na época da CPI da Braskem, houve uma campanha de difamação contra mim nas redes sociais, num perfil falso. Pensei muito se deveria andar com seguranças e concluí que não. Talvez a exposição pública seja uma das maiores proteções. Se, ao mesmo tempo, pode ser a causa das ameaças, por outro lado, é a maior proteção".

Por tudo que viu e viveu em sete anos de enfrentamentos com a empresa e autoridades, Alexandre Sampaio considera que há uma proteção institucional da Braskem com o objetivo de diminuir o prejuízo com o desastre e os custos de reparação. No seu entender, isso fica claro nos acordos que transformaram a indenização numa transação de compra e venda dos imóveis das vítimas, no tabelamento do dano moral, na delimitação da área afetada e na exclusão de milhares de vítimas do direito à compensação, como trabalhadores, estudantes e moradores do entorno da zona de risco.

Para ele, a empresa e autoridades são mais do que cúmplices. "Cumplicidade é uma palavra fraca para o que está acontecendo. É mais. É parte de um sistema criminoso. Eu disse isso na CPI. Há fortes indícios de que a Braskem criou uma organização criminosa para não ser responsabilizada criminalmente e, principalmente, não pagar pelo tamanho do dano que o crime provocou. Pelos nossos cálculos, ela deveria pagar mais de R$ 30 bilhões em danos morais e materiais às vítimas *(segundo o site da Braskem, atualizado até abril de 2025, a empresa pagou R$ 4,2 bilhões em indenizações e auxílios desde 2019)*. Há um esforço imoral das autoridades de não punir a Braskem criminal e economicamente. Pessoas se suicidaram, há uma epidemia de doenças psicossomáticas, enfartes, AVCs, mortes prematuras de idosos, e ninguém liga pra isso? As pessoas não valem nada? Há materialidade, autoria e motivação. A própria CPI concluiu: a materialidade é o afundamento do solo e 15 mil imóveis desocupados por exploração irresponsável, desmedida e ambiciosa de sal-gema visando lucro. O Ministério Público Federal tem a prerrogativa de investigar crimes socioambientais. Mas disse que precisava aguardar a investigação da Polícia Federal. É um contrassenso. O MPF criou uma blindagem para a Braskem".

A percepção de injustiça e impunidade invadiu o cotidiano da família por muitos flancos. Não só porque Alexandre é dirigente da associação, mas porque o casal precisou travar o embate com a empresa a respeito de suas próprias indenizações. Não se sentiram compensados adequadamente, mas, ao fim de quatro anos de discussões, aceitaram os termos para poder recomeçar. No consultório de Kátia, aflições de carga dramática dilacerante ampliaram sua compreensão sobre um aspecto da tragédia que ela chama de "crime emocional". Eis seu relato: "Alguns pacientes desabafaram que a negociação era uma 'tortura psicológica'. Ficavam tão fragilizados que uma hora diziam: 'Chega!'. E faziam o acordo. Tive um paciente que tentou se matar. Quando você tira o lugar de uma pessoa, ela se perde, há um rompimento e uma morte emocional. É preciso buscar uma nomenclatura para esse trauma vivido por tanto tempo, com tanta intensidade e que ainda está em andamento. É um crime ambiental em curso, é um crime social e é também um crime emocional".

Quando fiz a última entrevista com Kátia e Alexandre para este livro, eles estavam às voltas com mais uma consequência do desastre da Braskem em suas vidas. Alexandre colecionava processos na Justiça em decorrência de sua atuação por indenizações e responsabilização criminal da empresa. Ele respondia a duas ações por participação em protestos que interditaram o acesso a instalações da Braskem e a uma interpelação criminal movida por cinco promotores do Ministério Público de Alagoas. Os promotores se sentiram ofendidos por críticas que Alexandre Sampaio fez à atuação da instituição.

O quarto e mais grave processo contra Alexandre foi movido por uma procuradora federal e por um defensor público da União, que o acusavam dos crimes de calúnia e difamação. Ambos também se sentiram ofendidos por declarações de Alexandre à mídia nacional sobre omissão e cumplicidade das instituições. É importante destacar que todas as críticas do empresário sempre foram feitas às instituições, sem nunca ter nomeado qualquer um dos agentes públicos envolvidos nas decisões sobre o caso Braskem. Alexandre apresentou defesa, argumentando que suas críticas foram feitas sem atacar a honra de ninguém, dentro da esfera da liberdade de expressão, direito garantido pela Constituição. Em setembro de 2025, quando concluí este livro, não havia decisão final sobre o caso.

A perseguição judicial a Alexandre Sampaio configura uma disparatada inversão de papéis. A vítima passou a ser acusada, enquanto a empresa infratora permanece livre do banco dos réus. Nem ela nem nenhum dos ocupantes de qualquer nível hierárquico da sua cadeia de comando respondem criminalmente. Alexandre refletiu sobre essa incoerência: “Esse caso testa os limites da Justiça no Brasil e é preciso ir até o fim. Tenho uma ética cidadã que não me permite o silêncio. A razão de ser e estar no mundo é viver bem e ajudar outras pessoas a viverem bem. A humanidade é um coletivo. A cidade é um coletivo. O que estamos fazendo tem impacto na vida das pessoas. Graças à nossa luta, muitas pessoas entraram no mapa de risco, foram reconhecidas como afetadas e puderam receber suas indenizações. Dezenas de empresas conseguiram indenizações acima do ridículo que a Braskem queria pagar. Acho que cumprimos uma missão. Me sinto mais pleno como ser humano, como cidadão, pai e esposo. Não consigo dormir se não fizer a coisa certa. É preciso lutar por verdade e justiça”.

A BIBLIOTECA

Priscilla cresceu numa casa de aparência simples e discreta, com um muro alto que não permitia imaginar a preciosidade ali guardada: uma biblioteca com 30 mil volumes, organizada ao longo de 60 anos por seu pai, o promotor de justiça criminal Wilson da Silva Barros. Todos os cômodos tinham estantes, com prateleiras do chão ao teto, na moradia com térreo e mais dois andares, no Pinheiro. Uma rápida olhada nas lombadas dos livros cuidadosamente arrumados e se percebia que era o acervo de um erudito.

A casa amarela, na Rua Anahy 167, era o mundo de seu pai, que começou a desmoronar em março de 2018, quando a terra tremeu. No momento do tremor, Priscilla estava numa ambulância, levando o pai – que sofria os efeitos severos de um câncer em metástase – para uma emergência hospitalar. A doença pegou Priscilla de surpresa. Ela acredita que o pai a manteve em sigilo para não preocupar nem a ela nem à mãe dele, Maria Teresa, já bastante idosa e adoentada.

Priscilla lembra, com os olhos negros rasos d'água: "Mais de 15 anos atrás, ele se curou de um câncer de próstata. Ele era daqueles que morria de medo de doença e de se operar. Dessa segunda vez, ele não falou, mas estava muito magro. Eu falava: 'Pai, vamos fazer um exame'. Ele não queria. Eu achava que era apêndice. Quando o médico me disse que era câncer, fiquei em choque. Depois disso, só o vi entubado. Quando ele faleceu, fui arrumar suas coisas e encontrei biópsia, pedidos médicos, exames, tudo bem escondido. Ele escondeu até o fim".

O casarão no Pinheiro foi resultado do sonho do promotor de organizar sua biblioteca, mas também de uma emergência na família. Priscilla tinha 20 anos quando sofreu um acidente de moto que quase a deixou sem andar. Ao ampliar a residência onde já moravam, o pai reservou bastante espaço para os exercícios de fisioterapia da filha. "Meu pai juntou tudo o que pôde e construiu da noite pro dia. Eu quebrei tudo do lado esquerdo, passei quatro meses no hospital com risco de ter a perna amputada. Meu pai não me largou nem por um momento. Depois, vim pra casa e fiquei meses na cama. Ele e minha avó cuidavam de mim. Com a fisioterapia, comecei a sentar, passei pra cadeira de rodas, usei muleta, até que depois de três anos voltei a andar".

Quando estive na casa da Rua Anahy e entrevistei Priscilla, então com 35 anos, ela se dedicava inteiramente à avó, Maria Teresa, perto de completar 95 anos e padecendo as consequências de um Alzheimer avançado. "Na época do tremor, ela não entendia o que estava acontecendo, mas sentiu o impacto porque todos sentimos, a nossa vida mudou. Os últimos anos foram dolorosos. Quando tudo aconteceu, ela ainda andava. Mas a Braskem tinha um maquinário atrás de casa e, toda vez que eles ligavam, sugava a energia daqui. Perdi geladeira, televisores, ar-condicionado... Numa dessas vezes, estava dando banho na minha avó e eles ligaram. Deu um pipoco no chuveiro e saiu estourando tudo. Ela se assustou e, como estava ensaboada, caiu. Corri pra botá-la na cama, fotografei e mandei para o advogado. Desde esse dia, ela não andou mais, mas não fomos indenizados por nada disso. A mudança é muito difícil pra minha avó. A pessoa com Alzheimer sente muito quando sai de seu ambiente. É muito doloroso ver o que ela está passando. Minha avó é do sertão, vendeu tudo o que tinha com a intenção de vir para a capital para o meu pai estudar. Tudo que temos devemos a esse gesto dela".

Priscilla viu a vizinhança sumir e o bairro se esvaziar. Em reuniões com outros moradores, tentou estimular uma estratégia de união e resistência para que os acordos de indenização, de fato, compensassem as perdas. Mas as pessoas foram indo embora e o bairro ficou perigoso. Priscilla enfrentou sete tentativas de arrombamento até se render. "Fiquei noites sem dormir porque os vândalos queriam invadir. Passei sete dias sem energia, sem água, sem internet. Roubaram a fiação. Só aguentei por causa do sangue sertanejo do meu pai. Fui obrigada a aceitar o acordo com a Braskem. Eles me imprensaram: 'Ou você faz o acordo ou vai brigar na Justiça'. Briguei muito porque a minha preocupação desde o princípio era: onde eu vou botar os livros? Com que dinheiro vou construir um espaço como esse? A minha luta é pela biblioteca. Não me importo de ir para uma casa inferior, mas queria que a biblioteca fosse reconhecida".

Priscilla aceitou um valor que considera bem abaixo do que deveria receber pela casa e teve que dividir o dinheiro com um irmão, fruto de outro relacionamento do pai e com quem não tem proximidade, herdeiro do imóvel tanto quanto ela. Com a parte que lhe coube, só conseguiu comprar uma casa bem menor e inacabada. A casa precisava de adaptações para a avó e não tinha espaço para os livros. Priscilla já havia decidido doar parte deles para criar uma biblioteca pública em Ouro Branco, terra natal do pai. Mas a maioria precisaria de um lugar adequado.

Na nova casa, Priscilla teria que acomodar os animais, parte da vida da família. Os bichos de estimação somavam 20 gatos, sete cachorros, dez coelhos e uns tantos pássaros, adoração do pai, a tal ponto que ele deixava que alguns fizessem seus ninhos nas estantes. Entre os animais de criação, galinhas e perus, uma fonte de renda complementar que acabou após a perda dos clientes, a maioria do bairro. Contudo, para a filha, a dor maior eram os livros.

Examinar cada um era como uma investigação arqueológica de sua própria história. "Eu pego um por um, limpo, folheio, porque meu pai tinha a mania de esquecer fotos dentro. Encontrei fotos minhas, pequenininha, que nunca tinha visto, além de cartinhas que escrevia pra ele. A Braskem até mandou um bibliotecário pra me ajudar. Mas eu é que preciso ver cada um e decidir o que doar. Passo horas aqui e acho que isso foi o que me fez adoecer nos últimos dias. É um impacto emocional grande. Não estou dormindo, perdi peso. Dispensei o bibliotecário porque o horário de trabalho dele não combinava com a nossa rotina. Meu pai começou a formar a biblioteca quando tinha 7 anos. O primeiro livro dele foi uma edição de 1959 da história da Chapeuzinho Vermelho. Tem gravuras lindas. Ele nunca se desfez de nenhum livro. Teve uma infância difícil, porque perdeu o pai muito cedo. Passou um tempo com parentes que o humilhavam. O refúgio dele eram os livros e o cinema de Santana do Ipanema, onde viveu nessa época. Eu me emociono muito porque comparo a vida dele com a do menino de Cinema Paradiso", diz, referindo-se ao filme de 1988, dirigido por Giuseppe Tornatore.

Entre as relíquias da coleção, ela me mostrou com orgulho uma edição de luxo de "Dom Quixote", em quatro volumes, e outra de "Vidas Secas", clássico do conterrâneo Graciliano Ramos. O interesse do pai era bastante variado: filosofia, literatura (coleções completas de vários romancistas e poetas brasileiros e estrangeiros), enciclopédias, biografias, história do Brasil e universal (muitas obras sobre as duas guerras mundiais), arte, direito, criminologia, ciência política, cinema, jornalismo, sociologia, economia. Havia livros de português, de ortografia, dicionários, obras em francês, sobre espiritismo e sobre maçonaria. Numa das salas, havia um quadro com a imagem de Wilson em postura solene. Na pintura, ele veste paletó e, por cima, a capa preta que compõe o figurino das autoridades do judiciário. Tem os cabelos e a barba prateados. Parece estar ali como o guardião do seu tesouro.

"Ele tinha um gosto muito eclético", conta a filha. "As pessoas acham que, porque era promotor, só tem livro de direito. Não. Tem tudo aqui. Tinha livro que eu perguntava: 'Ôxe, pai, por que você tá lendo isso?'. 'Não tô lendo porque eu acredito, eu tô lendo pra adquirir conhecimento', ele me dizia. Vivia nos sebos e nas livrarias. Vinha pra cá depois do jantar e ficava até de madrugada. Um bibliotecário avaliou o acervo em cerca de R$ 1 milhão, não só pelo tamanho, mas pelas obras raras. A equipe da Braskem desconversou. Eu me pergunto o que é pra Braskem, uma multinacional, comprar um lote e construir uma biblioteca? Não tomaram a minha casa? Tudo isso está acontecendo por um crime que eles cometeram".

Na tentativa de salvar os livros, Priscilla procurou antigos colegas do pai no Ministério Público estadual. Pediu que alguns deles, ou a instituição, se juntassem ao esforço de preservar a biblioteca. Quando conversamos, ela parecia esperar um milagre que lhe permitisse manter intacto o patrimônio deixado pelo pai. "Ele estava aposentado quando morreu, mas honrou o estado. No momento em que mais precisei, tive que lutar muito pra conseguir uma reunião com eles. Prometeram ajudar e até me emocionei. Mas não deu em nada. Cresci ouvindo meu pai falar que o MP foi criado para defender o cidadão. Era pra eles abraçarem essa causa, até em respeito à memória do meu pai. Tudo que ele sonhou está aqui. Ele entrava, botava música e passava horas aqui dentro".

Apesar do zelo de Priscilla, a biblioteca sofreu muitos danos nos últimos anos, em consequência do rebaixamento do solo. "O solo deu uma afundada e deve ter estourado algum cano por baixo de casa, uns dois anos depois do tremor. Estava estendendo roupas quando notei a água entrando pela porta do térreo. Me desesperei. Quando abri a porta, estava cheio d'água. Passei a madrugada inteira puxando a água com o rodo. Chorei por ter que jogar fora alguns livros encharcados".

A casa da biblioteca era a única ainda habitada na Rua Anahy quando lá estive. Tomada pelo matagal, a rua tinha um ar de tristeza e abandono. O silêncio era perturbador. Logo anoiteceria e perguntei a Priscilla se ela não tinha medo de viver ali. "Não podia abandonar o que pertenceu ao meu pai. Noto que nasceu uma Priscilla que eu não conhecia. O amor pelo meu pai e a vontade de honrar a memória dele me fizeram ficar aqui e enfrentar os riscos. Nesses anos todos, quando me sentia triste, entrava nessas salas e era como se ele me abraçasse. Ir embora daqui vai ser uma amputação da minha alma".

Quase dois meses depois da entrevista, houve o episódio da mina 18 e Priscilla, sua avó e seu marido, Felipe, foram obrigados a sair de casa, em 30 de novembro de 2023. Ela conta o que aconteceu naquela madrugada: "Os policiais bateram de maneira estrondosa, o barulho ecoava, chutavam o portão. Os cães latiram. Eu estava em vestes íntimas e não abri o portão imediatamente. A polícia arrombou. Fiquei em choque com a truculência. Eram mais de 50 pessoas na rua e a polícia foi invadindo. Uma humilhação tremenda, dezenas de homens armados apontando pra mim. Totalmente desumano, desrespeitoso e cruel. Meu companheiro ficou nervoso e, tentando me ajudar, segurou a porta. Ele foi empurrado com força pelos policiais e ficou ferido na testa. Minha avó se urinou de pavor. Como promotor, meu pai tinha armas de fogo. Reviraram tudo e levaram as armas sem me dar nenhum documento registrando a apreensão. Foi uma violência emocional. Uma agressão moral".

Dias depois da remoção forçada, Priscilla voltou à casa do Pinheiro para resgatar seus animais. Alguns haviam fugido, outros foram deixados num abrigo pela Braskem, dois morreram e os demais ela levou para casa. Uma semana depois, mais perdas. A casa foi arrombada e depenada. Furtaram fiação elétrica, lustres, louças sanitárias, utensílios de cozinha, torneiras e registros. Meses depois, a casa do Pinheiro foi demolida.

Na última vez que falei com Priscilla, sua indignação só tinha aumentado. O destino provisório dos livros, encaixotados na garagem da casa para onde se mudou, parecia tornar-se definitivo. Priscilla estava sendo tratada com medicamentos. Foi aconselhada a fazer terapia, mas não tinha condições financeiras. Num relatório que enviou para a Defensoria Pública, contou os detalhes do tratamento que recebera da Braskem e encerrou com um desabafo: "A Braskem destruiu nossos bairros, nossas casas e arruinou nossa saúde física e mental. São anos de luta, estresse e desgaste emocional. Hoje, sofro com crises de ansiedade e enxaquecas que me impossibilitam de cumprir tarefas cotidianas. Além de destruir nossas casas, nossas vidas, projetos e sonhos, não nos ofertou condições financeiras suficientes para recomeçarmos nossas vidas com o mínimo de dignidade. Luto pela memória de meu pai! Luto pela cultura e pelo tesouro deixado por ele! Luto por justiça!".

NO RASTRO DE NISE E DE GRACILIANO

O desastre da mineração de sal-gema foi um golpe contra o patrimônio cultural, histórico e arquitetônico de Maceió. Os cinco bairros afetados nasceram e se desenvolveram às margens da Lagoa Mundaú ou próximos a ela, interligados por ladeiras que fazem a conexão entre as partes alta e baixa da cidade: Bebedouro, Mutange e Bom Parto embaixo; Farol e Pinheiro no alto.

A lida de pescadores e suas embarcações, os catadores de sururu, as águas da lagoa, seu crepúsculo e noites de luar, igrejas e construções seculares, o traçado das ruas, as casinhas de porta e janela com platibanda, tradições populares, como o reisado, o guerreiro e o coco de roda, estão em inúmeras obras da literatura alagoana. Estão entranhados na história e na memória dos moradores forçados ao êxodo.

Dos cinco bairros, o Bebedouro é o mais antigo e abriga construções de valor histórico do século XIX, sendo um dos cenários mais marcantes do romance “Angústia”, de Graciliano Ramos (1892-1953), um monumento da literatura brasileira. “Quanto mais me aproximo de Bebedouro, mais remoço”, diz Luís da Silva, o personagem atormentado pela paixão obsessiva por Marina. Descendente de fazendeiros empobrecidos, Luís da Silva alimentava a esperança de enriquecer para satisfazer as ambições da mulher que desejava com desvario. Sonhava com uma casa no Farol, na parte alta e mais rica da cidade. “Cem contos de réis, dinheiro bastante para a felicidade de Marina. Se eu possuísse aquilo, construiria um bangalô no alto do Farol, um bangalô com vista para a lagoa. Sentar-me-ia ali, de volta da repartição, à tarde, como Tavares e Cia., Dr. Gouveia e os outros, contaria histórias à minha mulher, olhando os coqueiros, as canoas dos pescadores”.

Numa alucinação, Luís da Silva descreve uma apresentação do reisado, um dos folguedos mais populares de Maceió, passando por Bebedouro: “Os reisados cantavam defronte da casa de seu Batista. Os mateus gritavam: 'Abra a porta, ioiô'. E as figuras todas: 'Aqui estou na vossa porta como um feixinho de lenha'. Seu Batista não abria: esperava a cantiga que fazia as janelas se escancararem. E as figuras, o embaixador, o rei, a burrinha, os mateus, ficavam na calçada como um feixinho de lenha, fedendo a suor, gemendo os versos, até que seu Batista, importante, abria a sala, surgia vistoso, baixinho, vestido em robe de chambre. O feixinho de lenha entrava e cantava, seu Batista recolhia os capacetes dos mateus, a coroa do rei, a espada do embaixador, os lenços das figuras, punha uns níqueis em tudo isso".

No livro "Memórias do Cárcere", o escritor menciona o trabalho de pesquisa sobre Bebedouro para "Angústia", que terminou de escrever em 1936, ano em que foi preso e levado para o Rio de Janeiro, às vésperas da decretação do Estado Novo por Getúlio Vargas. No trecho a seguir (extraído da biografia "O Velho Graça", de Dênis de Moraes, Editora José Olympio, 1992), Graciliano conta que já sabia de boatos sobre sua prisão iminente e que decidira ficar em casa à espera da polícia: "Se quisesse andar alguns metros, chegaria à praia, esconder-me-ia por detrás de uma duna, lá ficaria em segurança. Se me resolvesse a tomar o bonde, iria até o fim da linha, saltaria em Bebedouro, passaria o resto do dia a percorrer aqueles lugares que examinei para escrever o antepenúltimo capítulo do romance. Não valia a pena. Expliquei em voz alta que não valia a pena".

Bebedouro foi o lugar onde a psiquiatra alagoana Nise da Silveira passou parte da infância e juventude. Nascida em 1905, filha única do professor e jornalista Faustino da Silveira e da pianista Maria Lídia, Nise foi criada com muita liberdade, algo incomum na sociedade conservadora da época. Os saraus regidos pela mãe ao piano atraíam artistas e intelectuais. Nise, que tinha o curioso apelido de Caralâmpia, dado pelo pai, decidiu estudar medicina e, aos 16 anos, mudou-se para Salvador - era a única mulher numa turma de 75 homens.

Formada em 1927, transferiu-se para o Rio de Janeiro. Em 1936, foi presa na mesma onda de repressão política que levara Graciliano Ramos ao cárcere. A "doutora vermelha" (termo usado por um jornal da época) foi denunciada por uma enfermeira que encontrara livros comunistas entre os pertences da médica. Ela ficou presa durante um ano e meio, ocasião em que conheceu o conterrâneo, tornando-se personagem de "Memórias do Cárcere".

A experiência da prisão seria decisiva na sua vida e em seu trabalho como psiquiatra. Anistiada, ela retomaria a carreira no Centro Psiquiátrico Pedro II, onde recusou-se a aplicar métodos como eletrochoque e lobotomia nos pacientes. Foi pioneira na psiquiatria humanizada e na terapêutica ocupacional. Criou ateliês onde os internos podiam se expressar por meio das artes plásticas. Revelou talentos notáveis e fundou o Museu de Imagens do Inconsciente, com obras de seus artistaspacientes. O trabalho da médica alagoana alcançou reconhecimento mundial e foi a inspiração para a luta antimanicomial no Brasil. Nise morreu em 1999, aos 94 anos, no Rio.

Pelos relatos de moradores antigos e referências em textos sobre o bairro, acredita-se que a família de Nise da Silveira tenha morado em mais de um endereço no Bebedouro. O casarão que abrigou uma das unidades do Colégio Santa Amélia pode ter sido um deles. Busquei pistas sobre Nise com a arquiteta Adriana Capretz, professora da Universidade Federal de Alagoas e doutora em ciências sociais, paulista de Ribeirão Preto radicada em Maceió e, como eu, apaixonada pela psiquiatra alagoana. Adriana pesquisou sobre os Silveira em livros, relatos e até no colégio onde Nise estudou.

A pesquisa não é conclusiva, mas indica que a família teria morado num casarão branco, de portas e janelas azuis, na Ladeira Professor Benedito Silva. Adriana se ressente da conservação do lugar. “Em outros lugares do mundo, e mesmo no Brasil, as casas de artistas, escritores, pessoas que deram uma contribuição importante para os seus países e suas sociedades, são preservadas. As pessoas sabem onde ficam, visitam, como é a casa do Freud em Viena. Aqui, não se vê isso. A casa onde a doutora Nise viveu deveria ser um lugar de visitação, ter um memorial”.

Desde o desastre da mineração em 2018, os vestígios da Maceió de Nise e de Graciliano vêm se perdendo num território destroçado pela remoção forçada. Laços de convívio social, teias de vizinhança e reciprocidade, práticas comunitárias e culturais foram rompidas abruptamente e memórias históricas e afetivas, trituradas. Famílias, amigos e vizinhos se dispersaram, num processo esmagador de esvaziamento físico e simbólico do seu território.

A desagregação de identidade cultural teve o reforço da própria Prefeitura de Maceió, que, em 2023, assinou o já mencionado acordo com a Braskem, em que transferiu para a empresa ruas, avenidas, praças e a infraestrutura pública municipal nos bairros atingidos por R$ 1,7 bilhão. Construções de maior valor histórico, porém, não podem ser demolidas. Por força do acordo com a Prefeitura e de outro, firmado com o Ministério Público Federal, a Braskem comprometeu-se a preservar e recuperar a estrutura de 37 construções, definidas pelo município.

Por ser um dos marcos iniciais da cidade, o Bebedouro tem as construções mais antigas, algumas com quase 200 anos – a maior parte delas localizadas na Avenida Major Cícero de Góis Monteiro, que atravessa três dos bairros atingidos e mostra a evolução construtiva e arquitetônica de Maceió. Apesar do valor histórico desse conjunto, não há nenhuma construção tombada pelo Instituto do Patrimônio Histórico e Artístico Nacional (Iphan) e apenas uma tem proteção estadual, o Colégio Bom Conselho.

As outras construções têm proteção somente em nível municipal. O Plano Diretor de Maceió (Lei 5.486), de 2005, deu ao Bebedouro o status de Zona Especial de Preservação (ZEP), o que significa que nada ali pode (ou poderia) ser derrubado, nem as edificações monumentais, nem as casas mais simples, de porta e janela, características do bairro. O Plano Diretor deu ainda o status de Unidade Especial de Preservação (UEP) a algumas construções no Mutange e no Bom Parto. Mas o tombamento em nível municipal virou letra morta diante do desastre e da transformação dos bairros em cenário de anomalia urbana, onde as construções mais imponentes parecem resistir como monumentos à insensatez.

DANO AO PATRIMÔNIO

A Vila Lilota, no Mutange, onde funcionou durante décadas o hospital psiquiátrico José Lopes, é um palacete em estilo eclético e características mouriscas, que guarda resquícios do seu esplendor. Foi construído em 1914, às margens da Lagoa Mundaú, para ser a residência da família Leão, dona de engenhos de açúcar. Tudo em volta da mansão foi sumariamente demolido e, no espaço vazio, a Braskem instalou seu canteiro central de operações. É um gigantesco pátio de manobras de caminhões e equipamentos usados no fechamento dos poços de extração de sal-gema. No tempo seco, a movimentação ininterrupta das máquinas levanta um fino véu de poeira, que acentua a fragilidade do gracioso palacete, deslocado no tempo e no espaço.

Em fotografias disponíveis na internet é possível conhecer o interior do casarão amarelo de quatro andares em seus tempos áureos, com pinturas murais Art Nouveau, ornamentos florais, vitrais coloridos e o rico mobiliário em madeira. Em 1962, o médico José Lopes comprou o imóvel, que passou a ter a dupla função: de residência e de clínica psiquiátrica/casa de repouso. Para tal, foi construído um anexo com enfermarias no terreno.

O hospital passou por dificuldades financeiras a partir de 2015 e fechou as portas em dezembro de 2017, três meses antes do tremor. Depois que encerrou o atendimento, demitiu cem funcionários e transferiu os 40 internos para outras unidades de saúde.

Ao investigar a subsidência às margens da Lagoa Mundaú, no trecho do Mutange, o engenheiro civil Abel Galindo verificou que o casarão centenário está situado numa região com várias minas de sal-gema nas proximidades. São tantas minas no entorno que o engenheiro nomeou esta zona de “olho do furacão”, onde o afundamento do solo é acentuado. Em entrevistas que fez com antigos moradores, Galindo soube que, até 2005, a margem da lagoa ficava a cerca de 150 metros do muro dos fundos do hospital. Na área entre o muro e a lagoa, havia um sítio, com criação de animais e árvores frutíferas. À medida que o solo afundava, o sítio foi sendo engolido pela Lagoa Mundaú. Em 2019, quando fez a pesquisa, Galindo encontrou as enfermarias do hospital já submersas, com cerca de 80 centímetros de lâmina d'água.

O patrimônio histórico afetado também inclui o Solar Nunes Leite, de 1830, na Praça Lucena Maranhão, tido como a construção mais antiga da cidade. Foi erguido pelo comendador Jacinto José Nunes Leite, comerciante português dono de engenho e concessionário da construção do serviço de água encanada, o que tornou Bebedouro e Mutange os primeiros bairros com esse benefício. Nunes Leite fundou a Companhia Alagoana de Trilhos Urbanos, com bondes movidos à tração animal. Visitei o Solar Nunes Leite, com autorização da Braskem, em outubro de 2024. O interior, bastante deteriorado pelo tempo, passava por serviços de estabilização do teto e das paredes.

Na mesma Praça Lucena Maranhão, fica a Igreja de Santo Antônio de Pádua, erguida em 1873 e tradicional ponto de encontro da vida comunitária do Bebedouro. Com sua graciosa fachada de azulejaria portuguesa, a igreja se tornou notória por centralizar festividades religiosas e populares. A construção teve sua fachada recuperada pela Braskem, mas continuava interditada aos fiéis quando estive lá.

Outros prédios históricos são a Estação Ferroviária de Bebedouro, de 1884; a Vila Amália, com data provável de construção entre o fim do século XIX e começo do século XX e que era a sede do Sindicato dos Trabalhadores em Educação de Alagoas (Sinteal); e o casarão que abrigava o Instituto de Meio Ambiente de Alagoas (IMA), o órgão estadual de fiscalização ambiental que, como já vimos, não cumpriu seu papel.

O relatório da empresa de engenharia TPF, de 2021, mostrava um quadro bem preocupante dos estragos provocados pelo desastre nas construções. Ao todo, a TPF vistoriou 22 imóveis. Em resumo, todos apresentavam fissuras e/ou rachaduras nas paredes, pisos, vigas, pilares e lajes. Foram constatados afundamentos em pisos e dois imóveis tinham risco de desabamento.

Em janeiro de 2025, questionei a Braskem sobre a condição dos prédios históricos da área afetada. A empresa informou que as ações de preservação estavam a cargo de equipes especializadas e 21 edificações (de um total de 37) já haviam passado por obras de preservação estrutural e escoramento. Além disso, o trabalho incluía o escaneamento a laser de fachadas e interiores para a produção de réplicas digitais dos imóveis a partir de imagens de alta resolução, e os inventários estavam em andamento.

O palacete centenário Vila Lilota, patrimônio arquitetônico de Maceió e um dos raros imóveis que não foram derrubados, virou canteiro de operações da Braskem

Para a história e a memória dos ex-moradores, tão importante quanto o patrimônio arquitetônico da região afetada era a sede do Centro Sportivo Alagoano, o CSA, um dos principais times de futebol do estado, popularmente chamado de Azulão. O estádio e centro de treinamento do CSA estavam no Mutange desde 1922. O clube recebeu R$ 31,8 milhões no acordo feito com a Braskem e transferiu suas atividades para o bairro Benedito Bentes, a cerca de dez quilômetros. O antigo estádio foi demolido e o terreno incorporado pelo canteiro central de operações da Braskem, às margens da Lagoa Mundaú.

BOM CONSELHO

Vista do alto da Ladeira do Calmon, a edificação de fachada cor-de-rosa parece emoldurada pelas águas da Lagoa Mundaú e pela vegetação no entorno. O prédio principal onde funcionou o Colégio Estadual Nossa Senhora do Bom Conselho forma um conjunto elegante em estilo neoclássico com a capela e o jardim. É a única construção, em toda a área afetada, tombada em nível estadual, por meio do Decreto 38.081, de 19/07/1999, da Secretaria Estadual de Cultura.

Quando houve o tremor, o Bom Conselho, como é conhecido, tinha passado dos 140 anos. É uma instituição enraizada na vida de gerações de maceioenses que ali estudaram ou trabalharam e criaram um senso de comunidade. Como as aulas foram suspensas e o prédio interditado por falta de segurança, alunos, ex-alunos, professores e funcionários viveram um lento ritual de despedida do lugar que talvez simbolize de forma mais pungente o desaparecimento de uma Maceió que se reconhecia na interseção com seu passado, sua história e sua memória.

O prédio com 13 janelas em arco, no térreo e no andar superior, foi construído em 1877 para abrigar as órfãs de soldados alagoanos mortos na Guerra do Paraguai e meninas de famílias afetadas por uma seca severa que assolou o Nordeste naqueles anos. A instituição nasceu como Asylo das Órphans Desvalidas de Nossa Senhora do Bom Conselho e sua construção contou com recursos enviados pelo Imperador Dom Pedro II e doações particulares.

No orfanato, as internas aprendiam tarefas domésticas. De lá, saíam para se casar ou trabalhar nas casas das famílias abastadas de Maceió. O orfanato foi administrado pelas freiras da Congregação do Santíssimo Sacramento. Tinha capacidade para 50 internas, mas chegou a receber 110 meninas. Aos poucos, foi abandonando seu caráter patriarcal. Em 1938, tornou-se Escola Normal Rural. Nos anos 1960, passou a ser a instituição de formação para o magistério e, por último, foi incorporada à rede estadual de ensino, nos anos 1990. Em 2018, a escola tinha cerca de 1.500 alunos, do 5º ano do ensino fundamental ao 3º ano do ensino médio, distribuídos em três turnos, além de turmas do EJA (Educação de Jovens e Adultos).

O tremor instalou o desassossego na comunidade escolar, boa parte dela moradora do Bebedouro e arredores. Quem conta é o diretor adjunto da escola, José Clóvis Rodrigues, há quase duas décadas no Bom Conselho. "Antes de tudo acontecer, já havia trincas e fissuras nas salas de aula. Achávamos que se devia à antiguidade da escola. Depois do problema da Braskem, surgiram rachaduras, com mais frequência e em mais lugares, até no pátio e na cozinha. Alunos começaram a abandonar a escola, com medo. Teve o tremor de março de 2018, mas aconteceram outros menores depois. Os pais ficaram muito receosos e tiraram seus filhos. De 1.500 alunos, nós caímos logo pra 1.100. Teve professor que passou a dar aula no jardim. Perto de um pé de flamboyant, havia uns banquinhos, como se fosse uma praça. Começou uma frequência de aulas ao ar livre porque havia o medo de ficar dentro na escola. Todo mundo imaginava uma cena apocalíptica, com tudo afundando. A instabilidade emocional abalou o rendimento. Até que no começo de 2019, um dia, por volta das 15h, escutamos um estalo forte. Os alunos saíram gritando e me chamaram. Quando olhei, tinha uma trinca na sala de aula, os tijolos se afastaram. Comunicamos à Secretaria de Educação (Seduc) e suspendemos as aulas. A engenharia da Seduc botou uma escora de ferro na sala e a Defesa Civil interditou a escola. Nós não tínhamos para onde ir".

O Bom Conselho sofreu uma drástica redução no número de estudantes, que se dispersaram por outras unidades da rede estadual. Os 760 remanescentes precisavam ser acomodados em outra escola. A solução foi transferi-los provisoriamente para a Escola Afrânio Lages, dentro do Centro Educacional de Pesquisa Aplicada (CEPA), um complexo público de ensino médio, perto da área atingida pelo desastre, com 13 escolas (sete estão fechadas) e unidades administrativas. Ficaram lá por alguns meses, quando, no fim de 2019, veio mais uma má notícia. O Bom Conselho seria transferido para o município de Rio Largo, na região metropolitana de Maceió.

Foi uma comoção. O relato é da professora Niraneide Salvador de Araújo, a Nira, da equipe de apoio pedagógico da escola, apaixonada por Bebedouro, onde viveu, e pelo Bom Conselho, onde estudou: "Recebemos a notícia como se fosse um ultimato. Sempre fomos ligados ao Bebedouro. O Bom Conselho é do Bebedouro! Estávamos no Afrânio Lages, mas com o Bom Conselho vivo, com nossos alunos. Naquele momento, desabei, fiquei sem chão porque, como ex-aluna, a gente quer que a escola permaneça. Mas nos mobilizamos, recebemos apoio de muitos ex-alunos e do Sinteal (Sindicato dos Trabalhadores em Educação de Alagoas). O Sinteal fez uma aula na praça, ao ar livre, instalou tendas para mostrar à população e ao governo que nosso lugar era ali. Nada contra Rio Largo, mas nosso lugar é onde está nossa história, com nossos alunos, e não cada um para um lado".

A aula ao ar livre, na Praça Lucena Maranhão, foi sobre a história do bairro e do Bom Conselho. Alunos e ex-alunos, pais, professores e merendeiras tinham relatos emocionados sobre sua relação com a escola. Houve um abraço simbólico à fachada do velho prédio cor-de-rosa, que estava desativado. Cartazes e faixas expressavam a preocupação de todos: "Nossa escola não pode acabar assim". Outros protestos foram realizados e a pressão deu resultado. O Bom Conselho foi transferido novamente, desta vez para um casarão onde funcionou uma escola privada. As instalações eram menores, mas, pelo menos, a escola estava de volta ao Bebedouro, numa área fora do mapa de risco.

A falta de uma sede definitiva seria um problema menor diante da chegada da pandemia. Nem todos os alunos tinham acesso à internet e foi preciso um esforço de busca ativa para que acompanhassem as aulas virtuais e não abandonassem os estudos. A incerteza quanto ao futuro da escola se somava ao drama de muitos alunos, que se tinham se mudado para bairros distantes. A perda de mais estudantes foi inevitável. A comunidade escolar se desintegrava.

O périplo do Bom Conselho teria mais um capítulo no fim de 2023, em virtude do colapso da mina 18, na Lagoa Mundaú. A área que poderia ser afetada pelo desastre foi ampliada e a saída definitiva da escola do Bebedouro, antecipada. Era a terceira e última mudança de endereço do Bom Conselho. Entrevistei Clóvis e Nira quando a escola já estava na sua sede definitiva, no bairro Santa Amélia, distante cerca de cinco quilômetros do local de origem. É um prédio moderno, reformado a partir de uma estrutura pública que estava sem uso.

Nira me conduziu por uma visita às novas instalações: 16 salas climatizadas, auditório, ginásio de esportes, cozinha e refeitório, onde são servidas cinco refeições diárias. Há uma sala onde será montado o laboratório de informática e a biblioteca, que estava com aquele cheiro gostoso de livros novos. Observei que numa pilha separada havia um exemplar de "Expulsão", livro de fotografias que documenta a desocupação das áreas afetadas.

Foi na biblioteca que encerramos nossa conversa. Perguntei a Nira o que sobrevivera do Bom Conselho original na nova escola. Eis o que ela me disse: "O mais importante é que o Bom Conselho existe. Não como naquele prédio, mas está vivo porque estamos aqui. Nós trouxemos o nosso legado. Temos projetos mostrando aos alunos a origem da escola e passamos os valores que recebemos e que terão continuidade. Tenho ex-alunos renomados no estado de Alagoas, que receberam esses valores. E queremos o mesmo para os nossos jovens, passar pra eles a nossa paixão pela escola. A luta para ficar em Maceió, o mais perto possível do Bebedouro, valeu a pena. Ver que o Bom Conselho segue em frente me deixa realizada".

O novo Bom Conselho tinha 312 alunos quando o visitei, um quinto do corpo discente original. A escola atende do 9º ano do ensino fundamental até a conclusão do ensino médio e se prepara para oferecer ensino em tempo integral – não há mais turmas do EJA. A escola conseguiu manter a maioria de seus professores e funcionários, em número de 33 e 12, respectivamente. Clóvis Rodrigues pretende reativar a banda da escola, em mais um passo para manter acesa a chama do antigo Bom Conselho. "A luta para conseguirmos uma sede própria deixou a nossa equipe mais forte e unida. Depois de passar por tantos lugares e sem saber para onde iríamos, temos a felicidade de contar agora com uma escola completa. O Bom Conselho raiz está aqui, nossos professores mais antigos, nossos funcionários. O nome Nossa Senhora do Bom Conselho causa emoção nas pessoas. Nossa história vem de longe e a gente busca manter a identidade da escola".

Quando fui a Maceió para as primeiras pesquisas sobre o caso Braskem, quis fotografar o interior da bela construção centenária que me deslumbrara do alto da Ladeira do Calmon. Queria verificar seu estado de conservação, mas, assim que me aproximei, um atento vigilante surgiu por entre o mato crescido do jardim e deixou claro que o acesso estava proibido. Em uma das vezes que passei pelo prédio, na estação chuvosa de Maceió, janelas do andar superior estavam escancaradas ao vento e à chuva. Deixar um prédio exposto à intempérie é a forma mais eficiente e barata de destruí-lo.

A empresa de engenharia TPF, de Recife, fez um diagnóstico do complexo do Bom Conselho, em 2021, três anos depois do tremor. No prédio principal, constatou afundamento no piso e fissuras nas paredes e no piso. Na capela, foram detectadas fissuras em paredes, pilares e pisos. A empresa estimava que seriam necessários dois meses para recuperar o complexo. Procurei a TPF para obter mais detalhes, mas a empresa alegou cláusulas de confidencialidade no contrato com a Braskem.

AS GÊMEAS DE BEBEDOURO

As "gêmeas de Bebedouro" é a expressão que os maceioenses usam para contar a história de duas irmãs e das casas geminadas que ganharam como presente de casamento, na Avenida Major Cícero de Góis Monteiro. Um infortúnio, porém, mudou o destino das irmãs e das casas. A história tem ares de lenda, mas é real e está contada no livro "As gêmeas de Bebedouro e a poética do espaço habitado" (Editora Cepal, 2010), da arquiteta Nara Núbia de Melo Sá. O livro tem origem em seu trabalho de conclusão do curso de arquitetura na Universidade Federal de Alagoas. Ela estudou as casas não só por interesse acadêmico, mas principalmente pela memória afetiva.

Nara me contou que seu avô paterno comprou uma das casas do dono original e que sua infância está associada àquele espaço. "Minha infância foi lá, nas brincadeiras com meus irmãos e meus primos no porão e no sótão, no jardim, no quintal cheio de árvores frutíferas. O último morador da nossa família na casa foi meu primo Maurício, de 72 anos. Depois do tremor, ele resistiu o quanto pôde, mas chegou um momento em que precisou sair. Não tinha mais nada por perto: mercearia, padaria, transporte... O bairro foi virando um cemitério. Saiu contrariado, teve a saúde afetada e morreu muito desgostoso".

As casas em estilo neoclássico, construídas entre os anos de 1920 e 1930, foram presente do coronel Ezequiel Pereira para as filhas gêmeas, que se casaram no mesmo dia. O coronel foi um rico usineiro, que morava num palacete do outro lado da rua, onde passou a ser o Hospital Miguel Couto, décadas depois. Tudo estava arranjado para a felicidade das filhas e para a família toda morar no Bebedouro, àquela altura uma área nobre da cidade. Na noite de núpcias, porém, o marido de uma delas sofreu um derrame cerebral e morreu pouco depois. A viúva decidiu não ficar na casa de seu amor malogrado e a irmã, em solidariedade, fez o mesmo. O pai decidiu se desfazer dos imóveis e foi assim que um deles chegou à família de Nara Núbia.

As duas casas, uma verde e outra rosa, são idênticas na planta. Originalmente, tinham jardim e quintal compartilhado. A da família de Nara é a rosa. Ambas estão inacessíveis, cercadas pelos onipresentes tapumes da Braskem. Quando Nara pesquisou para o trabalho, em 2010, as casas mantinham características originais, sobretudo a rosa. As fotografias no livro mostram detalhes do acabamento: piso em tábuas de madeira de duas cores, portas com postigo e venezianas, telhas e tijolos importados da França, azulejos decorados nos banheiros e maçanetas de porcelana. Cada uma delas tem varanda, salas de visita e de jantar, dois quartos, copa, cozinha, banheiro, porão e sótão.

Nara faz uma reflexão dolorosa sobre o impacto do desastre nas memórias dos moradores. "Quando houve o tremor, eu não morava mais na região, mas cresci ali. Minha vida de criança e adolescente foi entre o Bom Parto, o Farol e o Bebedouro. Além de ir muito à casa do meu avô, estudei no Colégio Bom Conselho. A perda desse patrimônio é um prejuízo incalculável para toda a cidade. No meu livro, questiono: 'Uma casa pode contar uma história de vida?'. Digo que sim. A casa é uma extensão de quem a habita. As paredes de uma casa 'falam' e 'contam' a história de quem viveu ali. Quando me fiz essa pergunta, não poderia imaginar o que aconteceria anos depois. Esses bairros não têm mais história".

COVEIROS DA BRASKEM

A arquiteta e urbanista Adriana Capretz me levou a percorrer os bairros afetados, em marcha acelerada de desaparecimento por trás dos tapumes. O vazio das ruas e esquinas, os escombros das casas, paredes cobertas de vegetação e mofo, ferragens oxidadas e montes de entulho eram a prova material de um movimento irreversível de esfacelamento urbano. Adriana foi procurada pela Braskem, que tentou contratá-la para fazer o levantamento do patrimônio cultural dos bairros. Na entrevista a seguir, ela explica por que recusou a oferta.

Como avalia as consequências do desastre da mineração em Maceió para os bairros atingidos e para a cidade?

Alagoas tem 102 municípios e a maioria deles com menos moradores do que os bairros atingidos. Então, foi como se várias cidades tivessem sido removidas ao mesmo tempo com suas referências, histórias e memórias. Geograficamente, é a área que fica no meio de Maceió e que ligava a parte baixa, da orla da Laguna Mundaú, à parte alta. Os moradores mais pobres, do Mutange e do Bom Parto, foram para bairros muito distantes, como o Benedito Bentes, a dez quilômetros da área afetada, e até mesmo para outros municípios. Em resumo, o desastre provocou uma quebra do tecido social urbano. E o silêncio sobre o assunto me impressiona.

O que está acontecendo com o patrimônio histórico da área afetada?

Primeiro, é preciso entender que, desde a Constituição de 1988, patrimônio vai muito além de construções antigas e incorpora referências culturais. Tanto é que o Bebedouro inteiro era protegido pelo município e nada ali poderia ser derrubado, nem as edificações monumentais, nem as casinhas de porta e janela. Pelo Icomos (Conselho Internacional de Monumentos e Sítios) e pela Unesco (Organização das Nações Unidas para Educação, Ciência e Cultura), o conceito de paisagem cultural engloba a natureza mais as ações do homem, as construções e as dinâmicas, o dia a dia. Envolve, portanto, o natural, o construído, o cultural e o imaterial. Por exemplo: a feira que acontecia na beira da laguna, os festejos, as igrejas que concentravam atividades culturais, como as igrejas católicas de Santo Antônio e do Menino Jesus de Praga e a Igreja Batista do Pinheiro. Também são referências culturais o bar Caldinho do Vieira e a padaria Belo Horizonte, que não eram construções históricas, mas faziam parte da história daquela região.

O que aconteceu com esse patrimônio imaterial, das festas e tradições populares?

Existiam muitos folguedos no Bebedouro: grupos de quadrilha, de coco de roda, de guerreiro, que é um folguedo típico de Alagoas. Os folguedos dependem da vizinhança para existir, da proximidade geográfica das pessoas que são fazedoras de cultura. Muitos ensaios eram na Praça Coronel Lucena ou na varanda de alguém. E por que era ali? Porque os grupos eram liderados por idosos, que não têm carro, não vão pra longe. A vida deles era ali, com os vizinhos, os netos, que certamente iriam herdar o grupo quando aquele idoso morresse. Agora, essas pessoas estão espalhadas pela cidade, perderam o contato e não têm lugar para ensaiar. Numa das audiências públicas sobre o caso, o fazedor de cultura de um coco de roda contou que, na época das apresentações, eles passavam o chapéu pelos mercadinhos, cada um dava cem reais aqui e ali, e compravam as fantasias e os instrumentos. Eles não têm mais como fazer isso e estão reivindicando indenização para manter suas tradições. Outro exemplo de fazedor de cultura são as marisqueiras que despinicam o sururu *(tiram a casca)*. Não basta dar uma casa pra ela num lugar distante. Ela vai viver de quê se só sabe catar sururu? Quando se fala de cultura, todos os envolvidos na cadeia produtiva do sururu são fazedores de cultura, da pesca artesanal ao processo de despinicar.

No caso das construções, em que estado elas estão?

O que se sabe é que cerca de 40 edificações vão ficar porque a Prefeitura elegeu que elas devem ser protegidas e restauradas. A empresa diz que está cuidando. Mas o que eles fazem é colocar um monte de tapume. A empresa põe alguns pontaletes pra que os tetos não desabem, algumas estacas escorando e só. Mas tem coisa que está caindo sozinha. As casas dos moradores já foram quase todas demolidas. É avassalador. A alegação da empresa sempre é segurança. É muito esquisito, já que os caminhões da Braskem e as máquinas pesadas continuam circulando e aquela área foi asfaltada de novo. O que se percebe é que há uma estratégia de apagamento. Se vai restaurar, se vai demolir, transformar em parque ou condomínio, a ideia é sempre trabalhar para o apagamento de memórias.

O que pode ser feito para impedir esse apagamento?

Nós trabalhamos com o conceito de patrimônio sensível. É um termo mais difundido a partir do fim do século XX. São patrimônios que contam a história de tragédias. Lugares que têm que ser tratados com muito respeito para não serem subvertidos e não ter visitante fazendo selfie. Hiroshima, no Japão, é um exemplo. Um dos prédios bombardeados não foi restaurado e está até hoje exatamente do jeito que ficou após o bombardeio. Por quê? Porque se tivesse sido restaurado, iria apagar a destruição que houve ali. A memória se perderia com o tempo. Não é para ser algo mórbido, mas para não acontecer de novo. A existência do patrimônio nos bairros passou a ser uma pedra no sapato da Braskem. Não fosse por isso, tudo ali já teria sido demolido. É preciso ressignificar o lugar. Esquecer é um direito individual, mas a memória coletiva não pode ser apagada.

Além dos lugares de memória, o que deve ser feito ali depois que o solo for estabilizado e não houver mais perigo?

A primeira coisa é ouvir a população original, porque ela foi prejudicada. Isso deveria ter começado antes da expulsão. A saída foi um processo violento e autoritário. A pessoa estava saindo com o caminhão de mudança e os funcionários da Braskem já começavam a tapar a casa com tijolo e cimento. Foi por isso que passaram a ser chamados de "coveiros da Braskem". É claro que as pessoas precisavam sair por questão de segurança, mas por que demolir os imóveis? Depois do solo estabilizado, elas não poderiam voltar? Isso viola o direito da pessoa à memória. E não diz respeito só à memória coletiva e ao patrimônio histórico. Diz respeito à memória dela e da sua casa. Isso é uma violação de direitos humanos.

O desaparecimento dos bairros é irreversível. O que fazer, então?

A gente sabe que não vai voltar ao que era antes. Isso está perdido. Mas seria muito importante ouvir as pessoas. O Instituto dos Arquitetos do Brasil, seção Alagoas, defende que se construam habitações de interesse social. Sou muito favorável a isso. É uma área central da cidade, com fácil deslocamento e acesso a serviços públicos. A outra coisa é a restauração de patrimônio dentro do conceito de patrimônio sensível, como falei, e restabelecer as condições para os fazedores de cultura, que perderam seus espaços de ensaio, de guardar suas fantasias, instrumentos e objetos. Seria importante construir lugares para as pessoas poderem voltar a se reunir nos seus espaços originais. Mas para saber o futuro daquela área é preciso saber o que estará previsto no Plano Diretor da cidade, que precisa ser atualizado. A Braskem já tem a posse de toda a área e pode querer loteá-la e vender os terrenos com vista para a lagoa. E pode fazer aquilo que chamamos de espetacularização do patrimônio, que é, por exemplo, transformar um casarão restaurado em salão de festa pra rico. Isso não pode acontecer.

Você foi procurada pela Braskem para ajudar na parte de patrimônio histórico. Por que não aceitou?

Por vários motivos. A Braskem me procurou para fazer um inventário das referências culturais dos bairros atingidos. Desde a primeira conversa, eu estabeleci condições. Como professora da UFAL, não poderia receber dinheiro da Braskem. Então, teria que ser por meio da fundação universitária da UFAL. Propus que o dinheiro fosse destinado às indenizações dos fazedores de cultura que passam por dificuldades. Numa das audiências públicas, vi fazedores de cultura contarem que estavam passando fome. Disse que não aceitaria cláusulas de sigilo. Tudo teria que ser feito com total transparência para a sociedade. Propus montar uma escola de restauro em Alagoas, com profissionais de restauração da Bahia e de Minas Gerais, as maiores referências do Brasil, e com gente da Itália, referência mundial. Não aceitaram nada. Na verdade, queriam que alguém da universidade endossasse o que eles estão fazendo, que é o apagamento ao qual me referi. Além disso, o inventário participativo que me pediram deveria ter sido feito quando as pessoas ainda estavam lá, antes de demolirem as casas. As manifestações culturais dependem do suporte material onde elas acontecem, do chão onde aquelas pessoas viviam. E isso acabou.

TAPUMES SOCIAIS

Quando soube que as casas do Pinheiro estavam condenadas, o então estudante de ciências sociais Carlos Eduardo Lopes sentiu que precisava documentar o desastre e o tormento dos moradores. Com o celular em mãos, começou a percorrer o bairro com a ideia de fotografar uma rua. Mas logo entendeu que estava diante de algo de dimensão catastrófica e sem desfecho à vista. Ele enxergou as rachaduras nas casas como feridas rasgadas na pele das pessoas, das ruas e da cidade. "Fui entrando nas ruas e via as pessoas saindo, os carros de mudança sendo carregados. Aquilo foi me contagiando. Sabia que não voltariam mais. Com o tempo, entendi que não eram fotos para mim, mas um documento-denúncia. E eu deveria mostrar para Alagoas e para o Brasil o que estava acontecendo ali. Comecei com um celular e, em 2019, passei para a câmera. Tenho mais de cinco mil fotos e sei onde fiz cada uma delas. Mesmo que a casa tenha sido demolida, sei localizá-la. A primeira foi de uma casa com uma frase que dizia 'Fomos felizes aqui'. Era da família Frazão. A casa ficava numa esquina que era conhecida como a 'esquina Frazão'".

Suas andanças em busca de cenas e personagens da diáspora o fizeram testemunhar a transfiguração dos bairros, outrora pulsantes, em desertos urbanos. A transformação começou lenta, mas ganhou ímpeto avassalador à medida em que a instabilidade do solo se acentuava e o desespero expulsava as pessoas para lugares distantes. Carlos Eduardo fotografou o luto coletivo de despedidas. "Era uma sensação de tristeza entrar em ruas e não ter ninguém, só o silêncio. Eu começava pelo Pinheiro e Farol e descia pro Bom Parto, Mutange e Bebedouro. Depois, subia de novo pro Pinheiro. Passava o dia todo caminhando. Vi os bairros morrendo, como se fosse um velório. As pessoas saindo até a morte final, quando fechavam a casa. A Braskem as orientava a levar tudo. O Milton, um rapaz que eu conhecia, pediu ajuda pra quebrar a casa dele com marreta. Saí de trás da câmera para me colocar no lugar dele. A casa ficava perto do Bar do Chico, no Pinheiro, e ele foi pra Antares, bem distante. Tiramos porta, janela, telha por telha. Foi muito impactante".

Ele também fotografou uma senhora na porta de casa e disse que voltaria com a imagem impressa para lhe dar de presente. "Não deu tempo. Voltei dias depois e só estava a ruína. Foi aí que tive a noção de como a expulsão estava sendo rápida. A última missa na paróquia de Santo Antônio de Pádua, na Praça Lucena Maranhão, no Bebedouro, foi como o enterro da praça e da igreja. Morei no Farol e toda a minha vida foi ligada a esses bairros. É muito impressionante passar nas ruas que conheci, cheias de vida, e ver as casas seladas e os tapumes bloqueando as ruas. A Braskem bota os tapumes conforme a conveniência dela. São tapumes sociais".

Carlos Eduardo buscou várias formas de divulgar o que viu, sentiu e documentou. Suas fotografias podem ser acessadas no perfil Cotidiano Fotográfico, no Instagram. Também foram a matéria-prima do seu trabalho de conclusão de curso, "Vidas e lares destruídos: território e memória, uma fotoetnografia da tragédia da Braskem em Maceió", abordagem que aprofundaria no mestrado em antropologia social na Universidade Federal de Alagoas.

Com mais quatro fotógrafos, publicou o fotolivro "Expulsão". Suas imagens mostram a realidade escondida por trás de um outro tipo de tapume, o do marketing e da propaganda. "O desastre não acabou. Não consigo dar um ponto final nessa história porque continua acontecendo. A Braskem bota comercial no horário nobre da TV. É uma forma de manipulação. Quem não conhece os bairros afetados pensa que a empresa está fazendo o possível. Já ouvi gente dizer que os moradores se aproveitam da situação para ganhar dinheiro. É a manipulação da propaganda. Costumo fazer uma analogia com uma cena do filme 'Bacurau', em que os motoqueiros entram na mercearia e perguntam: 'Quem nasce em Bacurau é o quê?'. Uma criancinha responde: 'É gente'. Quem nasceu no Pinheiro, Bom Parto, Farol, Mutange e Bebedouro é gente, mas parece que só a gente sabe disso. A cidade não foi solidária".

OS INVISÍVEIS

O suicídio de José Ronaldo Dias Cavalcante, relatado no primeiro capítulo, é um exemplo dramático do impacto que o desastre da mineração teve sobre a vida de milhares de moradores expulsos de suas residências. Mas não é o único. Dois estudos recentes de pós-graduação acendem um alerta sobre índices alarmantes de adoecimento mental da população atingida que, até agora, não recebeu a devida atenção das autoridades públicas nem da Braskem, responsável pelo desastre. A quantidade de transtornos mentais detectados pelas pesquisas deveria soar como um grito de desespero dos ex-moradores.

São duas dissertações de pós-graduação – uma de mestrado e outra de doutorado – que abrem uma janela para a compreensão dos prejuízos à saúde mental da população afetada. Na linguagem popular, revelam a ponta de um iceberg. O tema exige investigações profundas e com amostragens mais representativas, que deveriam ser conduzidas pelo poder público. Destaco aqui os achados mais graves e importantes nas duas dissertações.

A primeira delas foi apresentada pela biomédica Anacássia Fonseca de Lima, no Centro Universitário de Maceió (Unima), para obtenção do doutorado em sociedade, tecnologia e políticas públicas, em 2023, com o título "Avaliação do impacto à saúde de moradores de bairros em situação de desastre de Maceió". A pesquisa foi baseada em questionários aplicados de forma virtual e entrevistas presenciais. As respostas revelaram a prevalência de estresse, ansiedade e depressão em níveis acima dos limiares considerados normativos.

O resultado para estresse mostra que 59,41% dos entrevistados pontuaram acima do limite considerado normal. Desses, 25,9% foram enquadrados na categoria leve; 17,1%, moderada; 17,6%, severa, e 13,5%, extremamente severa. A soma das duas últimas categorias é de 31,1%, um terço do universo pesquisado. Para ansiedade, o resultado foi de 53,53%, apresentando valores acima do normal, sendo:

7,1% com sintomas leves; 15,3% moderados; 8,2% severos e 30% extremamente severos. Para depressão, 62,35% apresentaram valores acima da prevalência nacional, sendo: 12,4% sintomas leves, 20,6% moderados, 10,6% severos e 24,7% extremamente severos.

O estudo traz dados obtidos a partir de recortes do conjunto pesquisado, como sexo, idade, escolaridade, raça/cor, estado civil e renda. Também identificou associação de transtornos de saúde mental com hipertensão, uma conexão entre adoecimento psíquico e físico. Anacássia de Lima – ela mesma ex-moradora do Pinheiro quando criança – associa os transtornos psicológicos ao deslocamento forçado das pessoas de casas e bairros onde moraram a vida toda, com redes de convivência e apoio subitamente desfeitas. A remoção foi o "evento gerador" das condições psicossociais.

Segundo a pesquisadora, o ponto central do impacto foi a expulsão: "Isso fica evidenciado na análise qualitativa quando se pergunta sobre o fato de ter saído, de ter perdido o patrimônio e os vínculos sociais. A psicologia comunitária fala sobre como o senso de lugar e de comunidade está intimamente relacionado com o que a pessoa é, com a identidade, como a pessoa se vê. Uma das entrevistas mais impactantes foi com um homem que tentava falar e começava a chorar. Outra entrevistada, uma senhora de mais de 70 anos, teve que deixar o apartamento onde criou os quatro filhos, no Jardim Acácia. A saúde dela piorou muito depois do desastre. Ela tinha hipertensão controlada, mas o quadro se agravou, culminando com um AVC (Acidente Vascular Cerebral). Ela ficou com poucas sequelas, mas perdeu muito da autonomia. Outra senhora teve um AVC, não faz mais nada sozinha, e mencionou como a vida dela perdeu o sentido. É uma pessoa com ideação suicida. A depressão é um dos principais transtornos mentais relacionados ao suicídio, e a prevalência de depressão obtida na pesquisa foi altíssima".

A pesquisadora avalia que a maneira como a remoção das famílias foi feita deixou a população do lugar em posição de extrema fragilidade, principalmente porque a indenização acabou se revelando um contrato de compra e venda dos imóveis. Foi um contexto hostil para as vítimas, agravado pela pandemia. "Os cinco bairros atingidos tinham localização estratégica e central. Bairros mais humildes, como Mutange, Bom Parto e Bebedouro, eram perto de locais de trabalho, escolas etc. Eram bairros antigos com fortes vínculos sociais e comunitários. Conheço uma família que todos moravam na mesma rua: a bisavó, a avó, a mãe e as filhas. Era comum ver várias gerações no mesmo bairro. A estrutura de comunidade altamente familiar foi completamente perdida. A pandemia ampliou o impacto. Uma coisa é passar pela pandemia podendo dar assistência aos parentes, perto de você. Outra é passar por isso tendo que descobrir onde morar em Maceió. A confluência de crises ressalta ainda mais as responsabilidades da empresa e do poder público. A política adotada para realocação em nenhum momento levou em conta os interesses dos atingidos diante de dificuldades extraordinárias".

Em sua tese, Anacássia de Lima faz uma série de recomendações. "A maioria dos moradores não estava tendo acompanhamento psicológico por várias razões: não tinham dinheiro, não queriam e muitos me diziam 'não vou pro psicólogo da Braskem'. Não havia confiança na empresa. O suporte psicológico deveria partir do poder público. Deveria ter sido criada uma rede de apoio psicológico para as pessoas conversarem e se unirem. A meu ver, essa rede de apoio não foi criada de propósito. Várias estratégias mitigadoras não foram aplicadas de propósito. Por exemplo, um auxílio-aluguel para que a pessoa conseguisse se realocar bem. Simplesmente, pagaram o auxílio-aluguel e 'se virem'. Mandá-las para a periferia, dispersá-las, é estratégico. É menos trabalho para os governantes, em vez de implementar políticas públicas adequadas. Sugiro programas integrados de saúde mental e física, com serviços de aconselhamento, terapia, grupos de apoio e atendimento médico para doenças crônicas exacerbadas pelo desastre. É preciso envolver as comunidades nas decisões. Elas precisam ser ouvidas e suas necessidades, atendidas".

Já a dissertação de mestrado de Priscilla Souza dos Santos no programa de pós-graduação em enfermagem da Universidade Federal de Alagoas se chama "Adoecimento mental de ex-moradores afetados pela extração de sal-gema de uma mineradora de Maceió, Alagoas, Brasil". Seus resultados convergem com a dissertação de doutorado já mencionada: ambas mostram um panorama grave de adoecimento mental da população afetada. A média de idade dos participantes da pesquisa foi de 42 anos. A maioria era do sexo feminino (74,68%), parda/preta (61,78%) e branca (35,67%); com ensino superior incompleto, completo e pós-graduação (84,95%), servidor público (27,74%) ou desempregado (17,42%). A maioria dos entrevistados residia no Pinheiro (65,38%), um dos cinco bairros afetados. Os participantes responderam a um questionário disponível por meio de link numa rede social.

As perguntas da pesquisa destinavam-se a mensurar as mudanças na vida das pessoas após a realocação, como renda da família, número de indivíduos morando na casa, estado de saúde física e mental, se tinha acompanhamento psicológico e psiquiátrico e se tinha pensamentos de tirar a própria vida. A maioria dos participantes (60,93%) relatou algum problema de saúde. Entre os entrevistados, 87,34% apresentavam sintomas depressivos; 55,7% sofriam de ansiedade moderada a grave e 77,22% foram positivos para Transtornos Mentais Comuns (TMC), como estresse.

Uma síntese das principais conclusões do trabalho, segundo Priscilla dos Santos: "Na percepção dos entrevistados, sua saúde física e mental era considerada boa e muito boa e, após a realocação, passou a ser média, ruim e muito ruim. Houve um aumento de 35,94% dos casos de pessoas que passaram a fazer acompanhamento psicológico e de 26,9% dos que passaram a fazer acompanhamento psiquiátrico após a realocação. Ainda mais preocupante é o aumento percebido de 25,65% de pessoas com ideação suicida. Identificou-se que a forma como os entrevistados veem sua vida foi comprometida quando se compara sua percepção antes e após a realocação. (...) Após serem realocados devido à instabilidade do solo, houve piora percebida, estatisticamente significativa, na renda mensal, na saúde física e mental e na forma como veem sua vida. Além disso, são pessoas que alegam gastar mais tempo para ir da residência atual ao trabalho e que têm maior demanda de acompanhamento psicológico e psiquiátrico".

Nem os órgãos de saúde pública de Maceió e Alagoas, nem a Braskem têm dados consolidados sobre a saúde mental da população atingida pelo desastre, o que dificulta o dimensionamento do impacto. O esforço de coleta de dados tem sido feito por pesquisadores – independentes ou ligados a alguma instituição – e pelos próprios atingidos por meio do Movimento Unificado das Vítimas da Braskem (MUVB). Considerando-se essas fontes, é possível obter referências sobre suicídios entre a população afetada, mas só um estudo abrangente poderia chegar ao número real.

O "Mapa de conflitos – Injustiça ambiental e saúde no Brasil", publicado pela Fundação Oswaldo Cruz e atualizado até 2023, registrou a ocorrência de dez suicídios relacionados ao desastre. Até a conclusão deste livro, o MUVB contabilizava 20 suicídios. O último deles foi o de Maria de Jesus Souza, dona Pureza, moradora dos Flexais, em 31 de outubro de 2024, relatado alguns capítulos atrás.

Doutor em ciência política, Diego Freitas Rodrigues, especializado em neurociências, comportamento e psicopatologia, é um estudioso dos impactos da mineração no Brasil, na Colômbia e no Peru. Quando houve o tremor em Maceió, em março de 2018, ele já esperava uma onda de prejuízos à saúde mental dos moradores. Ele me contou que, ao dar uma palestra, depois do tremor, recebeu vários relatos sobre o adoecimento da população atingida. "Eu estava apresentando hipóteses com base no conhecimento de outros desastres de mineração. Dei um panorama do que provavelmente ocorreria na cidade. Quando há desastres de mineração, aumentam os casos de ansiedade, depressão, tentativa de suicídio e suicídio, e incremento de casos de hipertensão e AVC. Ao encerrar, várias pessoas na plateia, que moravam no Pinheiro e no Mutange, me disseram que esse quadro não era hipótese, mas realidade".

Rodrigues e um grupo de pesquisadores passaram a monitorar o estado de saúde da população no âmbito do Observatório de Impactos e de Saúde, vinculado ao Conselho Nacional de Desenvolvimento Científico e Tecnológico (CNPq). O trabalho, porém, esbarrou em dificuldades para obtenção de dados oficiais. Outro desafio foi conseguir acompanhar as mudanças de endereço das pessoas em razão de um nomadismo constante, em busca de aluguéis mais baratos. "O desastre em Maceió tem características muito peculiares. Não houve um 'evento-crise', como foi o rompimento das barragens em Mariana e em Brumadinho. Aqui, o desastre está em andamento. A área de risco, como um todo, foi se ampliando com o tempo. Uma área que não tinha casas rachadas no começo passou a ter pouco depois. É um desastre lento e contínuo. Outra característica é que as pessoas foram para bairros diferentes e até para outros municípios, sem relação direta com o desastre. Os danos à saúde ou suicídios irão aparecer em outras cidades e não serão relacionados ao desastre. Para se fazer um estudo, é necessário saber o impacto em relação à comunidade onde o caso ocorreu, à média de notificações e ao nexo de causalidade".

Segundo ele, "a transparência de dados oficiais de saúde é baixíssima por parte da Prefeitura de Maceió, mesmo via Lei de Acesso à Informação (LAI). Com relação a suicídios, há outro aspecto. A subnotificação é um padrão, independentemente de estar ou não associado a uma situação de desastre. A família evita comentar pelas mais variadas razões, inclusive de natureza moral. O suicídio é um tema tabu".

Com todas essas dificuldades, Rodrigues decidiu trabalhar com a coleta de dados primários. Foi assim que ele orientou a tese de doutorado da biomédica Anacássia Fonseca de Lima, aqui mencionada. Rodrigues avalia os impactos de longo prazo produzidos pelo desastre: "A Braskem não indenizou as pessoas. Ela comprou as propriedades por um preço baixo. E assim se tornou proprietária dos bairros, com respaldo legal dos poderes públicos e homologação na Justiça. No acordo, não há a palavra 'crime'. A empresa produz o desastre, afeta cerca de 60 mil pessoas diretamente, fora indiretamente, mas não é responsabilizada. Quem produziu o desastre tornou-se proprietário de uma parte da cidade. Isso é perverso. O que se disse na época é que o acordo era para impedir que o Tribunal de Justiça fosse soterrado por uma quantidade enorme de ações. Mas aí, nivelou-se por baixo. O dano moral, por exemplo, foi tabelado em R$ 40 mil por unidade familiar. A família podia ter dez integrantes ou três, o valor foi o mesmo. Isso é uma jabuticaba alagoana, subespécie da jabuticaba brasileira, sem respaldo em lugar algum. Fiz um cálculo conservador e cheguei ao valor de R$ 100 mil de dano moral que cada pessoa deveria receber, considerando os impactos causados e fazendo uma média ponderada. Fora a indenização pelo imóvel, pelo patrimônio perdido".

A Defensoria Pública de Alagoas move uma Ação Civil Pública (ACP) em que solicita a revisão dos valores pagos a título de dano moral pela Braskem e que eles sejam individualizados. Pede também a reversão da propriedade dos imóveis pela empresa para que os terrenos sejam repassados ao poder público municipal. A ACP tramita na 3ª Vara da Justiça Federal, em Alagoas.

Sobre a assistência em saúde mental oferecida pela Braskem e pela rede do município, Diego Rodrigues avalia que não são suficientes para dar conta dos efeitos do desastre. “Podemos falar num transtorno de ansiedade generalizado. No caso das mulheres, há inúmeros relatos de tristeza e abandono, com desabafos como ‘eu perdi tudo’. No caso dos jovens, eles tiveram que migrar de escola e perderam contatos. Quem tinha um pequeno negócio não conseguiu retomar sua microempresa. Em tese, a Prefeitura e a Braskem ofertaram um serviço voltado à saúde mental, mas nós observamos que, do total de ex-moradores, pelo nosso cálculo amostral, nem 70% buscavam esse serviço. Alguns não sabiam, não acreditavam ou achavam que não iria dar certo. A estrutura dos CAPs *(Centro de Atenção Psicossocial)*, em Maceió, é pequena. Nem com boa vontade daria para atender todo mundo. Se dez mil pessoas demandassem, os CAPs não teriam como atendê-las. O sistema entraria em colapso. Saúde mental não é prioridade como política pública”.

Também não há informação, segundo Rodrigues, se houve aumento no abuso de álcool e drogas. “O processo de expulsão atinge não só a segurança econômico-financeira das pessoas, mas também a saúde mental delas. Isso não foi considerado pela empresa. Como o desastre é contínuo, novas áreas vão sofrendo o impacto e bairros próximos sentem o efeito da desvalorização de uma área imensa da cidade. A desvalorização vai chegar cada vez mais perto da Avenida Fernandes Lima, uma das mais importantes de Maceió. Quanto mais o risco é ampliado, maior a tendência de que uma epidemia de ansiedade se alastre. É o efeito contágio. Minha hipótese é que há um efeito contágio de ansiedade. A ansiedade associada à desesperança”.

Perguntei à Braskem sobre a estrutura de atendimento psicológico às vítimas. A empresa respondeu que disponibiliza um serviço gratuito de apoio para as famílias, comerciantes e empresários incluídos no Programa de Compensação Financeira e para os moradores dos Flexais. Segundo os dados da empresa, o serviço atendeu 2.994 pessoas desde janeiro de 2020, quando começou a funcionar.

Quando entrei em contato com a empresa, no fim de 2024, 174 pessoas estavam recebendo atendimenteo. O período varia caso a caso e pessoas com dificuldade de locomoção podem ser atendidas em casa. A assessoria completou que mais informações podem ser obtidas pelos interessados por meio de ligação gratuita para o telefone 0800-006-3029. Em vários contatos com a assessoria da Braskem, pedi para entrevistar algum representante da empresa. Queria aprofundar vários temas que, a meu ver, não cabem numa simples nota. O impacto na saúde mental é um deles. Até a conclusão deste livro, a empresa não havia indicado um porta-voz.

MUROS E HISTÓRIAS

Há muitas maneiras de contar uma história. Pessoas expulsas dos bairros destruídos pela mineração predatória decidiram pichar paredes e muros para manifestar suas dores, perplexidade e indignação. As frases são como inscrições em lápides de um imenso cemitério abandonado. São nomes e sobrenomes das famílias que viveram ali. Datas de uma cronologia íntima e particular. Árvores genealógicas nas paredes desgastadas pela intempérie. Frestas para histórias subitamente alteradas quando a instabilidade do subterrâneo escavado sem freios rasgou fendas profundas que não se fecharam mais.

As palavras nos muros antecipam saudades. São um ritual de despedida diante do inevitável. Mas não são muros de lamentações. São denúncias e protestos. O grito de quem não foi ouvido. Quando casas e prédios foram demolidos, as frases desapareceram na poeira. Mas seu eco irá reverberar para sempre. Uma delas foi pintada no asfalto da Ladeira do Calmon, no Bebedouro, por um grupo de artistas solidário aos moradores. É uma síntese pungente: "Maceió afunda em lágrimas".

Anotei as pichações que consegui ver antes das demolições e outras que estão registradas em fotografias, filmes e reportagens, listadas a seguir. Elas contam a história tal como foi vivida pelos moradores expulsos dos seus lugares no mundo. Nas páginas seguintes estão imagens de algumas dessas pichações.

"Enquanto eu dormia, cavaram minha cova no fundo do meu peito."

"Aqui morava uma família."

"Cada rua, uma dor!!!"

"Amarei eternamente minha casa e Bebedouro."

"Tombou o bairro de Bebedouro."

"Aqui foram 107 anos de história destruídos pela GANÂNCIA. Família Reis."

"Lugar nenhum é igual a ti, Pinheiro."

"Chorarei eternamente."

"Só resta saudade."

"Gratidão, Pinheiro, por acolher a nossa história por mais de 30 anos."

"Aqui deixo 25 anos de minha vida (2/7/2020)."

"A gente foi feliz aqui."

"Posso até sair daqui, mas te esquecer, jamais."

"Aqui morava um menino lindo."

"Aqui fomos felizes. Família Torres."

"A felicidade desta família ruiu."

"O brando sono dos meus lares foi-se."

"Décadas vividas pela família Almeida."

"Cheguei aqui com 7 anos. Estou saindo com 23. Essas paredes carregam minha história e a de minha família. Nunca esqueceremos."

"Aqui vivenciamos 50 anos de histórias do bar do Lula."

"Desde 1999, 'Senado' da Padaria Ideal. Bons amigos se reuniam."

"Aqui fizemos Educação."

"Nesta rua tinha amizade e união."

"Vó Terezinha, 52 anos no Pinheiro. Val, Vanio, Valdir, Nena, Waltinho, Márcio, Bruno, Diego, Rebeca, Marcinho, Manu, Priscila, Guga. Adeus, Pinheiro!"

"Braskem separou uma família. A família Arcanjo."

"Sonhos destruídos. Esta casa foi invadida, depredada e está rachada. Quem pagará por isso? 25 anos de histórias deixados para trás...

"Foram tantos dias vividos, tantos sonhos destruídos."

"Moramos 64 anos. Braskem afundou sonhos!"

"Nossa casa era uma herança de família. Foi comprada em 1971 por meu avô. Compensação financeira alguma pagará 49 anos de história!"

"Seu Zé da Latinha. + de 60 anos de Pinheiro. Tudo começou com o Bar da Latinha. Seu Zé e Dona Nicinha."

"Sinto sua falta, Pinheiro."

"O Pinheiro hoje chora pelo descaso."

"Vidas e sonhos tínhamos aqui."

"Quanto vale a história de uma vida?"

"Dano emocional tem preço? Não tem. Isso poderia ter sido evitado."

"Alguém me dá um coração porque eu já não sinto mais nada."

"Triste partida. Mineração destruidora de lares."

"Dignidade para nós, moradores do Pinheiro."

"Quando só o tronco restar do Pinheiro não haverá ouro que pague."

"Vidas e lares destruídos."

"Famílias e sonhos destruídos. Me expulsaram."

"Saudades da minha casa."

"Uma história sem fim. 31 anos. Um novo recomeço... Deus acima de tudo!!!"

"Aqui jaz uma história de luta."

"Continuo trabalhando. Ligue."

"O amor morou aqui, mas foi expulso pela cobiça da Braskem."

"Estou tentando recomeçar minha vida, quero minha casa de volta."

"Braskem, sua ganância destruiu mais um sonho."

"A cidade é nossa, mas a Braskem manda até na Justiça."

"Acordo para crime?"

"Governo come dinheiro da Braskem."

"Justiça para todas as famílias afetadas."

"O IMA é conivente com o maior crime ambiental de Alagoas!"

"Braskem: demolição de um sonho."

"Braskem, seu lucro cheira a sangue."

"Braskem assassina."

"A Braskem matou e ninguém foi preso."

"Braskem tirou vidas."

"Braskem, me diz quanto vale o sal de nossas lágrimas?"

FORAM TANTOS DIAS
VIVIDOS, TANTOS SONHOS
DESTRUÍDOS

BRASKEM ASS ASINA

AQUI FOMOS FELIZ
FAMÍLIA TORRES
58 ANOS
ROTA DE FUGA

"O IMA É CONIVENTE COM O MAIOR
CRIME AMBIENTAL DE ALAGOAS!!!"
ATENÇÃO
MANTENHA OS FARÓIS
ACESOS E UTILIZE O

CADA RUA UMA DOR!!!

BRASKEM
CRIMINOSA !!!

REFERÊNCIAS BIBLIOGRÁFICAS

"Angústia". Graciliano Ramos. Editora Record, 94ª edição. 2023.

"A Organização – A Odebrecht e o esquema de corrupção que chocou o mundo". Malu Gaspar. Editora Companhia das Letras. 2020.

"As gêmeas de Bebedouro e a poética do espaço habitado". Nara Núbia de Melo Sá. Editora Q Gráfica. 2015.

"Euvaldo Luz – Memórias de um engenhoso formado na escola da vida". Euvaldo Luz. Gráfica Santa Helena. 2006.

"Ilusões do poder". Divaldo Suruagy. Editora Nobel. 1999.

"Os mandarins da República". J. Carlos de Assis. Editora Paz e Terra. 1984.

"O velho Graça". Dênis de Moraes. Editora José Olympio.1992.

"Petroquímica e tecnoburocracia – Capítulos do desenvolvimento capitalista no Brasil". Marcus Alban Suarez. Editora Hucitec. 1986.

"Salgema – Do erro à tragédia". Joaldo Cavalcante. Editora Cesmac. 2020.

"Tragédia-crime ambiental da mineração de sal-gema em Maceió". Abel Galindo Marques. Gráfica e Editora Mascarenhas. 2024.

"Vocação para a igualdade". Odja Barros e Paulo Nascimento, organizadores. Editora Novos Diálogos. 2019.

Dissertação de doutorado "Avaliação do impacto à saúde de moradores de bairros em situação de desastre de Maceió". Anacássia Fonseca de Lima, orientada pelo professor Dr. Diego Freitas Rodrigues e pela professora Dra. Janaína Accordi Junkes. Centro Universitário de Maceió (Unima), 2023.

Dissertação de mestrado "Adoecimento mental de ex-moradores afetados pela extração de sal-gema de uma mineradora de Maceió, Alagoas, Brasil". Priscilla Souza dos Santos, orientada pela professora Dra. Verônica de Medeiros Alves. Universidade Federal de Alagoas, 2024. Publicado nos Cadernos de Saúde Pública, da Escola Nacional de Saúde Pública, da Fundação Oswaldo Cruz, disponível em:https://www.scielo.br/j/csp/a/BkcvGQ9DyYYrNfbZGqCB7ds/?format=pdf&lang=pt

Entrevista do presidente da Braskem ao UOL Economia, disponível em https://economia.uol.com.br/noticias/redacao/2025/07/29/braskem-lideres-mineracao-sal.htm

Estudo "Deslocamentos forçados e reestruturação urbana", publicado na Revista Ímpeto, disponível em: https://www.seer.ufal.br/index.php/revistaimpeto/article/view/17738

Lista do Conselho de Desenvolvimento Econômico e Social Sustentável em maio de 2023, disponível em: https://www.pod60.com.br/governo/conheca-os-246-integrantes-do-conselhao-de-lula/

Relatório do Serviço Geológico do Brasil sobre o afundamento nos bairros disponível em: https://www.sgb.gov.br/apresentacao-dos-resultados

Relatório final da CPI da Braskem, disponível em: https://legis.senado.leg.br/atividade/comissoes/comissao/2642/mna/relatorios

Reportagem sobre acidente na Braskem, publicado pela "Folha de S.Paulo", disponível em: https://www1.folha.uol.com.br/fsp/cotidian/ff2407201116.htm

Reportagem sobre espionagem de críticos à Salgema, publicada pelo site The Intercept, disponível em: https://www.intercept.com.br/2023/12/06/braskem-ditadura-ja-sabia-dos-riscos-mas-espionou-criticos-e-imprensa-contrarios-a-exploracao-em-maceio/

Reportagem sobre falta de atendimento a pacientes, publicado pelo site UOL, disponível em: https://noticias.uol.com.br/colunas/carlos-madeiro/2024/02/06/pacientes-de-hospital-evacuado-por-mina-colapsada-maceio.htm

Este livro utilizou as fontes Glosa Text e Anton e foi impresso
em papel Polén Soft 70g, na Gráfica Rotaplan, em outubro de 2025,
49 anos depois que a Salgema, hoje Braskem, começou a
mineração predatória nos subterrâneos de Maceió.